JN301859

地域変動と政治文化の変容

滋賀県における事例研究 ■ 大橋松行 著

サンライズ出版

■まえがき

　「『コップ一杯の水を，もう半分しか残っていないと嘆くのはたやすい』と言ったのは故小渕恵三前首相だ。『まだ半分も残っていると考える意識の転換が，いままさに求められているのであります』（昨年1月の施政方針演説）。コップ半分の水，という事実に変わりはない。しかし，『もう半分』とみるのは『行き過ぎた悲観主義』であって，『まだ半分』と考えることこそ『建設的な楽観主義』だ，と前首相は唱えた。これを今回の選挙結果に当てはめると，どうなるか。自民党の獲得議席が233だったという事実に変わりはない。単独過半数（241）には届かず，解散前の勢力にくらべると過去最多の38減となった。派閥別でも，旧小渕派が解散前より増えた以外は軒並み議席減。連立相手の公明，保守党の敗北もあわせれば，『悲観主義』をとりたくなるところだ。一方で，『楽観主義』に立とうと思えば，それなりの材料が見つかる。自公保を足すと271議席。過半数はもちろん，安定多数（254）を超え，国会運営に支障のない『絶対安定多数』（269）も上回ったではないか。自民党の議席も，幹事長が掲げた『229』という目標を達成しておつりが来た，などと。きのうの朝刊各紙（東京発行最終版）の一面の見出しも，結果をどう解釈するかで，表現に差が出た。〈与党が絶対安定多数〉＝産経，〈与党安定多数，首相続投へ〉＝日経，〈自公保後退，民主が躍進〉＝読売，〈自公保激減，民主躍進〉＝朝日，〈自民敗北，民主伸びる〉＝毎日。ただし〈首相続投〉ではほぼ一致した。じじつは一つでも受け取り方はさまざま。なのに政権の座に就いた政党は，のど元過ぎれば熱さを忘れ，手前勝手な楽観主義に走りがちだ。〈楽天家は多くの経験を積んでいない〉ということばもある」。

　これは，『朝日新聞』（2000年6月27日付）の「天声人語」の欄に掲載された記事である。ここには，今回のミレニアム総選挙の結果は，どこに視点を置くか，何を勝敗の判断基準とするかによって，いかようにも解釈し，評価できる，ということが示めされている。

各党の改選議席と獲得議席との比較に視点を置けば，政権与党はいずれも改選議席を下回ったという意味で「敗北」という「悲観主義」的評価がなされうるし，他方で，自公保連立政権の枠組み維持に視点を置けば，政権与党は「絶対安定多数」を確保したという意味で「敗北ではない」という「楽観主義」的評価がなされうる，ということである。各全国紙の見出しもそのように見れば納得がいく。毎日，朝日，読売の各紙は前者に，産経および日経は後者にそれぞれウエイトを置いている，という訳である。
　さて，今回の総選挙に際して，私は，『産経新聞』(滋賀版，2000年6月3日付) に次のような論評を書いた。「森喜朗首相が6月初めに衆議院解散に踏み切り，3年8ヵ月ぶりに総選挙が行われることになった。当初自民党は，今度の総選挙を小渕前首相への『弔い選挙』と位置づけることで国民の『情』に訴える選挙を行おうとした。しかし，首相の『神の国』発言が野党の格好の攻撃材料となり，また内閣も世論の支持を失って，この思惑は崩れてしまった。野党に『神風が吹いた』のである。だが，このようなことで選挙のあるべき姿が見失われてはならない。もともと小選挙区比例代表並立制は，政党本位，政策本位の選挙を実現するために導入されたはずだ。であるとするならば，今度の総選挙は『情』によってではなく，政策という『理』によって戦われるべきである。小渕前政権の『成果』を総括するとともに，各政党が21世紀の日本のあり方を方向づける政治理念と政権構想をも含めた具体的なビジョンを明確な形で有権者に提示し，また同時に，有権者の側もそれらを候補者や政党の質を見極める判断材料として活用し，一票を投ずるという双方向性をもった選挙活動や投票行動が求められる。このような脈絡の中で，森首相のトップリーダーとしての資質，『日本新生内閣』の理念と政策，自民党基軸の連立政権の是非などが問われなければならない。さて，眼を湖国に転じてみると，全選挙区とも自民対非自民・非共産対共産という形での三つどもえの選挙構図になっている。前回の総選挙では，自民党は，小選挙区で一人の公認候補も当選させられなかった。今回は，自民と非自民・非共産との間での議席の奪い合いが大きな焦点となるであろう。私個人的には，有

権者の側の新しい動きにも注目したい。『落選運動』と『公開討論会』である。とくに後者は，候補者と有権者が，『討論の場』を共有することによって両者の間に緊張関係が形成されるし，また有権者の側に候補者を自らの基準で選択することを可能にさせるという点で意義があると考える。『仏』や『神』を信じるも信じないも自由であるが，『仏頼み』や『神頼み』の選挙では，日本の民主主義が泣くというものである。政党も候補者も有権者も，そのことを肝に銘じて選挙に臨みたいものである」。

結果的には，「政権選択」が主要な「争点」になってしまって，有権者の多くもそれを主たる判断材料として一票を投じたと考えられる。政策論争が政権論争の影に隠れてしまった感はあるが，しかし，政権論争とともに自党の政策を前面に打ち出して戦った自由党や社民党が改選議席を大幅に増やしたということは，政策論争も有権者にとって判断材料になりえたということを意味している。もちろん，「情」に訴える選挙が行われたこともまた事実である。

私はまた，今回の総選挙の結果に対して，次のようにコメントした。「自公保政権の信が問われた選挙で，全国的には自公保の与党3党が大きく議席を減らしたが，県内では2，3区で自民が議席を回復し，自公の選挙協力が功を奏す結果となった。一方，全国的に躍進した民主党など野党には目立った風は吹かなかった。全国的には都市部で民主党は議席を増やしたが，民主党の得票は，自公保連立の枠組みの批判が多かったとみるべきだ。1区では都市型の傾向を示し，当選した民主前職の川端達夫氏に，自公保政権に批判的な無党派層の支持が集まったとみられる。2区は自民新顔の小西哲氏の3年8ヵ月の地道な活動に加え，無所属前職の武村正義氏の病気，入院が響いたのではないか。県内は"南高北低"と言われ，地域格差が大きく，大政党や力のある政治家で地域の活性化を図りたいという思いが強い。『連邦国家』や『環境主義』など武村氏が提唱した政策は時代を先駆けしていたと思うが，選挙戦では，当面の景気対策を訴える小西氏……に対し，武村氏の財政再建の訴えでは有権者にとまどいがあったと思う。また，個人主義的な都市部に対して，県北部では個人よりも『地域をどうするのか』が判断基準になる。

一般には利益誘導はよくないとされるが,地域間格差がある現状では,利益誘導の政策が地域にとって魅力的に聞こえたとしてもやむを得ないだろう。3区は予想通りの激戦になったが,無所属新顔の奥村展三氏の出遅れが響き,無党派層の多い草津,守山両市では自民前職の岩永峯一氏の方がむしろ無党派層の取り込みに成功した。そうでなければ,都市部であれほどの得票はできなかっただろう。今回の選挙では,政党,政策本位のはずの小選挙区制がどぶ板選挙に成り下がっていた。過去の選挙で何回か候補者の土下座を見たが,『情』に流されやすい日本的な土壌では有権者も候補者に情を求め,候補者もそれを利用しようとする思いが強い。……。……」(『朝日新聞』2000年6月27日付)。要するに,今回の総選挙は,自民党基軸の連立政権の是非や「情」があまりにも前面に出過ぎていたために,肝心の政策論争がかすんでしまったところに大きな特徴があるといえよう。

　以上,今回の総選挙について私なりに感じたことを述べてみたのであるが,詳細な分析については後日を期すことにしたい。

　さて,本書は第Ⅰ部:地域社会の変動と第Ⅱ部:政治文化の変容とから構成されている。第Ⅰ部では,主として滋賀県における戦後地域社会の変動過程を,経済構造,政治構造,文化構造,社会構造の変動を相互に関連づけながら,広域市町村圏レベル,基礎自治体レベル,むら社会レベルで分析を試みている。また,第Ⅱ部では,主として1970年代から80年代における国政選挙および地方選挙においてみられた選挙協力形態の特徴とその変遷過程に焦点を当てて,その実態の分析を試みている。筆者は,院生時代から地域社会や地域政治に強い関心を持ち,主として滋賀県におけるさまざまなレベルの選挙分析を行い,その研究成果を論文,学会発表という形で公表してきた。今回,それらの成果の一部をこのような形で一冊の本にまとめることになったのであるが,まだまだ拙さが目立つ。読者・識者のご教示を乞う次第である。

滋賀県全図

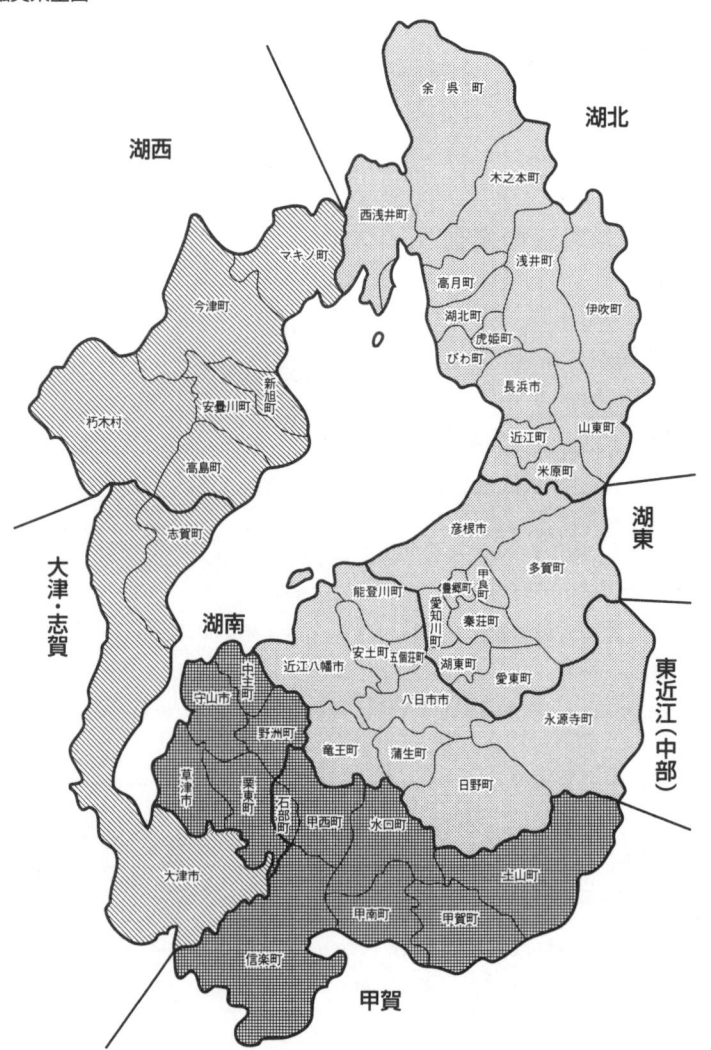

衆議院小選挙区
1区：大津・志賀，湖西　　2区：湖北，湖東，東近江（中部）
3区：湖南，甲賀

目　　次

まえがき

第Ⅰ部　地域社会の変動

第1章　広域市町村圏の社会構造と政治風土 …………… 10
　　　　　―滋賀県中部広域市町村圏の事例―

　第1節　はじめに ………………………………………………… 10
　第2節　人口変動 ………………………………………………… 11
　　　　　滋賀の人口変動／中部広域圏の人口変動
　第3節　就業構造の変容 ………………………………………… 14
　　　　　産業別就業者の推移／農家構造の変容／専業・兼業別農家数の
　　　　　推移／第二次・第三次産業構造の変容
　第4節　労働人口の流動構造 …………………………………… 20
　第5節　全般的な政治状況の推移 ……………………………… 23
　　　　　自民党の漸減傾向／政党の多党化現象と住民の対応／革新の勢
　　　　　力関係－社会，共産両党の補完的関係－
　第6節　変動要因の分析 ………………………………………… 27

第2章　基礎自治体における社会変動と自治行政 …………… 31
　　　　　―滋賀県蒲生町の事例―

　第1節　戦後の行政改革と政治 ………………………………… 31
　　　　　占領と旧秩序の解体／戦後混乱期の行政施策／機構改革と財政
　　　　　改革／政治の民主化
　第2節　蒲生町の成立 …………………………………………… 41
　　　　　町村合併促進法と県構想／合併への道程／蒲生町の誕生
　第3節　蒲生町の政治と発展計画 ……………………………… 50
　　　　　町長・町議会議員の選挙／蒲生町建設計画／蒲生町総合発展計
　　　　　画／第2次蒲生町総合発展計画

第4節　町行政施策の推移 ………………………………………………… 59
　　　都市基盤・生活環境の整備／行財政・厚生文化事業の充実
第5節　第3次蒲生町総合発展計画とびわこ空港問題 …………………… 65
　　　第3次蒲生町総合発展計画／びわこ空港と新しいまちづくり

第3章　むら社会の構造と自治組織 ………………………………………… 72
　　　－滋賀県長浜市加田町・加田今町の事例－

第1節　問題の所在―「むら」は解体したか ……………………………… 72
第2節　人口動態 …………………………………………………………… 76
　　　市制施行前の動き／市制施行後の動き
第3節　産業構造の推移 …………………………………………………… 81
　　　米作／養蚕・製糸／農家の階層／農業団体／農地委員会と農業
　　　委員会
第4節　戦前期のむら社会 ………………………………………………… 92
　　　明治期のむら／町村合併・市制施行までのむら
第5節　市制の発足と各級選挙 ……………………………………………100
　　　市制の発足／市会・市議会議員選挙／市長選挙／県議会議員選
　　　挙
第6節　町内会・自治会組織および加田町会議所 ………………………103
　　　戦時下―聯合町内会・町内会・隣保組／戦後―連合自治会・自
　　　治会／自治会組織／神田地区連合自治会／加田町会議所
第7節　考察 …………………………………………………………………113
　　　むら社会の全体構造と機能／むら社会の権力構造
第8節　まとめ ………………………………………………………………123

第Ⅱ部　政治文化の変容

第4章　多党化時代における政治動態の素描 ………………………………130
　　　－1960年代から1970年代の衆議院議員総選挙を中心に－

第1節　問題の所在 …………………………………………………………130
第2節　党派別候補者数・当選者数の推移 ………………………………132

第3節　有権者の推移と一票の重み……………………………………… 135

第5章　＜滋賀方式＞の政治的効果……………………………………… 140
　　　　　－大津市における有権者の対応を中心に－
　第1節　問題の所在……………………………………………………… 140
　第2節　大津市長選挙にみる各党派の組織的対応過程……………… 142
　第3節　大津市における選挙結果……………………………………… 146
　第4節　各種調査結果による比較分析………………………………… 151
　第5節　まとめ…………………………………………………………… 155

第6章　選挙協力形態の変遷過程と民主政治…………………………… 160
　　　　　－滋賀県における首長選挙を中心に－
　第1節　問題の所在……………………………………………………… 160
　第2節　全国レベルでの共闘形態の変容過程………………………… 164
　第3節　滋賀県における共闘形態の変容過程………………………… 172
　第4節　1982年の首長選挙を振り返って……………………………… 176
　第5節　知事選挙を考える－今回選挙の特徴………………………… 184
　第6節　オール与党体制と無投票……………………………………… 187

第7章　＜83年政治決戦＞における地方選挙…………………………… 196
　第1節　1983年の政治状況……………………………………………… 196
　第2節　地方選挙にみる選挙構造……………………………………… 197
　第3節　滋賀県における地方選挙の動態……………………………… 202
　　　　　統一地方選挙／一般地方選挙

あとがき
　索引……………………………………………………………………… 218

第Ⅰ部　地域社会の変動

第1章　広域市町村圏の社会構造と政治風土
―滋賀県中部広域市町村圏の事例―

第1節　はじめに

　ここでの主要な目的は，滋賀県中部広域市町村圏（2市7町：近江八幡市，八日市市，安土町，蒲生町，日野町，竜王町，永源寺町，五個荘町，能登川町。以下，中部広域圏とする。図1）に常住する住民の投票行動の動態を，主に国政選挙結果を中心に時系列分析を行い，その地域の社会・政治的風土を若干考察することにある。投票行動の動態を分析するに当たっては，その大枠においては3つのレベル，すなわち全国レベル，県レベル，中部広域圏レベルを比較分析し，細部においては2市7町間での比較分析を試みている。ここで主として取り扱う国政選挙は，保守合同，左右両派社会党統一がなされた＜自社二大政党時代＞，いわゆる＜55年体制＞以後のものである（衆議院は，1958年の第28回総選挙から1979年の第35回総選挙まで計8回の総選挙を，参議院は，1956年の第4回通常選挙から1977年の第11回通常選挙までと1967年の補欠選挙の計9回の選挙を対象としている）。

　ここでは主に人口変動および就業構造の変動（産業3区分別就業者数並びに構成比の推移），労働組合組織状況，県民意識（地域住民意識）等の

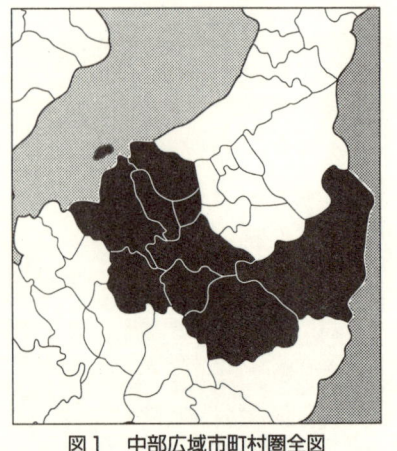

図1　中部広域市町村圏全図
出所：まるごと淡海編集委員会編『まるごと淡海』サンライズ出版，1998年，p.235。

観点から考察し，その動態要因の幾分かでも明らかにできればと思っている。

第2節　人口変動

1．滋賀県の人口変動（表1,2,3参照）

　まず，滋賀県の人口変動からみていこう。滋賀県の人口は，第二次世界大戦後の5年間の急増期以降，高度経済成長前期の1965年まで85万人前後で安定した推移を示している。ところが高度経済成長後期に入ると人口増加に転じ，1955年の人口を100とする指数でみると，1970年では104.2，1975年では124.1となっている。ただ，市部と郡部とでは傾向を大きく異にし，前者では1965年までは微増，1970年以降は急増している。後者では1970年に大きな減少を示したが，以後増加に転じている。しかし，それでも1979年の指数は93.2であった。1965年から1975年の10年間に限定して人口増加の傾向をみてみると，県南部，とりわけ大津市・湖南地域での人口の増加が著しい（人口増加率50％以上は大津市，草津市，栗東町，甲西町の2市2町，30％以上は守山市，野洲町，石部町の1市2町）。1965年から1970年にかけて市郡とも大きく変動し，市部人口が郡部人口を上回ったが，これは県外および県内郡部からの人口の流入の結果（＝社会増加）というよりも，むしろ行政的要因によるところがより大きいと考えられる。つまり，町制から市制への移行（守山市：1970年7月1日），市への編入（1967年4月1日に瀬田町，堅田町が大津市に編入）による市部人口の増加と郡部人口の減少である。1970年以降は，県外からの流入人口の増加が大きな要因になっていると考えられる。

　他方，世帯数・世帯規模については，人口動態と少し異なる傾向を示している。滋賀県全体においては，世帯数は1955年以降一貫して増加傾向を示し，世帯規模においては縮小化傾向を示している。市郡別でみると，市部では1965年以降世帯数は急増し，世帯規模は著しく縮小化している。それに対して郡部では，世帯数においては若干の増減はみられるものの，1955年から1979年までほぼ横バイ状態にある。世帯規模は，市部と比べて縮小化がゆるやかである。ちなみに市部では，1975年段階から「3人家族」の時代に移行している。

表1 人口の推移

		1955年		1960年		1965年		1970年		1975年		1979年	
		人口	指数	人口	指数	人口	指数	人口	指数	人口	指数	人口	指数
滋賀県	市部	326,644	100	331,522	101.5	345,737	105.8	456,844	139.9	523,113	160.1	568,268	174.0
	郡部	527,090	100	511,173	97.0	507,648	96.3	432,924	82.1	462,508	87.7	491,158	93.2
	計	853,734	100	842,695	98.7	853,385	100.0	889,768	104.2	985,621	115.4	1,059,426	124.1
近江八幡市		45,261	100	44,545	98.4	44,320	97.9	43,832	96.8	51,537	113.9	59,018	130.4
八日市市		30,486	100	29,844	97.9	29,437	96.6	30,261	99.3	34,653	113.7	37,396	122.7
安土町		8,700	100	8,211	94.4	8,095	93.0	8,339	95.9	8,550	98.3	10,171	116.9
蒲生町		9,498	100	8,943	94.2	8,474	89.2	8,446	88.9	8,852	93.2	9,600	101.1
日野町		24,652	100	22,992	93.3	21,416	86.9	20,754	84.2	20,913	84.8	21,475	87.1
竜王町		9,236	100	8,911	96.5	8,792	95.2	8,669	93.9	9,301	100.7	10,076	109.1
永源寺町		9,013	100	8,221	91.2	7,730	85.8	7,183	79.7	6,853	76.0	6,779	75.2
五個荘町		9,227	100	9,011	97.7	8,927	96.7	8,602	93.2	9,002	97.6	9,245	100.2
能登川町		15,655	100	15,551	99.3	15,126	96.6	15,260	97.5	16,815	107.4	19,366	123.7
中部広域圏		161,728	100	156,229	96.6	152,317	94.2	151,346	93.6	166,476	102.9	183,126	113.2

註：当該表は，滋賀県統計協会の『滋賀県統計書』（1955年度，60年度，65年度，70年度，75年度）および「統計便り」（1979年8月）より作成。

表2 世帯数の推移

		1955年		1960年		1965年		1970年		1975年		1979年	
		世帯数	指数	世帯数	指数	世帯数	指数	世帯数	指数	世帯数	指数	世帯数	指数
滋賀県	市部	62,963	100	70,944	112.7	82,218	130.6	113,995	181.1	135,311	214.9	150,126	238.4
	郡部	111,177	100	108,204	97.3	113,613	102.2	101,268	91.1	111,056	99.9	116,870	105.1
	計	174,140	100	179,148	102.9	195,831	112.5	215,263	123.6	246,367	141.5	266,996	153.3
近江八幡市		8,044	100	9,385	116.7	10,042	124.8	10,401	129.3	12,967	161.2	15,089	187.6
八日市市		6,223	100	6,387	102.6	6,808	109.4	7,327	117.7	8,745	140.5	9,693	155.8
安土町		1,703	100	1,714	100.6	1,734	101.8	1,858	109.1	1,971	115.7	2,408	141.4
蒲生町		1,936	100	1,911	97.4	1,890	97.6	1,881	97.2	1,996	103.1	2,058	106.3
日野町		5,290	100	5,157	97.5	5,054	95.5	5,007	94.7	5,082	96.1	5,045	95.4
竜王町		1,817	100	1,786	98.3	1,801	99.1	1,849	101.8	1,993	109.7	1,985	109.2
永源寺町		1,839	100	1,797	97.7	1,777	96.6	1,711	93.0	1,666	90.6	1,614	87.8
五個荘町		2,009	100	1,960	97.6	2,045	101.8	2,051	102.1	2,199	109.5	2,213	110.2
能登川町		3,168	100	3,155	99.6	3,319	104.8	3,474	109.7	3,985	125.8	4,628	146.1
中部広域圏		32,029	100	33,252	103.8	34,470	107.6	35,559	111.0	40,604	126.8	44,733	139.7

註：当該表は，滋賀県統計協会の『滋賀県統計書』（1955年度，60年度，65年度，70年度，75年度）および「統計便り」（1979年8月）より作成。

表3　世帯規模の推移　　　　　　　　　　単位：人

		1955年	1960年	1965年	1970年	1975年	1979年
滋賀県	市部	5.19	4.67	4.21	4.01	3.87	3.79
	郡部	4.74	4.72	4.47	4.26	4.16	4.20
	計	4.90	4.70	4.36	4.13	4.00	3.97
近江八幡市		5.63	4.75	4.41	4.21	3.97	3.91
八日市市		4.90	4.67	4.32	4.13	3.96	3.86
安土町		5.10	4.79	4.67	4.49	4.38	4.22
蒲生町		4.91	4.68	4.48	4.49	4.43	4.66
日野町		4.66	4.46	4.24	4.14	4.12	4.26
竜王町		5.08	4.99	4.88	4.69	4.67	5.08
永源寺町		4.90	4.57	4.35	4.20	4.11	4.20
五個荘町		4.59	4.60	4.37	4.19	4.09	4.18
能登川町		4.94	4.93	4.56	4.39	4.22	4.18
中部広域圏		4.97	4.72	4.48	4.33	4.22	4.28

註：当該表は，滋賀県統計協会の『滋賀県統計書』(1955年度，60年度，65年度，70年度，75年度)および「統計便り」(1979年8月) より作成。

2．中部広域圏の人口変動（表1，2，3参照）

以上のような滋賀県の人口変動の中で，中部広域圏ではどのような特徴がみられるのか検討しておこう。中部広域圏全体の人口は1970年まで減少傾向にあるが，1975年以降増加に転じている。その中にあって，1970年以降増加に転じたのは，八日市市，安土町，能登川町で，1975年には永源寺町を除く全市町で増加した。特に鉄道沿線に位置する市町での増加が著しい。ちなみに八日市市は近江鉄道の沿線に位置し，近江八幡市，安土町，能登川町は国鉄東海道本線（現ＪＲ琵琶湖線）の沿線に位置している。世帯数については，広域圏全体では一貫して増加傾向にあるが，地域差は大きい。鉄道沿線に位置する市町（近江八幡市，八日市市，安土町，能登川町）では，ほぼ一貫して増加傾向にあり，しかも増加率が高い。それに対して内陸部に位置する地域は，永源寺町のように一貫して減少傾向にあるか，日野町のようにいったん減少して横バイ状態にあるか，また，蒲生町，竜王町，五個荘町のようにいったん減少して，ある時点で増加に転じている，というように大きく傾向を異にしている。世帯規模については，広域圏全体では1975年まで縮小化傾向にあるが，1979年には若干拡大している。このような傾向を示しているの

が，蒲生町，日野町，竜王町，永源寺町，五個荘町で，いわば内陸部に位置する地域である。それに対して，市部や鉄道沿線に位置する安土町，能登川町では一貫して縮小化傾向を示している。特に近江八幡市，八日市市では1975年段階から「3人家族」の時代に移行している。

さて，ここで人口変動についてみられた特徴を少しまとめておこう。滋賀県全体および中部広域圏の人口変動は，高度経済成長期とリンクさせて理解する必要がある。つまり，1960年代から70年代にかけての高度経済成長期における都市への人口集積の激しい進行は，大都市の周辺地域の人口急増を促し，その結果，都心部の人口はかえって減少するという人口ドーナツ化現象を生み出した。と同時に，それまで停滞あるいは減少傾向にあった大都市圏の縁辺部に位置する地域において人口増加がはじまった。1965年以降の大津市・湖南地域への人口増加現象および1970年以降の中部広域圏，とりわけ鉄道沿線地域の人口増加現象も京阪神大都市圏の遠心的拡大(アウターリング→メトロポリタンエリア→50キロ圏)という視座からとらえることができるであろう。世帯数の著しい増加現象と世帯規模の著しい縮小化現象とを関連させて考えてみると，この現象は，県外からの人口流入という要因と，県内郡部地域からの都市部および主として鉄道沿線地域への移動という要因によるものと理解できるであろう。

第3節　就業構造の変容

1．産業別就業者の推移

ここでは，主として高度経済成長期における就業構造の変容についてみておくことにしたい。まず表4に依拠しながら，滋賀県全体および中部広域圏の産業別就業者の推移から検討してみよう。滋賀県全体および中部広域圏の就業構造は，高度経済成長によって大きく変容した。まず両者に共通しているのは，第一次産業就業人口の激減，第二次・第三次産業就業人口の増加である。より詳細に両者の相違を示せば，第一次産業就業人口においては滋賀県全体の方がより減少幅が大きく，また，第二次産業就業人口においては中部広域圏の方が，第三次産業就業人口においては滋賀県全体の方がそれぞれ

表4　産業別就業者数の推移

	産業別	1955年		1960年		1965年		1970年		1975年	
		構成比	指数	構成比	指数	構成比	指数	構成比	指数	構成比	指数
滋賀県	一次	51.4	100	43.6	88.0	35.2	74.2	27.6	63.4	18.0	41.5
	二次	20.5	100	25.7	129.7	30.1	158.8	35.2	202.4	38.8	223.9
	三次	28.1	100	30.7	113.7	34.7	133.8	37.2	156.9	43.2	182.4
近江八幡市	一次	53.4	100	45.6	101.6	37.7	83.6	33.2	81.0	21.6	55.6
	二次	17.0	100	21.6	151.2	24.8	172.6	29.0	222.6	34.8	281.3
	三次	29.7	100	32.8	131.3	37.5	149.8	37.8	169.5	43.6	202.0
八日市市	一次	50.2	100	45.4	94.7	37.6	80.6	30.4	71.6	18.2	44.4
	二次	16.8	100	18.6	115.7	22.6	145.0	29.1	205.0	37.4	272.9
	三次	33.0	100	36.0	114.4	39.7	129.4	40.5	145.0	44.4	165.1
安土町	一次	66.1	100	58.5	88.1	47.7	70.5	40.6	68.9	30.3	47.6
	二次	11.5	100	16.8	146.2	21.5	183.2	28.3	285.0	33.1	298.3
	三次	22.4	100	24.7	109.5	30.8	134.0	21.1	155.1	36.6	168.6
蒲生町	一次	77.1	100	71.8	89.2	59.6	72.4	50.2	66.6	35.0	45.3
	二次	7.3	100	9.5	124.3	17.5	223.2	24.8	346.4	34.3	466.7
	三次	15.6	100	18.7	115.0	22.9	138.0	25.0	164.4	30.7	197.0
日野町	一次	67.8	100	62.6	89.8	52.1	72.9	42.3	62.0	33.3	47.0
	二次	11.2	100	14.3	124.5	20.6	173.7	30.0	247.6	31.2	266.3
	三次	21.0	100	23.1	106.9	27.3	123.2	29.7	140.3	35.5	161.5
竜王町	一次	78.7	100	71.5	87.3	57.2	66.0	52.5	66.6	37.0	48.6
	二次	5.8	100	9.6	159.2	19.0	297.6	25.0	429.1	35.8	638.1
	三次	15.5	100	18.8	116.3	23.8	138.9	22.5	143.9	27.2	181.1
永源寺町	一次	72.5	100	67.2	84.1	53.3	62.3	45.3	52.8	35.7	37.5
	二次	11.0	100	11.5	94.6	20.3	156.3	28.0	214.3	31.4	217.0
	三次	16.5	100	21.3	117.4	26.4	135.7	26.7	136.8	32.9	152.0
五個荘町	一次	49.6	100	38.9	86.5	32.7	78.3	26.8	64.2	19.7	44.5
	二次	23.9	100	34.1	157.2	40.2	199.5	41.8	207.9	42.8	200.8
	三次	26.4	100	27.0	112.5	27.1	121.2	31.4	140.9	37.5	158.8
能登川町	一次	53.9	100	40.4	77.2	38.2	76.2	34.0	71.8	24.1	50.0
	二次	20.8	100	30.5	150.8	31.8	164.1	34.3	188.3	38.3	204.8
	三次	25.3	100	29.1	118.6	30.0	127.2	31.7	142.9	37.6	165.5
中部広域圏	一次	56.0	100	52.2	91.0	42.2	75.4	36.8	69.1	25.4	47.9
	二次	13.8	100	19.3	137.3	26.2	190.9	29.6	227.1	35.4	272.6
	三次	30.2	100	28.5	92.2	31.6	105.0	33.6	117.3	39.2	137.2

註：当該表は，各年次の「国勢調査」により作成。指数は1955年を100とする。

増加幅が大きい。ただ，中部広域圏を構成する自治体ごとで傾向が大きく異なっている。特に竜王町および蒲生町においては，他の自治体と比べて第二次産業就業人口の増加が著しいが，それは1964年4月の名神高速道路開通（全面開通は1965年7月1日）に伴って自動車工業エンジン工場や繊維工場が誘致されたり（竜王町），また，ほぼ同時期に高速道路周辺の道路整備に伴って，コルク製造やセラミックの企業が進出してきた（蒲生町）ことが，

大きな要因となっていると考えられる。また，近江八幡市，能登川町，安土町といった東海道本線沿線の自治体で第一次産業就業人口の減少が比較的緩やかなのは，1966年に1市2町にまたがる大中之湖干拓事業の完成によって4ha単位の農家の集落（大中町，74世帯，307人，1968年現在）が出現したことによるところが大きいと考えられる。

2．農家構造の変容

次に農家構造の変容についてみておこう（表5参照）。滋賀県全体と中部広域圏とを比較してみると，1960年から75年までの15年間で滋賀県全体の方が農家数も農家率も減少率が高くなっている。農家率においては，1975年時点で滋賀県全体の方が8.5ポイントも低くなっている。両者の関係でみると，離農化現象は中部広域圏の方がより緩やかである。しかし，離農化傾向も地域差がみられ，特に近江八幡市，八日市市，能登川町では，この15年間で農家率は20ポイント以上も低くなっている。いわば離農化が著しく進展している地域といえる。この2市1町では1970年から75年の5年間に世帯数が急増し，それに伴って農家数・農家率が急減しているが，これは新興住宅地の形成が主たる要因になっていると考えられる。他方，内陸部に位置する蒲生町，竜王町，永源寺町は他地域と比べて農家率が高く，農家減少率も比較的低くなっており，農業生産に基盤を置く地域であるといえる。

表5　農家数および農家率の推移

	1955年			1965年			1970年			1975年		
	世帯数	農家数	農家率	世帯数	農家数	農家率	世帯数	農家数	農家率	世帯数	農家数	農家率
滋賀県	179,148	97,548(100)	54.5	195,831	92,824(95.2)	47.4	215,263	89,187(91.4)	41.4	246,367	82,723(84.8)	33.6
近江八幡市	9,385	4,712(100)	50.2	10,042	4,504(95.6)	44.9	10,401	4,468(94.8)	43.0	12,967	4,109(87.2)	31.7
八日市市	6,387	2,883(100)	45.1	6,808	2,778(96.4)	40.8	7,327	2,675(92.8)	36.5	8,745	2,501(86.7)	28.6
安土町	1,714	1,154(100)	67.3	1,734	1,096(95.0)	63.2	1,858	1,142(99.0)	61.5	1,971	1,086(94.1)	55.1
蒲生町	1,911	1,628(100)	85.2	1,890	1,576(96.8)	83.4	1,881	1,513(92.9)	80.4	1,996	1,436(88.2)	71.9
日野町	5,157	3,470(100)	67.3	5,054	3,261(94.0)	64.5	5,007	3,107(89.5)	62.1	5,082	2,869(82.7)	56.5
竜王町	1,786	1,509(100)	84.5	1,801	1,469(97.3)	81.6	1,849	1,460(96.8)	79.0	1,993	1,381(91.5)	69.3
永源寺町	1,797	1,365(100)	76.0	1,777	1,259(92.2)	70.8	1,711	1,202(88.1)	70.3	1,666	1,108(81.2)	66.5
五個荘町	1,960	1,134(100)	57.9	2,045	1,074(94.7)	52.5	2,051	1,018(89.8)	49.6	2,199	931(82.1)	42.3
能登川町	3,155	1,952(100)	61.9	3,319	1,859(95.2)	56.0	3,474	1,799(92.2)	51.8	3,985	1,664(85.2)	41.8
中部広域圏	33,252	19,807(100)	59.6	34,470	18,876(95.3)	54.8	35,559	18,384(92.8)	51.7	40,604	17,085(86.3)	42.1

註：①世帯数は各年次の「国勢調査」，農家数は各年次の「農業センサス」より作成。
　　②農家数の（　）内は1955年を100とする指数。

3．専業・兼業別農家数の推移

 既にみたように，この15年間で農家構造は大きく変容した。ではどのように変化したのかということを，専業・兼業別農家数の推移を検討することによってみておこう。表6は，1965年から75年までの10年間の推移を示したものである。まず，専業農家からみていくと，滋賀県全体では10.1％から4.2％へ，中部広域圏では12.5％から4.7％へとそれぞれ減少している。構成比でみると中部広域圏の方が若干高いが，1965年を100とする指数でみると，滋賀県全体が37.1，中部広域圏が33.8となって，中部広域圏の方が専業離れがより進展していることがわかる。特に蒲生町，永源寺町でその傾向が著しく，指数はそれぞれ18.8，26.7となっている。対照的に安土町，能登川町では非常に緩やかで，指数はそれぞれ74.5，60.1である。この両町と近江八幡市は，既に述べた大中之湖の集落を抱えていることから，専業率が高くなっていると思われる。

 次に兼業農家についてみておく。第一種兼業農家については，滋賀県も中部広域圏も1965年から70年までは微減（1965年を100とする指数でみると，滋賀県80.4，中部広域圏92.3），70年から75年までは激減している（滋賀県36.2，中部広域圏42.8）。他方，第二種兼業農家は，滋賀県も中部広域圏も1965年から70年までは10％前後の伸びを示しているが，70年から75年にかけては激増している。ちなみに滋賀県全体では18.2％増，1965年を100とする

表6　専業・兼業別農家数の推移

	1965年						1970年						1975年					
	専業		第一種兼業		第二種兼業		専業		第一種兼業		第二種兼業		専業		第一種兼業		第二種兼業	
	農家数	%	農家数	%	農家数	%	農家数	%	農家数	%	農家数	%	農家数	%	農家数	%	農家数	%
滋 賀 県	9,363	10.1	35,869	38.6	47,592	51.3	5,183	5.8	28,841	32.3	55,163	61.9	3,475	4.2	12,971	15.7	66,277	80.1
近江八幡市	617	13.7	2,134	47.4	1,753	38.9	274	6.1	2,066	46.2	2,128	47.7	204	5.0	1,115	27.1	2,790	67.9
八 日 市 市	440	15.9	1,449	52.2	889	32.0	182	6.8	1,372	51.3	1,121	41.9	131	5.2	617	24.7	1,753	70.1
安 土 町	94	8.6	545	49.7	457	41.7	93	8.1	499	43.7	550	48.2	70	6.4	287	26.4	729	67.1
蒲 生 町	234	14.8	819	52.0	523	33.2	76	5.0	694	45.9	743	49.1	44	3.0	259	18.0	1,133	78.8
日 野 町	381	11.7	1,443	44.3	1,437	44.0	228	7.3	1,294	41.7	1,585	51.0	115	4.0	466	16.2	2,288	79.8
竜 王 町	134	9.1	904	61.5	431	29.4	57	3.9	839	57.5	564	38.6	37	2.7	252	18.2	1,092	79.1
永 源 寺 町	172	13.7	433	34.4	654	51.9	67	5.6	391	32.5	744	61.9	46	4.2	242	21.8	820	74.0
五 個 荘 町	113	10.5	326	30.4	635	59.1	60	5.9	301	29.6	657	64.5	45	4.8	109	11.7	777	83.5
能 登 川 町	178	9.6	845	45.4	836	45.0	136	7.6	761	42.3	902	50.1	107	6.4	464	27.9	1,093	65.7
中部広域圏	2,363	12.5	8,898	47.1	7,615	40.3	1,173	6.4	8,217	45.2	8,772	48.3	799	4.7	3,811	22.3	12,475	73.0

註：当該表は，各年次の「農業センサス」により作成。

指数では139.3，中部広域圏では32.7％増，指数163.8となって，指数でみると中部広域圏の方が兼業深化が著しい。市町別でみると，構成比では五個荘町（83.5％），日野町（79.8％），竜王町（79.1％），蒲生町（78.9％）で高くなっているが，1965年を100とする指数では，竜王町（253.4），蒲生町（216.6），八日市市（197.2）で高くなっている。

　兼業農家の就業形態の推移をみると，雇用兼業が第一種兼業農家では，滋賀県89.3％(1965年)，90.6％(1970年)，88.8％(1975年)，中部広域圏がそれぞれ93.4％，94.2％，93.8％となっていて，大きな変化はみられない。その内，恒常的労働従事者の割合は滋賀県，中部広域圏とも45％前後でほとんど変化はないが，1975年においては，安土町(56.9％)，五個荘町(57.8％)，能登川町(52.8％)，永源寺町(52.5％)で高い割合を示している。第二種兼業農家では，雇用兼業は漸増傾向を示し，滋賀県で76.9％(1965年)，79.9％(1970年)，83.3％(1975年)，中部広域圏でそれぞれ75.5％，80.6％，83.9％となっている。恒常的労働従業者の割合も漸増しており，滋賀県では65.1％，67.7％，72.9％，中部広域圏では61.7％，65.4％，68.6％となっている。滋賀県全体の方が若干高い比率を示しているが，中部広域圏内においても五個荘町(76.4％)，八日市市(73.8％)，能登川町(73.8％)で滋賀県全体を上回る比率を示している。

　以上のことから，次のことがいえるであろう。まず，農家形態は戦後の専業農家優位から高度経済成長を契機に第一種兼業農家に移行し，高度経済成長中期から後期にかけて第二種兼業農家が激増して兼業深化および「土地持ち労働者」化が急速に進展した。第二種兼業農家の約7割が恒常的労働に従事していることから，農家経済主体が農業所得から農外所得へと移行し，しかも農外所得の割合が増大傾向にあることが指摘できる。

4．第二次・第三次産業構造の変容

　まず，中部広域圏における15年間（1960-75年）の第二次産業事業所数および従業者数の推移からみていこう（表7参照）。事業所数では，1960年を100とする指数でみると，1975年は146.6を示し，特に竜王町（259.1），能登川町（200.7），蒲生町（162.0）で高く，逆に，安土町（113.7），五個荘町

表7　第二次産業事業所数および従業者数の推移

	事業所数				従業者数			
	1960年	1965年	1970年	1975年	1960年	1965年	1970年	1975年
近江八幡市	457(100)	485(106.0)	655(143.3)	636(139.1)	2,810(100)	3,178(113.1)	4,492(160.1)	6,387(227.3)
八日市市	295(100)	328(111.2)	392(132.9)	423(143.4)	2,596(100)	3,272(126.0)	4,311(166.1)	6,145(236.7)
安土町	95(100)	81(85.3)	113(118.9)	108(113.7)	438(100)	394(90.0)	1,029(235.0)	1,121(255.9)
蒲生町	105(100)	118(112.4)	125(119.0)	170(162.0)	265(100)	578(218.1)	1,118(421.9)	1,320(498.1)
日野町	242(100)	260(107.4)	301(124.4)	317(131.0)	1,279(100)	1,450(113.4)	2,130(166.5)	2,655(207.6)
竜王町	49(100)	49(100.0)	73(149.0)	127(259.1)	129(100)	365(283.0)	878(680.6)	2,143(1661.2)
永源寺町	75(100)	76(101.3)	96(128.0)	117(156.0)	354(100)	378(106.8)	394(111.3)	619(174.9)
五個荘町	150(100)	122(81.3)	148(98.7)	176(117.3)	1,333(100)	1,931(144.9)	2,169(162.7)	1,954(146.6)
能登川町	143(100)	166(116.1)	227(158.7)	287(200.7)	2,309(100)	2,639(114.3)	3,050(132.1)	2,795(121.0)
中部広域圏	1,611(100)	1,685(105.0)	2,130(132.2)	2,361(146.6)	11,513(100)	14,185(123.2)	19,571(170.0)	25,139(218.4)

註：①当該表は，滋賀県統計協会の『滋賀県統計書』（各年度）より作成。
　　②（　）内は1960年を100とする指数。

表8　第三次産業事業所数および従業者数の推移

	事業所数				従業者数			
	1960年	1965年	1970年	1975年	1960年	1965年	1970年	1975年
近江八幡市	1,771(100)	1,726(97.5)	1,704(96.2)	1,780(100.5)	5,697(100)	6,207(109.0)	7,114(125.0)	9,315(163.5)
八日市市	1,365(100)	1,477(108.2)	1,530(112.1)	1,553(113.7)	5,107(100)	6,062(118.7)	6,573(128.7)	8,629(168.9)
安土町	238(100)	260(109.2)	270(113.4)	275(115.5)	712(100)	768(107.9)	792(111.2)	968(136.0)
蒲生町	254(100)	265(104.3)	239(94.1)	256(100.7)	688(100)	623(90.6)	860(125.0)	1,118(162.5)
日野町	897(100)	808(90.1)	734(81.8)	724(80.7)	3,208(100)	2,277(71.0)	2,373(74.0)	2,859(89.1)
竜王町	221(100)	233(105.4)	248(112.2)	244(110.4)	501(100)	627(125.1)	628(125.3)	914(182.4)
永源寺町	286(100)	277(96.8)	244(85.3)	230(80.4)	873(100)	1,056(121.0)	664(76.1)	742(85.0)
五個荘町	258(100)	277(107.4)	303(117.4)	313(121.3)	665(100)	638(97.4)	927(139.4)	1,289(193.8)
能登川町	562(100)	595(105.8)	601(107.0)	587(104.4)	2,005(100)	2,215(110.5)	2,269(113.2)	2,243(111.9)
中部広域圏	5,852(100)	5,918(101.1)	5,873(100.4)	5,962(101.9)	19,456(100)	20,473(105.2)	22,200(114.1)	28,077(144.3)

註：①当該表は，滋賀県統計協会の『滋賀県統計書』（各年度）より作成。
　　②（　）内は1960年を100とする指数。

（117.3）で低くなっている。近江八幡市（139.1），八日市市（143.4）は平均を若干下回っているが，両市の圏域内の事業所総数に占める割合は高い（46.7%）。従業者数では，圏域全体の指数は218.4で，特に竜王町（1661.2），蒲生町（498.1）で非常に高くなっているが，それは既に述べたように大企業が両町へ進出したことの結果によるものと考えられる。逆に，能登川町（121.0），五個荘町（146.6）では伸び率が非常に低い。特に能登川町の場合，事業所数の伸びと従業者数の伸びとが対応関係にないのは，事業所の規模が

それほど大きくないことによるものと考えられる。

次に第三次産業についてみておこう（表8参照）。事業所数では、1960年を100とする指数でみると、1975年は101.9でほとんど変化していない。従業者数では144.3で、特に五個荘町（193.8）、竜王町（182.4）、八日市市（168.9）、近江八幡市（163.5）で大きい伸びを示している。他方、永源寺町（事業所数80.4、従業者数85.0）、日野町（81.8、89.1）では両方とも減少しており、圏域内市町間に大きな較差がみられる。

以上をまとめてみると、次のようなことがいえるであろう。第1に、中部広域圏においては、第二次産業の方が第三次産業よりも事業所数、従業者数ともに伸び率が高い。第2に、従業者数の伸びが大きい市町には大手の企業が立地している。1978年7月1日現在、従業員規模100人以上の企業は、近江八幡市10社（株式会社天辻鋼球製作所滋賀工場：900人、東洋運搬機株式会社滋賀工場：550人など）、八日市市6社（株式会社村田製作所八日市事業所：850人、松下電器産業株式会社掃除機事業部：450人など）、能登川町7社（主として100-200人規模の繊維会社）、竜王町2社（ダイハツ工業株式会社滋賀竜王工場：1,000人など）、蒲生町2社（京都セラミック株式会社滋賀工場：800人など）、五個荘町2社（200-300人規模の繊維会社）、安土町1社（株式会社吉野工業所滋賀工場：430人）、日野町1社となっている。第3に、近江八幡および八日市の両市を中核都市として中部広域圏が構成されていることである。ちなみに1975年において両市が占めている事業所数および従業者数の割合は、第二次産業でそれぞれ44.9％、49.9％、第三次産業でそれぞれ55.9％、63.9％となっている。

第4節　労働人口の流動構造

そこで次に労働人口の流動構造をみておこう。表9は、中部広域圏における10年間（1965-75年）の常住（夜間）人口および昼間人口の推移、すなわち人口移動（通勤・通学）を示したものである。これによると圏域内の市町を3つのパターンに分類することができる。第1は、八日市市のように10年間一貫して昼間人

表9 常住人口・昼間人口の推移

	1965年			1970年			1975年		
	常住人口	昼間人口	昼/夜	常住人口	昼間人口	昼/夜	常住人口	昼間人口	昼/夜
滋 賀 県	853,385	820,892	96.2	889,768	853,530	95.9	985,621	941,636	95.5
近江八幡市	44,320	41,556	93.8	43,832	40,245	91.8	51,537	46,621	90.5
八 日 市 市	29,437	29,670	100.8	30,261	31,176	103.0	34,653	35,413	102.2
安 土 町	8,095	6,591	81.4	8,339	6,731	80.7	8,550	6,871	80.4
蒲 生 町	8,474	7,236	85.4	8,466	7,163	84.6	8,852	7,220	81.6
日 野 町	21,416	20,185	94.3	20,754	18,488	89.1	20,913	18,165	86.9
竜 王 町	8,729	7,495	85.9	8,569	7,281	84.0	9,301	8,097	87.1
永 源 寺 町	7,730	7,008	90.7	7,183	6,013	83.7	6,853	5,409	78.9
五 個 荘 町	8,927	8,141	91.2	8,602	7,632	88.7	9,002	8,072	89.7
能 登 川 町	15,126	14,553	96.2	15,260	14,028	91.9	16,815	14,922	88.7
中部広域圏	152,254	142,435	93.6	151,366	138,757	91.7	166,476	150,790	90.6

註：当該表は，「国勢調査」（1965年，70年，75年）より作成。

　口が常住人口を上回っているケースである。第2は，一貫して昼夜人口比が下降しているケースである（近江八幡市，安土町，蒲生町，日野町，永源寺町，能登川町）。第3は，70年までは昼夜人口比が下降し，その後上昇に転じているケースである（竜王町，五個荘町）。中部広域圏全体としては，一貫して下降している。

　この統計は通勤・通学による流出・流入人口を示すものなので，次に通勤のみの流出・流入構造についてみておこう。表10は，1975年における圏域内各市町の流出・流入人口を示したものである。15歳以上の就業者で常住地以外の市町で従業地を得ている就業者を「流出人口」，他市町に常住していて当該地に従業地を得ている就業者を「流入人口」と規定すると，八日市市（115.6％）以外はすべて流出超過となっている。特に永源寺町（12.4％），日野町（17.9％）では流出超過が著しい。圏域全体（49.7％）でも流出超過で，この分が県内他市町および他府県へ流出していることになる。

表10　中部広域圏各市町の流出・流入人口（1975年）

	流出人口(A)	流入人口(B)	流出入人口比 B／A
近江八幡市	9,033	3,960	43.8
八 日 市 市	4,040	4,669	115.6
安 土 町	1,721	518	30.1
蒲 生 町	1,883	695	36.9
日 野 町	3,123	560	17.9
竜 王 町	1,570	859	54.7
永 源 寺 町	1,308	162	12.4
五 個 荘 町	1,641	1,043	63.6
能 登 川 町	2,762	998	36.1
中部広域圏	27,081	13,464	49.7

註：当該表は，「国勢調査」(1975年)より作成。

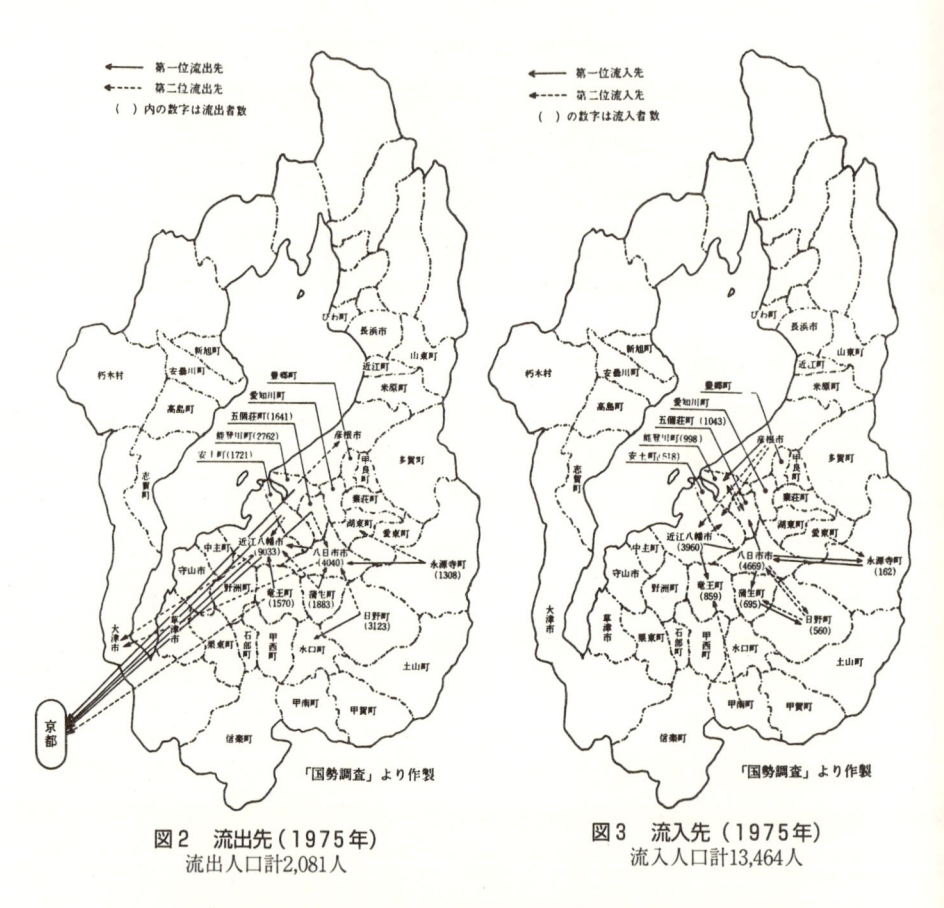

図2　流出先（1975年）
流出人口計2,081人

図3　流入先（1975年）
流入人口計13,464人

出所：図2，図3とも，高橋伸一「人口の社会的流動」佛教大学社会学研究所
『社会学研究所紀要』第1号，1980年6月，p.22。

　さらに国勢調査の従業地集計を利用して，圏域内各市町の通勤動態をみると，次のような特徴が指摘できる。第1に，近江八幡市，安土町，能登川町，五個荘町など，主として東海道本線の沿線市町では京都・大津方面への移動が顕著である。第2に，流出率の高い日野町，永源寺町それに蒲生町では，八日市市への移動が多く，また，竜王町は近江八幡市への移動が多い。これを流入構造からみると，八日市市への周辺自治体からの流入が多く，そのことから八日市市を核としたサブ圏域が形成されていることが指摘できる（図

2,3参照)。

　以上のことから,中部広域圏は2つの特性をもった圏域として位置づけられるのではないか。1つは,京阪神大都市圏のベッドタウン的特質から「都市依存圏」[1]としての特性をもっている圏域である。今ひとつは八日市市を核として,地域志向性に根ざした相対的に独自性を具備した社会システムが機能している地域としての特性をもっている圏域である。

第5節　全般的な政治状況の推移

　では,過去20数年間における滋賀県および中部広域圏の政治状況の推移を,全国的な政治変動の中に位置づけて概括してみよう。ここでは便宜上,政治勢力を保守(自民党,保守系無所属),中道(党的体質において反共産であり,かつ,その党方針において少なくとも原則的には自民党と一線を画する反自民・非自民政治勢力。国政レベルにおいては民社党,公明党,新自由クラブ,社会民主連合のいわゆる中道4党をさすが,県政レベルにおいてはより複雑な勢力図式になる)および革新(社会党,共産党)の三つに分類することにする。

　まず,全般的な政治状況としては保守得票率の漸減,野党および政党の多党化傾向,共産党得票率の増加現象がみられる。これらの諸現象は,全国的な政治現象を県政レベルにおいても反映しているものといえよう。

1. 自民党の漸減傾向

　最初に政権政党としての自民党の推移からみていこう。衆議院選挙と参議院選挙とでは若干の相違はあるが,全体的には漸減の傾向にある。衆議院選挙では,平均得票率で50％に満たないのは滋賀県全体(49.1％),市部(44.7％),それに中部広域圏では蒲生町(47.1％),能登川町(45.4％)で,竜王町だけが62.3％と高く,県下では依然として有数な保守地盤であることを示している。参議院選挙では,平均得票率で50％に満たないのは市部(45.7％)だけで,中部広域圏では全て50％強である(竜王町は62.1％と高い)。指数(衆議院選挙は1958年を,参議院選挙は1956年を100とする。以後同じ)

表11 党派別平均得票率と指数

	衆議院議員選挙（1958年～1979年）						参議院議員選挙（1956年～1977年）					
	自民党		社会党		共産党		自民党		社会党		共産党	
滋 賀 県	49.1	80	25.4	38	6.8	789	50.0	90	36.1	95	7.0	190
市　　部	44.7	77	27.5	35	7.9	752	45.7	88	38.0	91	8.0	227
近江八幡市	52.7	80	25.8	38	7.3	1,338	50.6	74	35.7	128	7.7	348
八日市市	51.0	72	21.8	34	9.1	873	51.8	72	33.3	128	8.7	255
郡　　部	52.5	85	24.2	39	5.8	741	53.1	95	34.6	95	6.0	153
蒲 生 郡	53.2	96	25.7	39	7.5	588	54.0	89	33.1	105	8.2	155
安 土 町	54.0	79	23.1	51	9.5	796	54.1	81	31.4	119	9.7	195
蒲 生 町	47.1	103	30.7	38	7.6	431	50.8	94	36.5	99	7.6	115
日 野 町	51.6	100	27.6	36	7.8	623	52.2	88	34.5	103	8.8	171
竜 王 町	62.3	94	18.8	36	4.8	584	62.1	91	27.4	116	5.9	118
神 崎 郡	49.0	105	22.0	35	5.4	954	54.4	88	33.1	109	5.7	179
永源寺町	53.0	121	24.3	28	5.5	946	54.7	83	33.4	127	6.1	128
五個荘町	52.0	96	19.5	33	5.6	543	57.8	92	29.7	103	5.6	144
能登川町	45.4	106	21.9	43	5.3	1,083	52.2	87	35.2	104	5.5	269
中部広域圏	51.8	88	24.2	37	7.3	889	52.9	81	33.7	116	7.5	216
全　　国	44.8	77	25.1	60	6.6	400						

註：①各政党の左が平均得票率，右が指数（衆議院は1958年の得票率を100とした1979年の得票率の割合，参議院は1956年の得票率を100とした1977年の得票率の割合）。
②参議院自民党は緑風会を含む。
③当該表は，滋賀県選挙管理委員会の『衆議院議員総選挙結果調』『参議院議員通常選挙結果調』『参議院議員補欠選挙結果調』（各年）より作成。

についてみてみると，参議院選挙では全体的に漸減傾向を示し，衆議院選挙でも滋賀県全体（80）・中部広域圏全体（88）とも減少しているが，特に近江八幡市（80），八日市市（72），安土町（79）では自民党衰退が著しい。しかし，神崎郡（郡全体で105，永源寺町121，能登川町106），蒲生町（103）では漸増の傾向にある（表11参照）。

2．政党の多党化現象と住民の対応

衆議院選挙での政党の多党化現象が顕著にみられるのは1976年で，滋賀県では社会党，共産党，民社党，公明党，新自由クラブ，社会党県本部が候補者を立てた（1978年6月には滋賀社会民主連合が結成された）。1960年以降の野党の多党化は，いわゆる「中道政党」の出現となって保守・革新両勢力の相対的衰退をもたらした。投票行動においては，全国的には国民はどちら

かといえば保守(自民党)→中道への志向を示している。滋賀県でも参議院選挙では,全般的に保守→中道への志向が顕著にみられる。しかし,衆議院選挙では,滋賀県全体および五個荘町では,県民(地域住民)は革新→中道への志向を示している。五個荘町における1960年以降の民社党平均得票率は17.1%で,中部広域圏では最も高いが,能登川町では保守→中道への志向がみられ,能登川町における民社党平均得票率は16.4%である。近江八幡市,八日市市では,むしろ保守・革新→中道への志向がみられる。

このように野党および政党の多党化は,保守→中道,革新→中道,保守・革新→中道という3つのパターンで進展し,現在では＜中道勢力＞として定着しているといえよう。そのことは,現象的に保守・中道・革新の三極構造が保守・革新の二極構造にとってかわったことを示すものである。しかし,現象形態としての三極構造が,県民あるいは地域住民の意識構造と必ずしも符合するものではない。ＮＨＫ放送世論調査所が1978年2月から5月にかけて実施した「全国県民意識調査」によると,政党支持率は,滋賀県全体では自民党35.6%,革新18.2%,中道7.1%,湖東地域(＝中部広域圏)では自民党30.8%,革新12.5%,中道7.5%となり中道勢力が保守・革新を凌駕するほどまでには至っていない。特に新自由クラブ(県全体1.1%,湖東地域0.8%),社民連(ともに0%)にいたっては有名無実化している。しかし,「特に支持している政党はない」と答えた人がそれぞれ33.1%,40.0%もおり[2],これらの無党派層がそのときどきの国内情勢・県内情勢に対応して,どの政治勢力に投票するのかを決めていると思われるため,この勢力図式は流動的であるといえよう。

3. 革新の勢力関係 —社会,共産両党の補完的関係—

革新勢力についてはどのような推移を示しているのであろうか。全般的にいえることは,政党図式がいわゆる自社二大政党時代から多党化時代へと移行するにつれて,革新勢力の得票率も相対的に減少していることである。総選挙での指数は,1958年総選挙に比して1979年には全国が84.8と漸減であるが,滋賀県では70.7,中部広域圏では75.4とかなりの減少である。2市7町で

表12 衆議院議員総選挙における革新の得票率の推移と指数

	1958年	1960年	1963年	1967年	1969年	1972年	1976年	1979年	指 数
滋 賀 県	40.9	29.0	32.8	38.3	29.4	31.1	27.0	28.9	70.7
中部広域圏	39.8	25.8	33.6	38.9	28.6	28.2	27.2	30.0	75.4
近江八幡市	37.6	27.8	37.0	44.2	31.4	28.7	27.2	31.1	82.7
八 日 市 市	40.7	21.6	29.4	36.6	28.4	29.4	28.5	32.3	79.4
蒲 生 郡	40.8	28.4	37.2	41.1	29.6	30.2	28.4	30.1	73.8
安 土 町	34.6	25.1	33.8	39.8	31.6	30.9	29.9	35.5	102.6
蒲 生 町	49.2	35.2	44.2	44.1	37.5	32.9	32.1	30.5	62.0
日 野 町	42.2	30.2	40.8	45.8	30.4	32.8	30.5	30.5	72.3
竜 王 町	34.6	19.9	23.8	27.7	19.3	21.5	19.0	22.9	66.2
神 崎 郡	40.6	22.7	27.5	31.1	23.9	23.1	24.2	26.3	64.8
永 源 寺 町	53.4	22.7	27.0	31.8	27.0	23.4	26.1	26.8	50.2
五 個 荘 町	38.0	21.2	27.7	26.9	19.7	23.1	21.6	23.1	60.8
能 登 川 町	35.8	23.5	27.4	30.4	25.1	23.1	25.0	27.8	77.7
全 国	35.5	30.5	33.0	32.6	28.3	32.4	31.1	30.1	84.8

註：①指数は1958年の得票率を100とした1979年の得票率の割合。
　　②当該表は，滋賀県選挙管理委員会の『衆議院議員選挙結果調』（各年）より作成。

も2市が約20ポイント減であるのに対し，7町では26〜35ポイント減で，特に永源寺町(50.2)，五個荘町(60.8)，蒲生町(62.0)，竜王町(66.2)ではその退潮傾向が著しい。しかし，安土町のみは102.6と微増している(表12参照)。

だが，総選挙ごとの得票率の推移はW字型の変化を呈している。主に1960年の"谷"は民社党の出現によるものであり，1976年のそれは中道勢力の躍進によるものである。これは，現象的には自民党の推移と類似している。

次に社会，共産両党の関係について若干検討しておきたい。まず，共産党の得票率は，衆議院選挙においては激増している。指数は滋賀県全体で789，中部広域圏で889であるが，特に近江八幡市（1,338），能登川町（1,083）が高く，最も低い蒲生町（431）でも全国（400）よりも高い（表11参照）。しかし，参議院選挙においては得票率の傾向は一定ではない。指数は滋賀県全体で190，中部広域圏で216であるが，蒲生町（115），竜王町（118），永源寺町（128）では微増であって衆議院選挙とは対照的である（表11参照）。

これに対し，社会党の得票率は，衆議院選挙と参議院選挙とでは全く対照的な推移を示している。前者においては激減を示し，指数も滋賀県全体で38，中部広域圏で37と約3分の1に減じており，僅かに安土町（51）が半減した

にとどまっているという凋落ぶりである（表11参照）。しかし，後者においては全く様相を異にする。1967年，1968年，1971年の各選挙においては全般的にかなりの得票率を示しているが，これは社会党が議席を獲得している（1967年および1968年には西村関一が当選）か，極めて善戦している（1971年：矢尾喜三郎と自民党の河本嘉久蔵との差は9千票弱）ためである。指数においても滋賀県全体（95），市部（91），郡部（95）および安土町（99）が微減である他は中部広域圏の各市町では微増である（表11参照）。

　これらのことから，社会，共産両党に関しては，"補完的関係にある"といえるし，革新勢力支持者も衆議院選挙においては共産党へ，参議院選挙においては社会党へ投票して，議席獲得へ向けて現実的対応を示しているといえよう。

第6節　変動要因の分析

　最後に，これらの諸事実から各政治勢力の動態が，主にどのような要因によって生じているのかを若干分析しておこう。

　第1に，人口変動および世帯数の推移が，自民党得票率の減少傾向と関連があると思われる。つまり，自民党票の後退は主として人口の社会増加，すなわち外来のサラリーマン人口の増加によるものと推定されるが，自民党票の後退＝革新票（共産党票）の伸長（安土町）だけでなく，自民党票の後退＝中道票の伸長（能登川町）という図式もなりたち，サラリーマン層の革新・中道志向が指摘できる。

　第2に，産業3区分別就業者数および構成比の推移との関連でみてみよう。産業別就業者数の推移においては，一般的傾向として第一次産業就業者数の激減，第二次・第三次産業就業者数の増加となり，その構成比においても大きな変化を示しており，特に第一次産業の割合が激減し，第二次産業の占める割合が大きく増加している。これは，農民の雇用者化（＝兼業化・離農）を意味しており，これが自民党得票率の減少と相関関係にあるといえるのではないか。すなわち，農民の労働者としての意識や生活実態が投票行動にも

反映しているということである。

　第一次産業に限定して分析してみると，自民党衰退は農家率の減少，とりわけ専業農家数および第一種兼業農家数の減少に比例するといえよう。それに対し，第二種兼業農家数の増加と自民党得票率とは反比例の関係にある。このことは「農家の兼業化が進み，就業人口の中核部分をなす世帯主や壮若年層が雇用社会のなかに組み込まれ，労働組合運動を経験するにしたがって漸次労働者階級としての自覚を高め，やがて革新政党支持に傾斜するであろう」[3]ということが一定程度いえるということを意味している。ただここでは，山岡栄市も指摘しているように，労働者階級としての意識が，「階級意識の成熟した＜Klasse für sich＞であるのか，それとも単に，"はたらくもの"という意味での，階級意識の弱い＜Klasse an sich＞であるのか，その差異を検討する必要がある」[4]といえる。

　そこで第３に，労働組合組織率の推移から若干検討を加えてみよう。表13は滋賀県全体の年次別労働組合数・組合員数の推移を示したものである。これによると組合数は年々増加しているが，組合員数は1974年を頂点にして減少傾向にある。表14は市郡別労働組合数・組合員数の３年間（1976年，1977年，1978年）の推移を示したものであるが，これによると２市２郡では組合数・組合員数ともに増加しているのは八日市市だけで，反対に両者とも減少しているのは神崎郡である。また，近江八幡市では組合数は増加しているが，組合員数は逆に減少している。蒲生郡では組合数は増減なしであるが，組合員数は若干減少傾向にある。このように，各市郡によって地域別組織状況が全く異なるが，これを党派別得票率の推移との関係でみてみると，全般的に組合員の社会党離れが指摘できるであろう（表15参照）。しかし，労働者の推定組織率が34.4％（1970年，滋賀県）で，３分の２が未組織労働者であるため，階級意識においては＜Klasse an sich＞が多いと考えられる。労働者の組織率と投票行動がどの程度オーバーラップするものであるかは定かではないが，＜Klasse an sich＞の労働者は元来保守的なためか，あるいは右傾化したために自民党に投票し，＜Klasse für sich＞の労働者は左傾化して共

第1章 広域市町村圏の社会構造と政治風土 —— 29

表13 年次別労働組合数・組合員の推移

年次別	組合数	指数(1970年=100)	組合員数	指数(1970年=100)	対前年増減数 組合数	対前年増減数 組合員数	対前年増減率 組合数	対前年増減率 組合員数
1970年	543	100	98,268	100	31	5,263	6.0	5.6
1971年	578	106	99,522	101	35	1,254	6.4	1.3
1972年	596	110	101,372	103	18	1,850	3.1	1.9
1973年	632	116	104,760	107	36	3,388	6.0	3.3
1974年	669	123	109,488	111	37	4,728	5.8	4.5
1975年	691	127	109,232	111	22	△256	3.3	△0.2
1976年	684	126	107,185	109	△7	△2,047	△1.0	△1.9
1977年	704	130	108,289	110	20	1,104	2.9	1.0
1978年	714	131	106,750	109	10	△1,539	1.4	△1.4

註：当該表は、『滋賀県商工労働行政の概要―昭和54年度―』（滋賀県商工労働部）より一部変更して作成。

表14 市郡別労働組合数・組合員数と3年間の推移

市郡別	1976年 組合数/組合員数	構成比	1977年 組合数/組合員数	構成比	1978年 組合数/組合員数	構成比	1976年 増減数	1976年 増減率	1977年 増減数	1977年 増減率	1978年 増減数	1978年 増減率
滋賀県	684	100	704	100	714	100	△7	△1.0	20	2.9	10	1.4
	107,185	100	108,289	100	106,750	100	2,047	△1.9	1,104	1.0	△1,539	△1.4
近江八幡市	27	4.0	28	4.0	30	4.2	△2	△6.9	1	37	2	7.1
	3,406	3.2	3,263	3.1	3,257	3.1	△223	△6.1	△143	△4.2	△6	△0.2
八日市市	27	4.0	28	4.0	28	3.9	1	3.8	1	3.7	0	0
	4,042	3.8	4,169	3.8	4,588	4.3	150	3.9	127	3.1	419	10.1
蒲生郡	20	2.9	20	2.8	20	2.8	0	0	0	0	0	0
	2,277	2.1	2,376	2.2	2,331	2.2	92	4.2	9	4.3	△45	△1.9
神崎郡	16	2.3	15	2.1	14	2.0	2	14.3	△1	△6.3	△1	△6.7
	1,591	1.5	1,500	1.4	1,433	1.3	75	4.9	△91	△5.7	△67	△4.5

註：当該表は、『滋賀県商工労働行政の概要―昭和54年度―』（滋賀県商工労働部）より一部変更して作成。

表15 1976年および1979年総選挙における党派別得票率

市郡別	自民党 1976年	自民党 1979年	民社党 1976年	民社党 1979年	社会党 1976年	社会党 1979年	共産党 1976年	共産党 1979年
滋賀県	41.8	46.4	14.3	14.5	15.3	14.7	11.7	14.2
近江八幡市	44.5	49.8	12.1	14.1	14.1	13.7	13.1	17.4
八日市市	31.6	41.8	24.3	19.8	12.7	13.1	15.8	19.2
蒲生郡	49.2	55.6	10.7	10.8	15.6	14.8	12.8	15.3
神崎郡	45.1	51.2	16.9	18.0	13.9	13.9	10.3	12.4
中部広域圏	43.6	50.5	15.0	14.9	14.2	14.0	13.0	16.0

註：当該表は、滋賀県選挙管理委員会の『衆議院議員総選挙結果調』（各年）より作成。

産党に投票しているように思われる。つまり，投票行動における労働者の左右両勢力への分極化現象が進行しているといえよう。

以上，3つの観点から，中部広域圏における政治動態の要因分析を試みたが，80年代以降については，別途詳細な資料に基づく検討が必要である。

註
(1) 鈴木榮太郎は，都市依存圏を「通勤圏と通学圏即ち職場と学校を，その都市内にある機関に依存している限界の圏である」，と規定している（『鈴木榮太郎著作集Ⅵ』未来社，1969年，p.331)。
(2) ＮＨＫ放送世論調査所編『全国県民意識調査』日本放送出版協会，1979年，p.750。
(3) 山岡栄市「農村の構造的変化と農民の政治意識」『佛教大学研究紀要』通巻第62号，1978年，p.6)。
(4) 山岡栄市「前掲論文」p.78。

参考文献
・佛教大学社会学研究所『社会学研究所紀要』第1号，1980年6月。

第2章　基礎自治体における社会変動と自治行政
　　　　―滋賀県蒲生町の事例―

　まず，ここで考察の対象とする蒲生町の概略について述べておくことにする。蒲生町は，昭和30年4月1日に，朝日野村と桜川村とが合併して成立した自治体で，人口は約1万人である。それは，滋賀県の中央，琵琶湖の南東，湖東平野の南，鈴鹿山系に水源をもつ日野川とその支流佐久良川の流域に位置し，北は八日市市，東は日野町，南は甲賀郡水口町，西は竜王町にそれぞれ境を接している。町の中心部は海抜125m，北東，南西部は200m前後の古琵琶湖層の丘陵地帯で，北東部は，なだらかな布引山系が占める純農村的性格をもったところである（図1）。現在は，「びわこ空港問題」で衆目を集めている地域でもある。

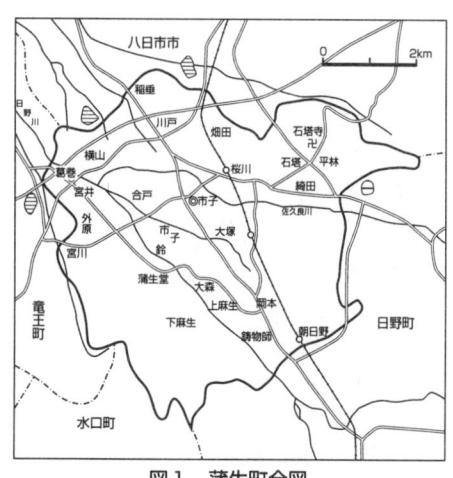

図1　蒲生町全図

出所：「角川日本地名大辞典」編纂委員会編纂『角川日本地名大辞典　25　滋賀県』（角川書店，1979年，p.894）を一部変更して転載。

第1節　戦後の行政改革と政治

1．占領と旧秩序の解体

　昭和20年8月15日正午，戦争終結の詔書が放送され，満州事変勃発以降15年にわたって行われた戦争は，日本の敗戦をもって終わった。9月2日に米

艦ミズーリ号上で降伏文書調印式が行われ，以後日本は，昭和27年4月28日の対日平和条約の発効まで，連合国軍の占領下におかれることとなった。

占領軍は，8月28日以降全国に進駐したが，滋賀県への本格的な進駐は10月4日であった。これよりさき，県では，9月10日に「連合軍進駐付近住民の心得帳」を配付して，米軍の不法行為に対する防衛について注意を促した。特に婦女子に対しては，日本婦人としての自覚を持ち，外国軍人に隙をみせないように注意を促すとともに，進駐軍を誠意をもって迎え，外国兵に危害を加えないよう要請した。

戦後の日本の非軍事化，民主化は，GHQ（連合国最高司令官総司令部）によって推進されていったが，本県では滋賀軍政部がその任にあたった。非軍事化，民主化は，旧秩序を象徴する組織や体制，さらにそれに付随する建造物などを解体していく形で行われた。

兵器類の進駐軍への引き渡しは徹底したものであったが，それを朝日野村においてみておこう。まず昭和20年10月6日付で，西田泰次郎村長は各区長あてに「武器引渡ニ対スル緊急措置ニ関シ協力方ノ件」という依頼文を出し，軍用銃砲，拳銃，短銃，仕込銃，刀剣，仕込刀剣，軍用火薬，弾薬手榴弾などの武器類を10月7日までに提出するとともに，提出者名簿を作成して，それを10月10日までに役場へ報告するように求めた。続いて12月20日付の依頼文で，一切の未提出武器の提出を求め，さらに昭和21年3月15日付の依頼文で，所持不許可の武器はすべて17日までに役場に提出するよう求めた。その文書には，違反者には日本国政府または連合軍司令部より処罰される旨が記載されていた（宮川区有文書）。

回収の対象は神社仏閣にも及び，3月21日付各区長あての「廃兵器処理ニ関スル件」の照会文には，神社仏閣にある戦利兵器・陳列兵器なども撤去回収されるので，該当物件の名称，所在場所を報告するようにとあった（宮川区有文書）。

国民学校に設置されていた奉安殿や御真影も姿を消し，また，忠魂碑や戦争記念碑に対しても，昭和21年11月14日に軍政部から撤去の指示が各町村長あてに出された。桜川村では，9月2日の第3回村会で国民学校の奉安殿や

御真影の取り壊しについての報告が議長からなされている。それによると，8月中に撤去するよう通達があったので，競争入札して，落札業者が基礎部分を除いてすでに取り壊したとある（桜川村役場「昭和21年度村会決議並会議録」）。忠魂碑の撤去については，11月18日に内務部長通達があり，それには，校庭にある忠魂碑の標柱だけを早急に取り除いて，適当な場所に埋め，その跡に二宮尊徳の石像を建立することとあった。また，部落会長会提出事項の中にも，「徹底事項」として，地方公共団体による公葬その他の宗教的儀式および行事（慰霊祭，追弔会など）の禁止とともに，忠霊碑，忠魂碑，その他の戦没者のための記念碑，銅像などの建設の禁止，および現存する忠魂碑の撤去があげられていたり（12月2日），町内会・隣組などによる神道の後援や支持の禁止事項もあった（12月27日，宮川区有文書）。旧指導者の公職追放は，昭和21年から始まった。1月4日，GHQは公職追放に関する覚書を発表して，戦争犯罪人，旧職業軍人，極端な国家主義者などの公職からの追放を行った。11月8日，政府は追放対象者を大政翼賛会，翼賛壮年団，在郷軍人会の地方幹部にまで拡大，その結果，ほとんどの町村長が大政翼賛会の支部長を兼務していたため，蒲生郡では一部の非該当者を除き，11月28日付で一斉に退職した。また，戦時中，行政組織の末端に位置づけられていた町内会・部落会・隣組も，昭和22年5月3日に公布された政令によって廃止され，従来町内会長・部落会長が担当してきた行政事務は，各市町村が駐在員もしくは出張所をおいて引き継ぐことになった。

2．戦後混乱期の行政施策

戦後の混乱のなか，軍人や民間人の引き揚げが始まった。桜川村では，昭和20年12月末現在，復員軍人総数237名，未復員者数220名，戦没者数67名であった（桜川村役場「昭和21年度村会決議並会議録」）。

この年は天候が不順で，全国的に凶作となり，食糧難とインフレが住民生活を直撃，米穀の配給量も減らされた。県告示第269号によると，今般の改訂でこれまで行ってきた幼児特配，青少年特配それに職種による労務特配量に加算配給することをやめ，家庭配給量と労務者に対する特配の二本建てに

することとなったとある。前者においては，1人1日当たりの配給基準量は1～2歳が約8勺，3～5歳が約1合2勺，6～10歳が約1合8勺，11～15歳が約2合5勺，16～60歳が約2合3勺（ただし，重労男子のみ約2合8勺），61歳以上が約2合1勺であったが，妊娠5カ月以上の妊婦に対しては，1人1日当たり3.5勺の範囲内で特配されることとなった。後者においては，1人1日当たりの特配最高量は，軽労で男子が約7勺，女子が約4勺，重労で男子が約1合4勺，女子で約8勺，重要産業労務で男子が約2合2勺，女子が約1合6勺であった（宮川区有文書）。

　昭和21年に入ると，物不足は一段と深刻化し，国民の多くが栄養失調状態に陥った。桜川村では，7月11日の第2回村会で，国民学校生徒の栄養失調症による胸部疾患者の状況についての質問が出され，議長は次のように答弁している（桜川村役場「昭和21年度村会決議並会議録」）。

　　過日簡易保険京都支局ヨリ桜井医学博士以下十数名ヲ招キ国民学校全生徒ニ対シ健康診断ヲ実施シテ戴キマシタ。其ノ状況ニヨリマスト既ニ十四名ノ陽性患者ガオリマシテ更ニ総生徒ノ一割程度ガ其ノ前兆者デアル事ガ判リマシテ真ニ憂慮スベキ状態デ在リマス。

　深刻な食糧不足を打開するために，幣原喜重郎内閣は，昭和21年2月17日に食糧緊急措置令を出し，米の強制供出制度を定めた。滋賀県では，軍政部が力を背景に強制的に供米督励を行った。軍政部経済課のウェンナー将校と服部岩吉知事との供出をめぐるやりとりは有名である（岩国麻里夫『服部岩吉』）。だが，米の供出は困難をきわめ，供出量は目標値に届かず，食糧事情は不安定なままであった。日本共産党員の北条旭巌が村長をしていた朝日野村では，供出米に対する反対闘争が起こり，昭和24，25年ごろが最も激しく，一時はGHQからも官憲が乗り込むという騒ぎもあった（『滋賀県市町村沿革史』第3巻）。

　この食糧不足を補うために，主要食糧代替品として甘藷が追加配給されることとなった。10月14日付の宮川区長あての通知によると，数量は主食1カ月配給量の約3割程度（おおむね男子受配者1人に対し3貫匁），価格は1

貫匁5円となっていた（宮川区有文書）。

　食糧不足はヤミを横行させ，インフレの引き金ともなった。幣原内閣は，昭和21年3月3日，物価統制令を公布して物価の安定を図ろうとしたが，ヤミ価格は暴騰の一途をたどった。昭和24年には，家庭用石鹼，地下足袋，ゴム履物，馬鈴薯，乳製品，飴菓子，家庭用木炭，砂糖，味噌・醬油，食用油などが配給になった。ようやくインフレが鎮静して，住民の生活が安定してくるのは，昭和25年ごろであった。

　戦後の悪性インフレによる経済危機を打開し，新しい日本経済秩序を確立するためにとられた施策の一つが救国貯蓄運動であった。昭和21年12月27日の部落会長会提出事項の中に「救国貯蓄増強方策について」という項目があり，そのなかの救国貯蓄運動要綱（滋賀県地方通貨安定推進委員会）には，新日本経済建設のために「浮動購買力の吸収退蔵現金の資金化復興資金の確保等貯蓄の増強を図り以て通貨の安定を確保することを喫緊の要務とする」とあった（宮川区有文書）。

3．機構改革と財政改革

　まず，警察と消防の機構改革からみていこう。警察制度の民主化は，昭和22年12月17日に公布され，翌23年3月6日に施行された警察法に始まる。この法律の施行によって，滋賀県では，3月7日，知事の所管していた警察部が解体され，新たに国家地方警察滋賀県本部と自治体警察（3市20町）が設置された。蒲生郡には，蒲生地区警察署，警部補派出所および自治体警察が日野町におかれた。自治体警察は市および人口5,000人以上の市街的町村に設置され，その経費は当該市町村がまかなうが，国家地方警察の干渉は受けないという民主的なものであった。しかし，両警察間の連携上の問題や過重な財政負担のため，20町全部の自治体警察が昭和26年9月30日をもって廃止され，国家地方警察滋賀本部に吸収された。ついで，昭和29年7月1日に施行された改正警察法によって滋賀県警察に一元化され，蒲生郡には日野警察署が設置された（『滋賀県史昭和編』第2巻）。

　消防関係では，消防団令（昭和22年4月），消防組織法（同年12月），消防

法(昭和23年7月)など一連の消防関係法令の公布によって,戦時中郷土防空の枢要組織として活動してきた警防団が廃止され,新しい消防制度が実施されることになった(『滋賀県史昭和編』第2巻)。桜川村では,昭和22年7月13日の第2回村議会で消防団設置条例が可決され,同時に消防委員会の委員も議長の指名によって5名選出された(桜川村役場「昭和22年村会決議書綴」)。朝日野村でも7月23日の村議会で消防団設置条例,同給与条例ならびに消防団員服務規律および懲戒条例が議決され,さらに消防委員会の委員が選任された(朝日野村役場「昭和23年村会決議録綴」)。

役場の機構も漸次整備されていった。ちなみに合併直前の両役場の機構は次のようなものであった。

【朝日野村役場】

村長,助役,収入役,戸籍・消防係(書記2,内兼務1),議事・庶務・文書・会計係(書記1,書記補1),税務係(書記2,書記補1),厚生・職業係(書記2),勧業・食糧係(書記1,書記補1),調査・土木係(書記1),選挙管理委員会(書記兼務1),教育委員会(書記1),農業委員会(書記2),衛生・国民健康保険(書記1),国民健康保険(医師2,書記2,保健婦2,看護婦2,嘱託1)(朝日野村役場「昭和29年村会決議録綴」)。

【桜川村役場】

村長,助役,収入役,村長の事務部局…役場(事務吏員10,その他の職員3),国民健康保険(事務吏員5,技術吏員2),直営診療所(事務吏員4,技術吏員20,その他の職員14),授産場(事務吏員2),教育委員会の事務部局…教育委員会(事務吏員2),公民館(事務吏員2,その他の職員1),小学校(事務吏員2,その他の職員2),裁縫学校(吏員相当職員2,その他の職員2),農業委員会の事務部局(事務職員2,技術職員1),議会の事務部局(事務吏員兼務1),選挙管理委員会の事務部局(事務吏員兼務1),監査委員会の事務部局(事務吏員兼務1),公平委員会の事務部局(事務吏員兼務1)(桜川村「昭和30年度村会決議書」)。

昭和20年代の両村の財政上の特徴を,昭和23年度および28年度における歳

表1 歳入総額に対する款項別比率（主要なもの）　　　単位：％

項目＼村名年度	朝日野村 昭和23年度	朝日野村 昭和28年度	桜川村 昭和23年度	桜川村 昭和28年度
村税	72.2	44.5	53.5	46.4
国庫支出金	6.5	14.9	6.9	11.0
県支出金	17.0	0.1	11.1	1.3
繰入金	0.6	9.7	7.6	3.0
繰越金	1.9	10.4	1.3	3.9
地方財政平衡交付金	—	6.3	0.2	12.2
村債	—	6.1	—	13.6
雑収入	0.6	3.3	15.1	4.2

表2 歳出総額に対する款項別比率（主要なもの）　　　単位：％

項目＼村名年度	朝日野村 昭和23年度	朝日野村 昭和28年度	桜川村 昭和23年度	桜川村 昭和28年度
役場費	43.8	18.9	25.2	17.5
土木費	0.2	16.6	27.6	1.8
教育費	19.5	35.8	24.5	58.2
社会及労働施設費	9.0	2.1	9.2	0.3
産業経済費	13.2	11.1	7.2	7.4
諸支出費	6.1	8.2	1.6	7.5

入出面でみておこう。財政規模においては，人口規模の大きい朝日野村が23年度歳入439万余円，歳出357万余円，28年度歳入2,257万余円，歳出2,011万余円で，伸び率は歳入5.18倍，歳出5.63倍であった。他方，人口規模の小さい桜川村は，23年度歳入478万余円，歳出425万余円で，それぞれ朝日野村を上回っていた。しかし，28年度は，歳入1,844万余円，歳出1,947万余円で103万余円の赤字決算となり，伸び率は歳入3.86倍，歳出4.58倍で朝日野村よりも低かった。

両村における歳入総額および歳出総額に対する款項別比率は表1，表2のとおりである。

まず，歳入面の特徴からみていこう。両村とも村民税と固定資産税を中心とする村税の比率が非常に高く，朝日野村では23年度の比率は72.2％で，桜川村を大きく上回っている。また，両村に共通している点は，23年度においては県支出金が，28年度においては国庫支出金，地方財政平衡交付金，村債がそれぞれ高い比率を占めていることである。歳出面では，役場費，教育費

が高い。特に，28年度の桜川村の教育費が58.2％をも占めたのは，小学校の新築改築費が多額に上ったためである。

4．政治の民主化

　敗戦によって，中央では大日本政治会が解散，翼賛体制に終止符が打たれ，新党が相次いで結成された。このような中央での政党再編の動きに呼応して，滋賀県では昭和20年12月に，日本社会党滋賀県支部連合会（5日，矢尾喜三郎会長），日本自由党滋賀支部（9日，服部岩吉連合会長），日本進歩党滋賀支部（21日，堤康次郎支部長）が相次いで結成され，さらに翌21年3月30日には，日本共産党滋賀地方委員会（川勝安次郎委員長）が結成された（『滋賀県史昭和編』第2巻）。

　選挙制度の改革も行われ，昭和20年12月17日に改正公布された衆議院議員選挙法によって，選挙権・被選挙権が5歳引き下げられるとともに，女性に初めて参政権が認められて，ようやく男女普通選挙制度が確立した。この新しい選挙制度によって各級選挙が実施されたのであるが，まず国政選挙からその特徴をみていくことにしよう。

　昭和20年代には，衆議院議員総選挙が6回，参議院議員通常選挙が3回実施された。投票状況や選挙結果は，それぞれ表3，表4，表5のとおりである。投票率については，どの選挙においても桜川村のほうが朝日野村および滋賀県よりも高くなっているし，特に女子の場合に，その格差が大きい。得票数・得票率については，両村の間に非常に大きな相違がみられる。朝日野村では，民主自由党，改進党，日本民主党などの保守政党の得票率が高い。第2回参議院議員通常選挙では，日本共産党の小林喜一郎の得票率が60％を超えているが，それは地元出身候補という特殊事情によるものであった。それに対して桜川村では，どの選挙においても日本社会党の得票率がトップであった。特に，第26回および第27回衆議院議員総選挙では有効投票の過半数を獲得，第3回参議院議員通常選挙でも左右両派の得票率の合計は過半数となっている。このような結果から，政治風土的には朝日野村は保守的，桜川村は革新的であったといえよう。

表3　国政選挙における投票率の推移

単位：％

		朝日野村			桜川村			滋賀県		
		男	女	計	男	女	計	男	女	計
衆議院選挙	第24回 (昭和24.1.23)	87.93	62.92	74.12	89.45	73.13	80.32	85.19	68.70	76.28
	第25回 (昭和27.10.1)	89.96	75.12	81.78	91.30	78.71	84.37	87.45	78.30	82.54
	第26回 (昭和28.4.19)	84.11	66.56	74.46	89.72	77.90	83.25	84.15	73.61	78.50
	第27回 (昭和30.2.27)	83.41	66.52	74.17	87.65	73.99	80.16	83.25	71.32	76.87
参議院選挙	第2回 (昭和25.6.4)	90.40	68.88	78.54	89.08	72.36	79.90	86.12	71.98	78.50
	第3回 (昭和28.4.24)	75.03	52.85	62.84	83.46	66.00	73.90	76.03	64.12	69.64

註：第22回衆議院選挙（昭和21.4.10），第23回衆議院選挙（昭和22.4.25）および第1回参議院選挙（昭和22.4.20）については，町村レベルでのデータがないため割愛した。参議院選挙は地方区の投票率である。滋賀県選挙管理委員会の『衆議院議員総選挙記録』（昭和24年），『衆議院議員総選挙結果調』（昭和27, 28, 30年），『参議院議員通常選挙結果書』（昭和25年），『参議院議員通常選挙結果調』（昭和28年）より作成。

表4　衆議院議員総選挙における党派別得票数・得票率

		朝日野村		桜川村		滋賀県		当選者
		得票数	得票率	得票数	得票率	得票数	得票率	
第24回	民主自由党	917	39.6	496	26.6	180,089	50.6	森幸太郎（民自）
	民主党	29	1.3	33	1.8	19,117	5.4	江崎一治（共産）
	日本社会党	390	16.8	528	28.3	57,900	16.3	今井耕（国協）
	国民協同党	545	23.5	275	14.7	33,063	9.3	河原伊三郎（民自）
	労働者農民党	18	0.8	15	0.8	5,165	1.5	堤ツルヨ（社会）
	日本共産党	317	13.7	260	13.9	33,801	9.5	
	無所属	101	4.4	259	13.9	26,564	7.5	
第25回	自由党	544	20.5	209	10.4	139,406	34.9	堤康次郎（改進）
	改進党	872	32.8	572	28.5	93,393	23.4	堤ツルヨ（社会）
	日本社会党	995	37.4	899	44.9	109,784	27.5	森幸太郎（自由）
	日本共産党	151	5.7	151	7.5	9,604	2.4	矢尾喜三郎（社会）
	無所属	96	3.6	173	8.6	47,392	11.9	佐治誠吉（自由）
第26回	自由党	313	13.0	197	10.0	129,580	34.1	堤ツルヨ（社会）
	改進党	1,103	45.8	676	34.5	98,587	25.9	矢尾喜三郎（社会）
	日本社会党	880	36.5	989	50.4	143,101	37.6	今井耕（改進）
	日本共産党	112	4.6	99	5.0	8,921	2.3	堤康次郎（改進）
								森幸太郎（自由）
第27回	自由党	97	4.1	41	2.1	44,934	11.8	堤康次郎（同志会）
	新党同志会	476	19.9	275	14.3	64,146	16.9	矢尾喜三郎（社会）
	日本民主党	794	33.2	489	25.4	125,743	33.0	今井耕（民主）
	日本社会党	999	41.8	1,094	56.9	133,886	35.2	草野一郎平（民主）
	無所属	22	0.9	25	1.3	11,933	3.1	小林郁（自由）

註：当該表は，滋賀県選挙管理委員会の『衆議院議員総選挙記録』（昭和24年），『衆議院議員総選挙結果調』（昭和27, 28, 30年）より作成。

表5　参議院議員通常選挙における候補者別得票数・得票率

		朝日野村		桜川村		滋賀県	
		得票数	得票率	得票数	得票率	得票数	得票率
第2回	西川甚五郎（自由党）	754	30.4	571	30.7	188,779	52.3
	矢尾喜三郎（日本社会党）	222	9.0	655	35.2	144,447	40.0
	小林喜一郎（日本共産党）	1,501	60.6	633	34.1	27,871	7.7
第3回	村上義一（緑風会）	1,193	60.6	785	46.8	211,562	64.4
	間宮重一郎（社会党右派）	409	20.8	543	32.4	60,682	18.5
	木戸好和（社会党左派）	368	18.7	348	20.8	56,301	17.1

註：当該表は，滋賀県選挙管理委員会の『参議院議員通常選挙結果書』（昭和25年），『参議院議員通常選挙結果調』（昭和28年）より作成。

　地方選挙においては，知事選挙，県議会議員選挙，市町村長選挙，市町村議会議員選挙が相次いで実施された。知事選挙では，初の公選が昭和22年4月5日に執行され，服部岩吉（自由党）が当選，昭和26年4月30日執行の第2回知事選挙でも，民主，社会両党の推薦を受けた岡本三良助（前副知事）を激戦の末破り再選した。この知事選挙で，両者が朝日野村，桜川村で獲得した票は，服部がそれぞれ1,366票，532票であったのに対し，岡本は1,364票，1,589票であった。朝日野村では両者まったく互角であったが，桜川村では岡本が服部を圧倒した。

　県議会議員選挙も昭和22年4月30日と昭和26年4月30日に実施された。蒲生郡の定数は6名で，桜川村の池内玄蔵（日本社会党）は両選挙とも当選した。26年の選挙には，朝日野村村会議長経験者の図司庄九郎（自由党）が立候補し，朝日野村で1,604票（58.5%）獲得した。池内は，朝日野村では970票（35.4%）であったが，地元の桜川村では1,714票（80.2%）獲得し，4位で再選を果たした。選挙が行われる前の3月4日，桜川村村会終了後の協議会で村会議員が一致して池内を推薦することが承認されている（桜川村役場「昭和26年度村会決議書」）。

　最後に村政についてみておこう。両村の戦後の歴代村長は表6のとおりで

表6　朝日野村および桜川村の戦後歴代村長

	氏　　　　名	出　身　字	前　職　業	就 任 年 月 日	退 任 年 月 日
朝日野村	西 田 泰 次 郎	宮　　川	農　　業	昭和18.8.10	昭和21.10.28
	北 条 旭 巌	市 子 殿	官　　吏	昭和22.4. 5	昭和26. 4. 4
	福 永 忠 兵 衛	市 子 沖	農　　業	昭和26.4.23	昭和30. 3.31
桜川村	野 口 忠 蔵	綺　　田	酒 造 業	昭和19.6. 9	昭和21. 1.31
	村 田 佐 兵 衛	石　　塔	瓦製造業	昭和21.2. 8	昭和21. 5.20
	池 内 玄 蔵	綺　　田	農　　業	昭和21.5.29	昭和26. 4. 2
	田 中 安 平	川　　合	助　　役	昭和26.4.23	昭和30. 3.31

註：当該表は，滋賀県市町村沿革史編さん委員会編『滋賀県市町村沿革史』第3巻（昭和39年）第3・4表(p.196,197)より一部転載。

ある。特に朝日野村の北条旭巌は，在任中日本共産党に入り注目された。村議会議員は昭和21年が朝日野村16名，桜川村12名であったが，昭和22年5月3日に地方自治法が施行され，それぞれ22名，16名に増員された。昭和30年の合併後は，暫定的に5カ月間両村議員がそのまま蒲生町議会議員となった（『滋賀県市町村沿革史』第3巻）。

第2節　蒲生町の成立

1．町村合併促進法と県構想

戦後，市町村の財政は，民主的地方分権の推進に伴って増大する行政需要，インフレの進行によって増加した事務経費や人件費などのために悪化の一途をたどった。その対策として昭和24年8月27日のシャウプ勧告は，政府に対して行政事務再配分のための特別委員会の設置を求めた。この勧告に基づいて同年12月に設置された地方行政調査委員会議は，「市町村優先主義」の立場から市町村に多くの事務を委譲すること，および地方公共団体の規模を合理化することを求めた。

しかし，市町村優先主義は，結果的には地方行政を混乱に導き，赤字財政の原因を作り出していった。そこで，昭和27年12月に発足した地方制度調査会は，自治体行財政力の強化充実の必要性を訴えて，町村合併促進政策を打ち出した。この政策は，町村合併促進法（昭和28年9月1日公布，10月1日施行）によって具体化したが，それは3年間の時限立法で，合併の全国的な基本計画は，10月24

表7 人口規模別・旧町村別の新市町村数（計画）

人口規模（人）	旧市町村数								計
	1	2	3	4	5	6	7	8	
8,000未満	2	1	1						4
8,000～9,999		4	2	2					8
10,000～14,999	1		9	2	2			1	15
15,000～19,999	1		1	3	2				7
20,000～24,999				1	1	2			4
25,000～29,999				1		1			2
30,000以上	1			2			1	1	5
計	5	5	13	11	5	3	1	1	45

註：当該表は，滋賀県市町村沿革史編さん委員会編『滋賀県市町村沿革史』第1巻（昭和42年），第57表（p.285）を一部変更して作成。

日に町村合併促進本部で決定された。それによると，小規模町村の合併編入によって規模を適正化し，行財政の合理的能率的運営を行うために，全国の小規模町村（人口8,000人未満）8,245（昭和28年9月1日現在）の約95％に当たる7,832町村を合併して6,249町村を減少する。そのため，町村合併促進審議会（都道府県）や町村合併促進協議会（市町村）を設置して，7,832町村のうち，1,500町村は市または人口8,000人以上の町村に合併し，6,332町村は，平均4町村で相互に合併させて1,583町村に統合するというものであった（『滋賀県史昭和編』第2巻，『滋賀県議会史』第6巻）。これに対応して，滋賀県では，昭和28年10月5日に合併促進審議会設置条例を制定，同年11月5日，委員に県議会推薦5名（丹波重蔵，内藤正雄，藤井利平，伊藤吉太郎，池内玄蔵），市町村会推薦4名（上原大津市長，田辺米原町長，吉岡日野町長，杉本常磐村長），市町村議会議長会推薦4名（手良村彦根市議会議長，加藤守山町議会議長，脇坂木之本町議会議長，若林亀山村議会議長），県教育委員会推薦1名（柴田委員長），学識経験者5名，県職員4名の計23名を委嘱し，同月12日に第1回の審議会を開いた（『朝日新聞』昭和28年10月17日付，『滋賀県史昭和編』第2巻，『滋賀県市町村沿革史』第1巻）。

以後，数回の会合を経て，昭和29年3月21日に県としての計画案が決定された。それによると合併関係町村155，減少町村115，新市町村45（対等合併37，編入合併3，合併不必要3，合併困難2）となっていた（表7）。これは，中央の基準を上回るものであったが，その背景には，本県の町村の規模が全

国平均より小さいため，①行財政能力の向上のため，人口規模をできるだけ拡大する，②２カ町村だけの合併は可能な限り避ける，③中学校に関する一部事務組合の区域をなるべく尊重する，④取り残される町村のないようにする，⑤郡の境界にはこだわらない，⑥町村の境界変更は考えない，という考えがあった（『滋賀県市町村沿革史』第１巻，第６巻）。

しかし，こうした大規模合併は，計画自体において現地の歴史的・地理的実情に即しない難点を含むことが避けられなかったので，町村のなかには，独自の計画を立てるものも少なくなく，また当時の服部知事は，下から盛り上がる合併気運の醸成を期待して辛抱強く時機を待つ方針をとった（『滋賀県議会史』第６巻）。例えば，昭和29年３月６日の２月定例県議会で，宇野宗佑議員の質問に対して次のように答弁している（「昭和29年２月定例滋賀県議会会議録」第２号）。

> 町村合併の問題でございますが，これはいつも議会を通じまして私の意見を申し上げております通り，あくまでも町村合併は町村の自主的な立場において合併を促進して，今日までのようないわゆる勧告であるとか，

表８　町村合併の進捗状況

年　　月	件　数	関係市町村数	市町村現在数			
			市	町	村	計
昭和29. 3	2	7	4	23	128	155
4	1	2	4	24	126	154
8	1	6	5	23	121	149
9	1	5	5	23	117	145
10	3	14	6	24	104	134
11	2	7	6	25	98	129
12	3	10	6	26	90	122
30. 1	7	22	6	31	70	107
2	1	2	6	31	69	106
3	3	11	6	31	61	98
4	17	44	6	39	26	71
7	1	3	6	40	23	69
10	1	3	6	41	20	67
31. 5	1	2	6	41	19	66
9	2	15	6	41	10	57

註：町村合併促進法による合併・編入のみを計上。滋賀県市町村沿革史編さん委員会編『滋賀県市町村沿革史』第１巻（昭和42年），第58表（p.286）より転載。

あるいは強要というようなことはできるだけ私は避けて参りたいと考えおることは，今もって何らの変わりもございません。

　合併は，県案発表後それに基づいて急速に進められたが，その間各町村の事情で県案と異なる種々の合併案が出てきたため，同年7月5日の審議会では，それが，「町村合併促進上の諸問題について」という議題で論議され，「県案をくずすものについては，その都度具体的な事例により検討する」との結論に達した。その結果，合併は急速に進展し，町村合併促進法の失効した昭和31年10月1日現在で，県下の市町村数は57（6市41町10村）となった（表8）。さらにその後，未合併町村解消のために，同年10月から新市町村建設促進法が施行され，昭和33年10月段階で，県下の市町村は53（6市40町7村）となった（『滋賀県市町村沿革史』第1巻）。

2．合併への道程

　昭和30年4月1日，朝日野村と桜川村の2ヵ村合併で蒲生町が形成された。県案では西桜谷村とともに1村（朝桜村）を形成することとなっていたが，西桜谷村が日野町に入ったので2ヵ村合併となった（図2）。ここでは，2

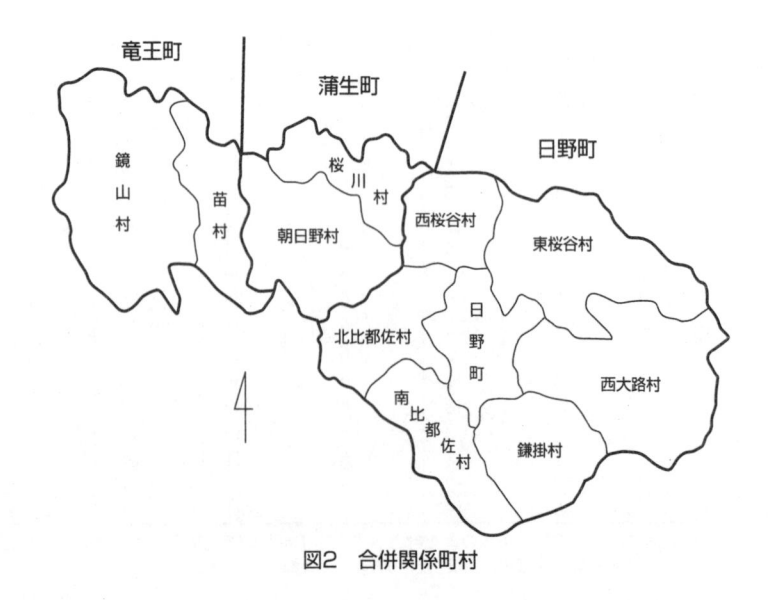

図2　合併関係町村

カ村合併が確定的となった朝日野・桜川両村合併打合会（昭和30年2月19日）までの経緯を概括しておくことにする。

　昭和27年に地方自治法の一部が改正され，知事に合併の勧告権限が与えられることになった。このような事態を受けて，滋賀県町村会で合併の調査が実施されることになった。同年9月8日に招集された第13回桜川村議会で審議された結果，新制中学組合町村（朝日野村）と「合併する意志はないが特に反対する理由はない」ということで意見の一致をみた（桜川村役場「昭和27年度村会決議書」）。

　その後，昭和28年10月1日に町村合併促進法が施行され，紆余曲折を経て蒲生町が誕生した。桜川村役場の作製による「昭和29年町村合併記録簿」にはその経緯が詳細に記載されているので，主としてそれに依拠しながら合併のプロセスや合併上の問題点，検討された事項などについてみていくことにする。

　蒲生町が誕生する過程において顕在化した主な問題点は，(1)西桜谷村の県案からの離脱，日野町への合併，それに伴う野出，蓮花寺両地区における反対運動，(2)苗村との合併問題とそれに伴う朝日野村4地区の分村運動，(3)朝日野村と桜川村との間の合併に関する認識上のズレ，などであった。以下で，これらの問題点と朝日野，桜川両村の対応について概括していくことにする。

　まず第1の問題点からみていこう。昭和29年4月2日，朝桜中学校において県案に対する説明懇談会が行われ，西桜谷村においては学校問題にからんで一部で不満があったものの，3カ村は一応県案に同調，対策委員会をつくることになった。5月21日の3カ村合併協議会第1回合同会では，朝日野村が3カ村に苗村を編入，西桜谷村が日野警察ブロックに入ることを前提に3カ村合併，桜川村が県案3カ村合併をそれぞれ主張，各村の思惑によって合併町村の区域問題に関して結論が出なかった。

　しかし，7月6日に西桜谷村合併対策委員会が日野町への合併を決議，同月14日に西桜谷村長，村議会議長が県地方課へその旨報告，桜川村へも了解を求めた。桜川村は，地方事務所長の責任において処理すべきと主張，一方，

朝日野村も西桜谷村の単独行動に憤慨して地方事務所へ申し入れを行った（7月17日）。早くもこの段階で、県案3カ村合併説は暗礁に乗り上げてしまったのである。

その後、7月31日に吉田日野町長が桜川村に西桜谷村の受け入れを報告、8月10日には、西桜谷村が公式に日野町ほか5カ村対策委員会に合併を申し入れ、受諾されるに及んで、県案の挫折は確定的となった。県審議会では、西桜谷村の日野町への合併は、朝日野村、桜川村に大きな動揺を与えるなどの理由で保留とした（8月25日）が、結局転村が認められて、昭和31年3月16日、日野町と合併した。

この西桜谷村の日野町への合併は、同村内の野出、蓮花寺両地区の合併反対運動を惹き起こした。8月30日に両地区が地方事務所へ日野ブロック合併反対を陳情したのをはじめ、9月10日には野出が朝日野・桜川両村長より西桜谷村へ公式に県案に戻るよう申し入れすることを要請、9月28日にも桜川村に対して同様の要請をしている。町村合併野出臨時総会代表委員会名で出された「賢明なる西桜谷村民各位に訴う！」というビラでは、「県の原案に依る西桜谷村、桜川村、朝日野村の純農村ブロックである3カ村合併の成功によって真の合体合併と言える」として、西桜谷当局に再考を促している（蒲生町役場「昭和30年4月蒲生町設置に関する書類」）。

第2の苗村の編入問題は、朝日野村が最後まで固執した問題であった。その背景には、村内4地区（宮井、宮川、葛巻、外原）のこだわりと、分村の動きが連動して存在していた。桜川村の苗村に対する対応は、基本的には3カ村合併後（のちに2カ村合併後）に編入を考えるというものであった（昭和29年5月19日の緊急桜川村町村合併対策委員会、昭和30年1月18日の桜川村推進委員会、同年2月17日の朝日野・桜川両村十人委員会緊急会合）。苗村の編入は、主として朝日野村との関係で問題化しているが、以下で、朝日野・桜川両村の苗村をめぐっての対応過程を中心にみていくことにする。

合併の申し入れは、苗村から朝日野村に対して行われた（昭和29年5月8日）。以後朝日野村は、一貫して苗村の編入を視野に入れて3カ村合併（の

ちに2カ村合併）を模索していくことになる。基本的に苗村は，鏡山村をも含めた中部4カ村合併を志向しており，この点では朝日野村の川下地区の考えと軌を一にしていた（昭和30年1月24日，朝桜中学校において行われた朝桜十人委員会合同会で，藪村議が苗村，鏡山村を加えて純農村ブロックをつくることを強調）。しかし，それは桜川村の最も反対するところであった。

結局，苗村の編入問題は，朝日野村，桜川村とも両村合併後に鏡山村を受け入れない旨，苗村に回答したことによって，とりあえず朝日野村と桜川村，苗村と鏡山村がそれぞれ互いに合併することで一応の決着をみた（昭和30年2月19日）。

最後に，朝日野・桜川両村の合併に関する認識上のズレについてみておこう。両村の合併に対する基本方針はすでに述べたが，両村が最終的に認識上の一致をみたのは，両村の合併についての位置づけについてであった。つまり，両村の合併は，あくまでも第1段階であって，その後さらなる合併を考えるというものであった。このような認識上の一致は，1つには西桜谷村の県案からの離脱，2つには苗村の編入をめぐっての朝日野村の内紛，分村の回避によるところが大きい。

特に桜川村においては，当初より八日市市への合併志向が強かった。昭和29年8月31日に，桜川村における世論調査の集計結果が発表されているが，それによると配付枚数847，回収枚数752，回収率88.8％で，八日市説608（80.8％），苗村説91（12.1％），朝日野村との2カ村説18（2.4％），県案説22（2.9％），合併反対3（0.4％），不明・その他10（1.3％）であった。

実際，同年9月7日の村会協議会において，速やかに八日市市への合併を推進するよう促しているし，9月15日には，県が桜川村長に対して，八日市市への合併を承認せざるをえないと表明している。

こうした含みをもちながらも，2カ村合併は，桜川村からの申し入れによってスタートした（9月17日）。その際，桜川村は，どこまでも朝日野村と行動を共にしたいので，ひとまず先に合併を申し入れるので，1週間以内に回答をほしいという形をとっている。しかし，朝日野村は，苗村の編入にこ

だわり続けたため，結局両者が合意をみたのは，昭和30年2月18日の両村十人委員会緊急会合においてであった。

3．蒲生町の誕生

両村の合意に基づいて，2月19日に両村合併打合会が行われ，協議会の設置，予算，合併推進の日程などについて協議された。これを受けて，2月21日に各村議会において町村合併促進協議会規約および負担金の決議が行われた。しかし，朝日野村では，2月20日に宮井が35名の連署をもって，分村および4カ村合併を訴える「嘆願書」を村長あてに提出，翌21日には，葛巻が43名の連署をもって，分村と苗村への編入を訴える「陳情書」を，また，宮川が部落総評議会の代表自治委員および組長10名の連署をもって，合併条文に4カ村合併追求を付記することを訴える「懇状」をそれぞれ村長，村議会議長あてに提出した。

2月23日には，朝日野村役場において第1回法的合併促進協議会が開催され，協議会長に朝日野村長，副会長に桜川村長，事務局に両村議事主任，助役が選任された。また，合併協定書の審議も行われたが，その内容は，①合併の形式，②合併の区域，③新町村名の選定，④新町村の発足の時期，⑤新町村役場の位置，⑥議会議員の任期・定数，⑦教育委員会，⑧農業委員会，⑨一般職員の身分，⑩消防団の組織編成，⑪支所出張所の設置，⑫自治委員（部落連絡委員）の設置であった（桜川村役場「昭和29年町村合併記録簿」）。

その後2回の協議会（3月6日，8日）での審議を経て，3月12日の桜川村役場での第4回合併促進協議会で，協定事項，覚書事項，建設計画案が決定された。3月15日，朝日野村長，助役が県地方課に建設計画案を提出，同日，知事部局において審議が行われた。3月18日，朝日野村役場で開催された第5回合併促進協議会で，建設計画書の決定（県の修正案可決）と合併協定書の調印が行われたが，それに先立って，宮井，宮川，葛巻，外原より建設計画書に将来苗村，鏡山村を入れるという字句を入れよ，できなければ分村を認めよとの要求がなされた（桜川村役場「昭和29年町村合併記録簿」）。

3月20日，各村議会に関係議案が一括上程され，両議会とも賛成多数で原

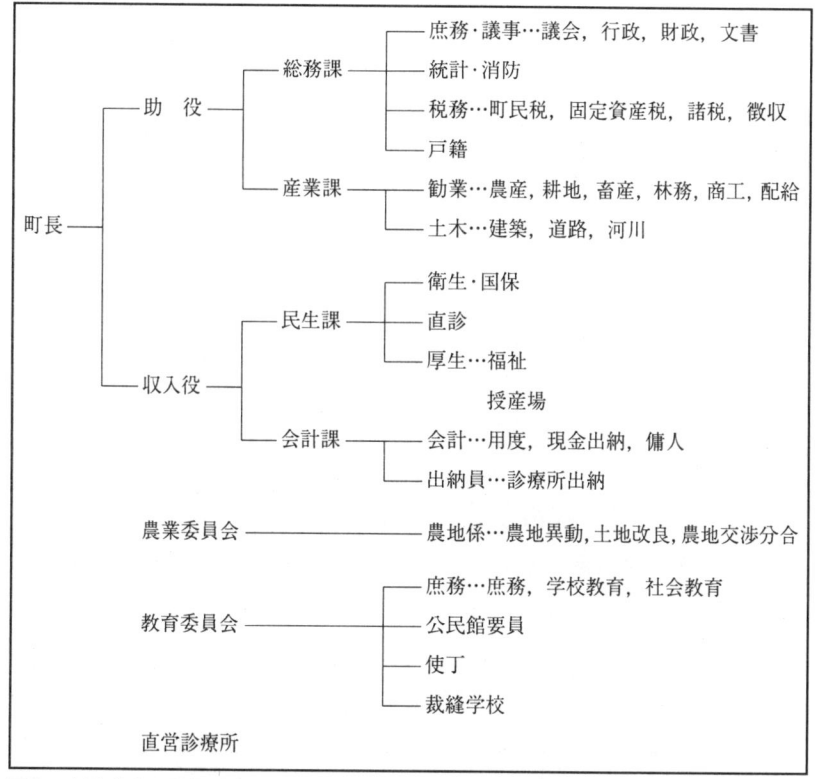

第2章　基礎自治体における社会変動と自治行政 —— 49

```
町長─┬─助役─┬─総務課─┬─庶務・議事…議会，行政，財政，文書
　　 │      │        ├─統計・消防
　　 │      │        ├─税務…町民税，固定資産税，諸税，徴収
　　 │      │        └─戸籍
　　 │      └─産業課─┬─勧業…農産，耕地，畜産，林務，商工，配給
　　 │               └─土木…建築，道路，河川
　　 ├─収入役─┬─民生課─┬─衛生・国保
　　 │        │        ├─直診
　　 │        │        └─厚生…福祉
　　 │        │              授産場
　　 │        └─会計課─┬─会計…用度，現金出納，傭人
　　 │                 └─出納員…診療所出納
　　 ├─農業委員会────────農地係…農地異動，土地改良，農地交渉分合
　　 ├─教育委員会─┬─庶務…庶務，学校教育，社会教育
　　 │            ├─公民館要員
　　 │            ├─使丁
　　 │            └─裁縫学校
　　 └─直営診療所
```

図3　新生蒲生町役場機構　蒲生町役場「昭和30年4月蒲生町設置に関する書類」より作成。

案どおり可決した。両議会とも反対は各1名であったが，その理由は，①将来の大規模合併を希求するがゆえに庁舎の建設期間に異議がある（朝日野村），②町村財政の破綻は，MSA（日米相互防衛援助）再軍備政策の強硬と資本主義経済による国民生活の破綻に原因があり，町村合併はアメリカへの従属を深める（桜川村），というものであった（蒲生町役場「昭和30年4月蒲生町設置に関する書類」，桜川村「昭和30年度村会決議書」）。

　3月22日，合併申請書および建設計画書が県知事あてに提出され，県議会の決議（議第62号，3月25日）を経て，さらに県知事より内閣総理大臣あてに届け出がなされた。3月29日，総理府告示第615号によって4月1日より

蒲生町の設置が認められることとなった（『官報』第8,470号）。

　総理府告示のあった翌30日に，桜川村で廃村式が行われ，自治功労者（元村長4名，元助役1名，元収入役1名，元村議3名）に感謝状と鉄瓶1個が贈呈された。4月1日に蒲生町発足祝賀式が挙行されたが，これへの招待状が県知事をはじめ，国会議員（今井耕，堤康次郎，西川甚五郎），県議会議員ら225名に発送された。また，蒲生町発足後の4月7日には，旧朝日野村長（福永忠兵衛）名で，旧朝日野村各字1,097世帯に対して，「廃村紀念品の送付について」「新町発足紀念並びに神酒料の送付について」の決裁が行われた（蒲生町役場「昭和30年4月蒲生町設置に関する書類」）。なお，発足当初の蒲生町役場の機構は，図3のとおりであった。

第3節　蒲生町の政治と発展計画

1．町長・町議会議員の選挙

　昭和30年は，第3回統一地方選挙が行われた年で，県議会議員選挙が4月23日に，市町村選挙（首長，議員）が4月30日に，それぞれ執行された。このときに新生蒲生町の初めての町長選挙が行われて，右派社会党公認の北条旭巌（元朝日野村長）が1,955票獲得して，田中安平（無所属，前桜川村長），川島松治郎（無所属，前村議）を破り，初代町長となった（田中1,628票，川島1,167票。『朝日新聞』昭和30年5月1日付）。北条当選を『朝日新聞』（昭和30年5月2日付）は次のように報じた。

> 　蒲生郡蒲生町初代町長に当選した北条旭巌氏（56）は，旧朝日野村市子殿の浄土宗大円寺住職，昭和22年5月から4年間朝日野村長をつとめ，村長時代徳球，野坂など共産党地下潜行幹部の国会での花やかな活動をみて，当時大津市の共産党地方大会に出席，会場で入党を宣言，"赤い村長"のニックネームをつけられ農民の先頭に立ち，天下り供米など真向から反対して軍政部からにらまれるなど村は"赤い村"として全国的に名を知られた。当時中，高校の生徒も"赤い村"の子供だというので就職難を来たしたという話題もあった。今度は右社公認で出馬，革新系だ

けの三つどもえ戦に勝ち，4年振りに再び脚光をあびることになった。

　しかし，昭和33年3月12日の定例町議会に町長不信任案が緊急上程され，可決，翌13日には，町長が議会を解散するという事態が起こった。不信任の理由として挙げられたのは，①消防自動車購入に当たっての二重契約，②新庁舎建設入札の問題，③診療所の統一に積極性がない，④朝桜中学校体育館建設についての融資問題であった（『がもう弘報』第4号）。そのうち200万円の融資問題は，回収の見込みがついたことによって区長らの了解を得られたが，北条町長は町議会の辞職勧告を受け入れて4月24日に辞表を提出，4月28日の町議会で正式に受理された（『朝日新聞』昭和33年4月26日，29日付）。

　北条町長の辞職に伴って，5月18日に町長選挙が執行されたが，自民党系無所属の福永忠兵衛（元朝日野村長）が共産党公認の中井真三を大差で破り，第2代町長に就任した（福永3,231票，中井656票。投票率70.9％）。福永新町長は，当選後の談話で，「明朗な町政を望むみなさんの支援だと思います。年はとっていますが元気です。人事の刷新，もめていた中学校体育館問題，診療所問題も早く解決したい」と述べている（『朝日新聞』昭和33年5月19日，20日付）。

　昭和36年2月12日，病気療養中の福永町長の辞任に伴って町長選挙と町議補欠選挙が行われた。町長選挙は，保守，革新系入り乱れて5名が立候補したが，前町議会議長の川島松治郎（自民党系無所属）が1,269票獲得して，元県議の池内玄蔵，元町長の北条旭巌，元桜川村長の田中安平，前助役の田井中耕三を破って，第3代町長に就任した（池内1,262票，北条935票，田中655票，田井中396票。投票率81.8％）。当選後，川島町長は，「選挙を通じて健全財政の確立と財政再建を訴え多数の町民の支持を受けたので今後は緊縮政策を行なう考えで新規事業は一切やらぬ。ただし東小学校は老朽なのでこれは，ぜひとも改築する。また町長給与2万5千円のうち2万円を社会福祉事業に寄付する考えである」との談話を発表した（『朝日新聞』昭和36年2月14日付）。

昭和40年2月7日，川島町長の任期満了に伴う町長選挙が行われ，前町議会副議長の西村亀治郎（自民党公認）が，池内玄蔵，坂谷清嗣（前町議会議長）を破って，第4代町長に就任した（西村1,945票，池内1,868票，坂谷942票。投票率87.0%。『朝日新聞』昭和40年2月8日付）。西村は，2期目は無投票であったが，3期目は共産党公認の福本正一を破っての当選であった（昭和48年1月28日執行。西村4,135票，福本342票。投票率74.2%。『朝日新聞』昭和48年1月29日付）。

　これ以後，今日まで町長選挙は一度も行われていない。西村町長は以後，4期目，5期目を無投票当選し，その後を継いだ安井一嗣町長も初当選（昭和60年1月22日）を含めて，すべて無投票当選である（現在4期目）。なお，安井町長は，初当選時に，「町政を担当するに当たっては，人づくりと町づくりの二点を基本姿勢にしたい。郷土を愛し，心豊かな人，うるおいと活力ある町を目標にしたい」と述べ，西村町政の継承を表明した（『京都新聞』昭和60年1月23日付）。

　他方，町議会議員選挙は，今日まで16回行われた（一般選挙12回，補欠選挙4回）。昭和30年8月27日に執行された第1回一般選挙は，旧朝日野・桜川両村の2選挙区に分けた小選挙区制で行われ，定数は朝日野地区13名，桜川地区9名であった（『朝日新聞』昭和30年8月18日付）。昭和33年4月21日に執行された一般選挙は，北条町長の不信任案可決，それに対する議会解散を受けて行われたもので，全町1選挙区制の下で町長派（8名），反町長派（20名）が22の議席を争った（『朝日新聞』昭和33年4月15日，19日付）。昭和37年4月8日に執行された一般選挙から議員定数が16となった。この選挙では，町議ら18名が公職選挙法違反容疑（買収）で起訴された（『朝日新聞』昭和37年6月7日付）。昭和61年4月8日に告示された一般選挙では，1地区で人選が難航して，候補者を見送ったことから，町議会議員選挙では，初めての無投票となった。また，このとき公明党が初めて議席を獲得した（『朝日新聞』昭和61年4月9日付）。

　なお，県議会議員選挙に関しては，第4回統一地方選挙（昭和34年4月23

日執行）に池内玄蔵（社会党公認）が，また第9回統一地方選挙（昭和54年4月8日執行）に岡崎和平（民社，社民，県民クラブ推薦）が立候補したが，いずれも当選は果たせなかった。

2．蒲生町建設計画

蒲生町建設計画は，朝日野・桜川両村の合体合併によって誕生した蒲生町の調整および新町態勢整備を目的としたものであった。以下で「蒲生町建設計画書」に依拠しながら，当該建設計画の内容を具体的にみていくことにする。

新町建設の基本方針は，地理的立地条件を勘案して，産業を主軸に交通，文化，観光を織り込んだ近代的構想による施策によって，蒲生町の建設発展を期するというものであった。具体的な内容は次のようなものである。

1．新町建設の動脈たる交通網を整備する。
2．近代的農業施設の充実，畜産業の振興を図るとともに多角農業経営を企図する農業総合基本計画を樹立し，特産物の培養，農産物の加工工業を興し，これが積極的な実施によって飛躍的な新町農業経営の改善と振興を図る。
3．新町商工業の振興を構し，適切なる工場の誘致を図り，新町の発展を図る。
4．新町を注ぐ各河川の治水を図り民生の安定を期するとともに，農業灌漑水の確保を図るよう努める。
5．新町内史蹟，古社寺，景勝の地を整備し，厚生施設として利用するの外，広く世に紹介し，観光客の誘致を図り，町の発展に資する。
6．郷土先輩に優る人材を養成するため，教育全般に亘る施策を講ずる。
7．優れたる文化町を形成するため，保健衛生施設，消防施設，社会福祉施設の整備を期する。
8．社会的・経済的に関係の深い地域を町に合併することを推進し，強大なる町とする。

このような基本方針に基づいて，次のような統合整備等に関する事項が策定された。

(1) 役場または支所の統合整備に関する事項…①町役場を可及的速やかに新町中央付近で交通便利な位置に新築，②旧桜川村に支所を設置するなど。
(2) 小学校・中学校その他教育文化施設の統合整理に関する事項…①蒲生西小学校（旧朝日野小学校），蒲生東小学校（旧桜川小学校），同分教場（旧川合分教場）の設置，②中学校講堂の建築，③将来，小学校の学区ごとに幼稚園を設置することなど。
(3) 消防施設の統合整備に関する事項…新町消防団の設置など。
(4) 診療所・隔離病舎その他の衛生施設の統合整備に関する事項…①伝染病舎は国立八日市病院に委託，②既存の診療所は必要に応じて整備，③水質の劣悪な地域には，簡易水道を勧奨助成するなど。
(5) 授産施設，保育所その他の厚生施設の統合整備に関する事項…必要に応じて整備拡充。
(6) 道路，橋梁，トンネルその他の土木施設の整備に関する事項…有効適切に実施。
(7) 水道事業，自動車事業その他公営企業に関する事項…町発足後に研究。
(8) 基本財産の造成に関する事項…両村の基本財産を引き継ぐ。
(9) その他の，町村合併の目的を実現するために必要な合併村の永久の利益となるべき建設事業に関する事項…①町の管理に属する河川の改修，②植林，砂防工事の促進，③ため池の改修，④土地改良事業（農道，灌漑，排水等）の奨励，⑤農林，畜産産業の振興，⑥災害復旧事業（土木，耕地等）の実施，⑦電話の架設など。
(10) 昭和30年度および向後5ヵ年度の年度別財政計画。
(11) その他…①青年団の統合，②婦人会の統合，③農業協同組合，農業共済組合の協議会を組織，④商工会の組織の統合など。

このような基本計画のほかに，付属書類に，(1)国および公共企業に対する要望事項（電話加入区域の一元化，国鉄による近江鉄道の買収，日野駅・近江八幡駅間に国鉄バスの開設など），(2)県に対する要望事項（主として道路，

橋梁，河川改修について）などが盛り込まれていた。

3．蒲生町総合発展計画

　昭和35年11月に「新町村建設計画」が策定された。これは，昭和34年度に新市町村建設促進法の指定を受けて作られたもので，計画は，基礎調査，基本計画，実施計画の3部から構成されており，「住民の福祉を増進する」ことを基本方針としたものであった（『がもう弘報』第5号）。

　その後，高度経済成長と，社会の著しい進展に伴って住民の生活水準も向上した。しかし他方で，地域住民の生活環境において社会資本の整備の立ち遅れが目立ち，人口の都市流出，労働力の低下，交通事故の増発，環境の汚染，公害問題，土地開発のスプロール化などの社会問題が発生した。また，住民の日常生活圏の拡大，中部地域広域市町村圏の設定（昭和44年度から4カ年）などによって，住民に対する行政サービスの高度化が要請され，それに対応する形で，昭和47年4月に「蒲生町総合開発計画」が定められた。この計画の基本構想（地域の将来図，施策の大綱）の骨子は次のようなものであった。

　まず，地域社会経済の将来目標を米中心の農業から内陸型工業（技術集約的産業，情報産業）の積極的誘致による，農工業を一体とした近代的産業構造の確立においている。特に農業については，自立経営農家と兼業安定農家の分化，米，そ菜，畜産の選択的拡大と協業化を促進するとしている。

　地域社会の基本的条件の整備については，道路，上下水道，塵芥し尿等清掃施設，火葬場，墓地公園などの生活環境の公共施設を優先的に配置し，将来の人口増加，世帯の細分化を考慮して住宅の整備（町営住宅，住宅団地の開発など）を推進するとともに，町の中央部には行政の管理施設を集中配置して，町行政の中枢地区とした市街地を整備（総合庁舎の新築など），これら市街地および集落住宅団地のなかに商店を整備して商業の振興を促進するとしている。

　地域住民生活においては，「人間尊重を基本理念とし，経済的・社会的地位の向上と住民福祉の向上をはかり，健康快適でより豊かな町民生活の実現

をはかる」ことに将来目標を設定している。その実現のために，次のような施策の大綱を提示している。

①道路網・通信施設の整備と立地条件の整備をはかって，産業の開発を積極的に推進する。②豊かで自然と調和のとれた公害のない地域社会を形成するため，適正企業の誘致，企業の自主的な公害防止施設の設置，公害規制の強化，監視体制の確立をはかる。③知的生産の場としての幼稚園および小中学校の施設設備の整備や社会教育における生涯教育センターとしての公民館，図書館の整備，あるいは総合体育施設の整備等によって教育文化の振興をはかる。④住民が健康で快適な生活を営むことができるよう予防・保健衛生の推進と，住民の生命の安全と健康な生活の保持をはかるため，近代的な病院の整備充実を行い，さらに幅広い社会福祉活動を展開して，社会保障の充実および老人憩いの家，保育所，子どもの遊び場等社会福祉施設の整備をはかる（『広報がもう』第18号）。

以後，蒲生町では，昭和45年度を基準年度とし，昭和46年度から昭和60年度を目標とする15カ年計画として，経済開発と社会開発の調和のとれた行政施策を推し進めていくことになる。

4．第2次蒲生町総合発展計画

昭和61年3月に策定された「第2次蒲生町総合発展計画」は，「第3次全国総合開発計画」（昭和52年），「滋賀県長期構想」（昭和54年）などの上位計画と，「滋賀県中部地域広域市町村圏計画」（昭和46年），「蒲生町農村総合整備計画」（昭和57年）などとの整合性を保ち，また，策定予定の「第4次全国総合開発計画」への中間報告「日本21世紀への展望－国土空間の新しい未来像を求めて」や「2000年の日本―国際化，高齢化，成熟化に備えて―」（経済審議会長期展望委員会報告）などによる21世紀の日本の姿を想定しつつ，これら社会経済の変化に即応できるまちづくりを総合的かつ長期的な展望にたった創意と工夫のもとに，住民の連帯と協調，合意と協力を基調に自然と調和した田園都市として経済開発優先から「人間性豊かな住みよい活力のあるまち」をめざした将来ビジョンを示す計画である。

この将来ビジョンを実現するためのトータルシステムは，次のようなものであった。「人間性豊かな住みよい活力のあるまち」づくりをめざして，(1)快適な生活環境を創造するまち，(2)健康でこころのかよいあうまち，(3)人間性豊かな教育と伝統ある文化を育むまち，(4)美しい自然と調和する活力にみちたまちの4本の柱が設定され，それを実現するために，①都市基盤・生活環境の整備，②福祉・保健・医療の充実，③教育・文化の振興，④産業経済の振興，⑤行財政の充実を骨子とした施策の体系が策定された（図4）。そのガイドラインは，次のようなものである。

(1) 都市基盤・生活環境の整備…①歩車道分離，バイパス，自転車道等の促進，②総合的な集落環境整備の推進（コミュニティ施設の整備，農村公園の建設など），③公共下水道および農村下水道の整備推進と家庭排水升による水質保全，④ごみ収集体制の充実強化，ごみの減量化や資源の再利用の促進，⑤公害防止協定，生活環境保全に関する条例の徹底など。

(2) 福祉・健康・医療の充実…①蒲生町病院の総合病院化，保健センターと病院の連携による包括的な保健医療体制の確立，②保育所の整備と乳児保育の充実，児童福祉施設の充実（児童公園，児童遊園，児童館など），③ホームヘルパーによる在宅福祉サービスの充実，デイ・ホスピタルの設置，総合福祉センターなどの施設整備，④草の根ハウス，草の根広場等の施設整備の促進など。

(3) 教育・文化の振興…①幼児教育の充実（幼保の一元化），②社会教育・社会体育の充実強化（運動公園の整備，体育指導員，体育協会などの組織の強化と自主的活動の促進），③青少年の健全育成（非行防止の強化，地域子ども会，スポーツ少年団体などの育成強化），④「家庭の日」（毎月第三日曜日）の推進，⑤無形文化財の保存，文化財および民俗資料の調査研究，文化財収蔵庫の建設，町史編纂など。

(4) 産業経済の振興…①土地改良事業の促進（ほ場整備など），農業近代化施設の設置（野菜集荷場および畜産の共同飼育管理施設，畜産糞尿処

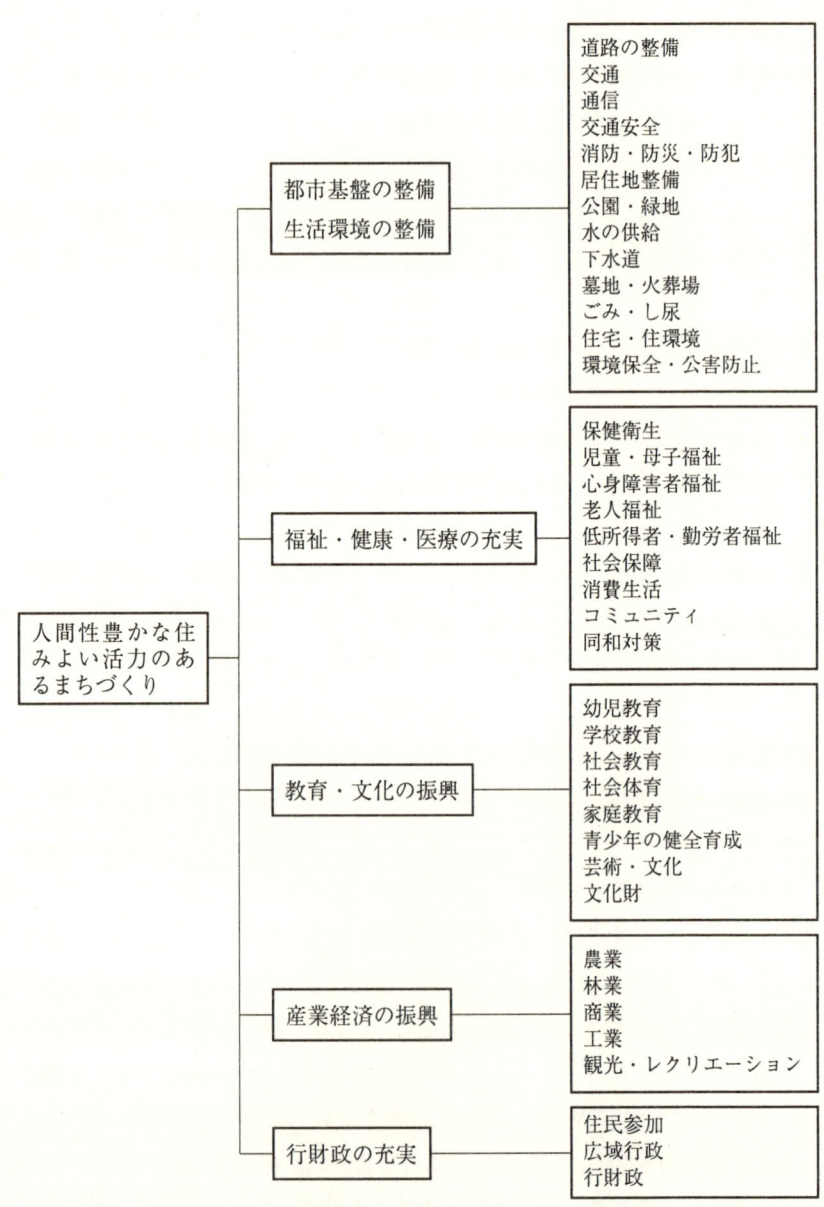

```
                                    ┌─ 道路の整備
                                    │  交通
                                    │  通信
                                    │  交通安全
                    ┌ 都市基盤の整備 ─┤  消防・防災・防犯
                    │ 生活環境の整備  │  居住地整備
                    │                │  公園・緑地
                    │                │  水の供給
                    │                │  下水道
                    │                │  墓地・火葬場
                    │                │  ごみ・し尿
                    │                │  住宅・住環境
                    │                └─ 環境保全・公害防止
                    │
                    │                ┌─ 保健衛生
                    │                │  児童・母子福祉
                    │                │  心身障害者福祉
                    │                │  老人福祉
                    ├ 福祉・健康・医療の充実 ┤  低所得者・勤労者福祉
                    │                │  社会保障
                    │                │  消費生活
                    │                │  コミュニティ
                    │                └─ 同和対策
  人間性豊かな住    │
  みよい活力のあ ──┤                ┌─ 幼児教育
  るまちづくり      │                │  学校教育
                    │                │  社会教育
                    ├ 教育・文化の振興 ┤  社会体育
                    │                │  家庭教育
                    │                │  青少年の健全育成
                    │                │  芸術・文化
                    │                └─ 文化財
                    │
                    │                ┌─ 農業
                    │                │  林業
                    ├ 産業経済の振興 ─┤  商業
                    │                │  工業
                    │                └─ 観光・レクリエーション
                    │
                    │                ┌─ 住民参加
                    └ 行財政の充実 ──┤  広域行政
                                    └─ 行財政
```

図4 施策の体系 蒲生町『第2次蒲生町総合発展計画』（昭和62年）より転載。

理施設など），農機具の共同利用，農作業受委託，農業機械銀行方式の育成，②商工会を中心とした商業団体の育成強化，③既存企業の体質強化による工業基盤の拡大と充実，町外優良企業の誘致，地場産業の経営基盤の強化と物産の流通拡大など。

(5) 行財政の充実…①住民参加の行政の推進（情報の公開化，世論調査，各種の対話集会の拡大），②広域行政の拡大および一部事務組合の統合，事務共同処理の検討，③総合庁舎の建設，行政機構および事務処理方法の簡素化，OA機器の導入による合理化の推進など。

この総合計画は，昭和60年を基準として，昭和61年から昭和75年を目標とする15カ年計画で，その後いくつかの計画が実現している。それらについては，次の項で具体的にみることにする。

第4節　町行政施策の推移

1．都市基盤・生活環境の整備

新生蒲生町は「蒲生町建設計画」によってスタートし，その後「新町村建設計画」（昭和35年11月），「蒲生町総合発展計画」（昭和47年4月），「第2次蒲生町総合発展計画」（昭和61年3月），「第3次蒲生町総合発展計画」（平成6年3月）を基本方針として，新しいまちづくりのための行政施策を行ってきた。以下で，その主なものをみていくことにする。

都市基盤・生活環境整備でいち早く着手されたのが水道事業である。昭和32年8月，蒲生堂地区に初めて簡易水道が敷設され，以後各地に順次敷設されていった（表9）。これらの簡易水道の水源は，日野川，佐久良川の伏流水であった。

昭和50年4月，これら9カ所の簡易水道を統合して，上水道事業が発足した。これは琵琶湖の水を逆水して水道用水として使用するため，広域圏を単位とした中部用水供給事業が琵琶湖総合開発事業の一環として計画されたことによるものであった。この事業は昭和50年度から5カ年計画で行われ，昭和52年3月には畑田配水池の完成を，また昭和53年3月には水道管理センタ

表9　簡易水道の敷設

年　　月	敷　設　地　区
昭和32. 8	蒲生堂
33. 12	桜川東
34. 11	大森
35. 3	南部（鋳物師　岡本　上麻生　下麻生）
36. 4	中部（大塚　田井　市子松井　市子沖　上南　合戸　市子殿　市子川原）
37. 12	西部（宮川　外原　宮井　葛巻）
39. 2	東部（平林　石塔一円　綺田　寺）
3	鈴
40. 3	北部（桜川西　川合一円　木村　稲垂　横山）

註：当該表は，蒲生町役場総務課企画係編『85町勢要覧―蒲生スナップショット』（昭和60年），蒲生町役場企画振興課編『ほのぼの蒲生町』（平成7年）より作成。

表10　道路整備

年　　月	開通道路
昭和44. 6	鈴・春日線（林道）
47. 4	鈴・三ツ谷線（林道）
57. 8	鈴・宮川線（町道）
63. 2	横山・平石線（町道）

註：当該表は，蒲生町役場企画振興課編『ほのぼの蒲生』（平成7年）より作成。

表11　橋梁整備

年　　月	橋　　梁
昭和35. 7	横山橋
37. 2	日野川橋
41. 11	宮上橋
42. 3	寺村橋
12	天神橋
43. 10	下川原橋
46. 7	佐久良川橋
47. 3	大森橋
6	綺田橋
48. 12	新鈴橋
49. 3	蒲生大橋
55. 3	横山大橋
平成5. 2	川合新橋

註：当該表は，蒲生町役場企画振興課編『ほのぼの蒲生』（平成7年）より作成。

一，電気計装設備の完成をみた（『広報がもう』第51号，89号）。昭和57年7月からは暫定受水が開始されたが，本格的な受水の開始は昭和60年7月からであった。

　その後，昭和60年10月に農村下水道整備，平成3年3月に流域下水道工事がそれぞれスタート，平成6年5月には石塔，平林地区農村下水道が完成，同年6月には公共下水道も一部供用が開始された（『広報がもう』第232号，260号）。

道路，橋梁，交通整備も主として産業基盤の確立と並行して行われた。昭和37年7月に名神高速道路の建設工事が開始され，昭和39年4月に開通。これに伴って周辺道路の整備が行われた（表10）。平成5年には主要地方道近江八幡・土山線が国道477号線に昇格して，蒲生町に初めての国道が誕生した。橋梁は，昭和40年代にその多くが完成している（表11）。

交通の面では，昭和43年7月に町内初の交通信号機が市子殿の交差点に点灯，平成3年3月には川合赤坂地先に蒲生町では4番目の駅である「京セラ前駅」（近江鉄道，無人駅）が完成，また平成4年12月には長峰地区に路線バス（西日本JRバス，近江鉄道バス）の乗り入れが実現した（『広報がもう』第233号，254号）。

通信の面では，昭和39年9月に蒲生郵便局が完成，翌40年4月に蒲生町有線放送農業協同組合を設立し，有線放送事業を開始した（加入者1,461戸）が，昭和45年9月に町に移管された。その後，有線放送電話が自動化され（昭和54年10月），さらにページング放送（加入者の字内放送）も昭和55年1月に開始された（『広報がもう』第7号，10号，102号）。

消防に関しては，昭和37年12月に消防団常備部として，常勤消防体制をとることになった。しかし，昭和47年4月に中部地域消防組合が発足，日野消防署南出張所が設置されて，常備部は廃止された（翌年4月に南出張所庁舎が完成。『広報がもう』第18号）。また，昭和46年12月には，従来の婦人会組織から別に新しく婦人消防クラブが独立した（藤田富美代隊長以下456名。『広報がもう』第51号）。防犯関係では，平成4年12月に長峰地区に日野警察署長峰警察官駐在所が設置された。

公営住宅ならびに民間の住宅団地の開発も進み，昭和46年4月には，町営住宅（赤坂団地）が完成して入居が始まり，昭和49年10月には，大倉湖南ジャンボビレッジが「長峰団地」と名付けられ，36番目の行政区として取り扱われることになった（『広報がもう』第11号，46号）。またレクリエーション施設として，名神八日市カントリークラブ（昭和40年10月），朝日野カントリークラブ（昭和51年8月）がそれぞれオープンした。そのほか，昭和62年

8月には，布引斎苑組合に加入したり，蒲生町環境美化に関する条例を制定したりしている。

2. 行財政・厚生文化事業の充実

昭和32年10月，蒲生町役場庁舎新築工事が完成し，町章も決まった。町章は，蒲生堂光明寺住職の安田光運の図案で，応募作品355点のなかから選ばれたものである（図5）。『がもう弘報』第2号には次のように記されている。

「が」と「も」が丸いふくらみで相抱くことにより本町の幸福を現わし，左右にひろげた羽形は限りない大空への飛躍発展を表示されたものである。全体として宝珠の形をとり，仏教で云う如意宝珠を模してこの珠のあるところ霊妙不思議の力をもって福徳自然に顕現するといわれている。この町章をかかげてこの町に住む私共は，ほんとうにその幸福と発展を期して夫々の日々の仕事に精一杯，悔いない努力をつづけたいものである。

図5　蒲生町章

また，昭和50年11月1日に行われた町制20周年記念式典で，町のシンボル（木「サクラ」，花「サツキ」，鳥「ウグイス」）が発表され，昭和60年11月には，次のような蒲生町町民憲章も制定された。

私たち蒲生町民は
・緑あふれる美しい蒲生の自然を守ります。
・伝統ゆたかなゆかしい蒲生の文化を高めます。
・健康で仕事に励み楽しい蒲生の家庭を築きます。
・認めあい学びあえる明るい蒲生の気風を育てます。
・若い力を育てたくましい蒲生の未来をひらきます。

さらに，昭和63年6月21日の第3回定例議会で，次のような非核蒲生町宣言決議が行われた。①蒲生町は被爆者の実情を把握し，核の脅威をひろく町民に知らせ，世論の喚起につとめる。②蒲生町は区域内における核兵器の配

備，貯蔵，通過，飛来を拒否する。③非核三原則を堅持し，「蒲生町を非核の町」とする（『蒲生町議会だより』第84号）。

　広報活動においては，昭和31年1月21日に『がもう町報』創刊号が出されたが，第2号からは『がもう弘報』と改称，昭和44年7月1日に新たに『広報がもう』の創刊号が発行され，平成10年12月号で325号に達した。『蒲生町議会だより』も昭和41年10月20日に創刊号が発行され，平成10年12月末現在で121号を数える。

　広域行政に関しては，平成3年3月1日に滋賀中部地域行政事務組合が発足した。これは国が平成元年度から取り組んでいる「ふるさと市町村圏」モデル事業の選定を受けて発足したもので，その主な事業は，交通ネットワーク調査研究事業，広域観光ネットワーク事業，広域文化・体育事業，広域福祉事業の4つを柱としている（『広報がもう』第232号）。

　町行政は国際化時代に対応して国際交流にも力を入れ，平成4年11月2日に行われた蒲生町役場新庁舎竣工式後に，大韓民国場岩面と姉妹都市提携の調印式を行い，宮崎県南郷村長らの立会いの下で，趙中九面長と安井一嗣町長が署名した（『広報がもう』第253号）。

　地域医療体制の施設設備面での整備等の歴史的経緯は，表12のとおりである。また，制度面での充実もはかられ，昭和46年4月1日より低所得世帯（生活保護世帯は除く）および世帯の生計中心者が不慮の事故，災害により死亡または長期入院等で所得が減少した世帯に対して，町独自の医療扶助制度が開始された。昭和48年1月1日からは医療保険に加入している65歳以上の老人，同年4月1日からは母子家庭の中学卒業までの子どもと母親，満2歳までの乳幼児，10月1日からは重度心身障害者の医療費を無料化する福祉医療制度が実施されることになった（『広報がもう』第24号，28号，33号）。

　社会福祉の充実をめざして蒲生町社会福祉協議会が発足したのは，昭和31年4月であった。同協議会は，高齢化社会を目前にして老人福祉など新たな福祉活動（地域福祉，在宅福祉等）を展開するために，平成元年4月1日，社会福祉法人として新たにスタートすることになった（『広報がもう』第207号）。

表12　医療保健施設の整備

年　月	医療保健施設
昭和30. 6	鋳物師診療所開設
10	外原診療所開設
35. 2	蒲生町病院新築工事完成
2	鋳物師診療所完成
4	蒲生町病院開設
40. 10	湖東伝染病舎完成（1市5町30床）
49. 11	蒲生町病院の新築工事が完成し，開院
57. 2	保健センター完成
4	保健センターオープン
61. 5	外原診療所閉鎖
6	長峰診療所開設

註：当該表は，蒲生町役場企画振興課編『ほのぼの蒲生』（平成7年）などより作成。

表13　学校教育施設の整備

年　月	学校教育関係施設
昭和34. 2	朝桜中学校体育館完成
36. 1	朝桜中学校新築工事完成
37. 4	ふたば保育園開園
41. 4	蒲生幼稚園開園
52. 8	蒲生幼稚園佐久良川畔に完成
54. 7	朝桜中学校舎改築工事完成
57. 8	蒲生西小学校改築工事完成
61. 6	蒲生東小学校新校舎，本館完成
平成 3. 3	ふたば保育園新園完成
8. 3	長峰幼稚園開園

註：当該表は，蒲生町役場企画振興課編『ほのぼの蒲生』（平成7年）などより作成。

表14　社会教育施設の整備

年　月	社会教育関係施設
昭和34. 4	町公民館が旧朝日野村庁舎へ移転
38. 9	町公民館の移築工事完成
48. 11	町民グラウンド完成
52. 3	第2町民グラウンド工事完成
11	第2町民グラウンドオープン
55. 4	運動公園コミュニティ広場を市子殿地区に設置
57. 4	蒲生町民体育館完成
平成 3. 6	あかね文化センターオープン
4. 9	緑のひろばオープン
6. 5	石塔第1区コミュニティセンター（竹ノ鼻文化センター）完成
7. 4	ファームトピア蒲生野いきいき農園開設

註：当該表は，蒲生町役場企画振興課編『ほのぼの蒲生』（平成7年）などより作成。

特に老人福祉に関しては，寿クラブ連合会の結成（昭和43年9月）をはじめ，ホームヘルパーの設置（昭和45年1月），老人憩いの家開所（昭和49年1月），特別養護老人ホーム「万葉の里」の建設（平成7年4月オープン）などハード・ソフト両面での充実をはかってきている。

学校教育の分野での取り組みは早くから行われているが，特に施設設備面ではその充実がはかられてきた。その主なものは表13のとおりである。そのほか，京セラ奨学資金の設置（昭和43年12月）や学校給食の米飯給食への切り換え（昭和45年4月）も行われた。

社会教育は，コミュニティづくり，住民自治の原動力になるとの認識から，蒲生町ではハード・ソフト両面での条件整備が行われてきた。ハード面では，表14に示したような施設設備の整備がなされた。他方，ソフト面では，昭和51年に高齢者学級（4月12日），婦人学級，おさな学級，家庭教育学級（いずれも5月31日）が，相次いで町教育委員会によって開級された（『広報がもう』第66号）。また，翌52年1月には，町体育協会によって第1回元旦マラソンが実施され，約180名が参加した。元旦マラソンは，その後毎年実施されている。

このほか，学校週5日制の導入（平成4年9月開始）によって，地域社会に根ざした人材の形成を目的とした，いきいきあかねっ子事業が平成5年度より実施されており，かいどり大会，竪穴式住居づくり，田植体験などの自然体験活動を通じて地域・世代間の交流がはかられている。

そのほかの分野では，青少年育成町民会議の設置（昭和44年3月），野口謙蔵記念館の開館（平成3年7月），ガリ版伝承館の開館（平成10年4月）などがあげられる。

第5節　第3次蒲生町総合発展計画とびわこ空港問題

1．第3次蒲生町総合発展計画

蒲生町は平成6年3月,「まちの一体化の低下」「まちの活力の不足」「広域的な生活への対応」という今日的課題を踏まえつつ,21世紀への時代潮流をみすえた新しいまちづくりをめざして「第3次蒲生町総合発展計画」を策定した。

この計画は，まちづくりにおけるテーマを「いにしえから未来へ贈る夢づくり」とし，長期的な視点からまちづくりを進め，先人の遺産を継承するとともに，未来に通じる優れた資源を創りあげていくことにあると謳っている。

　このような将来像を実現していくための基本となる土地利用構想については，地域の自然的，社会的，経済的および文化的条件に充分配慮し，まちの均衡ある発展をはかることを基本として，総合的かつ計画的に進めていくことが必要であるとしている。特に，空港計画の状況を踏まえて，関連する基盤整備並びに条件整備を継続的に進めていく必要があるとの認識から，長期的視野をもって，土地利用計画を進めていくとしている。つまり，土地利用構想の全体方針では，町の外周部である丘陵部で町外との交流をはかり，内部の田園地域で町民の生活の充実をはかるとしており，そのために全体の土地利用ゾーニングを行うというものである。

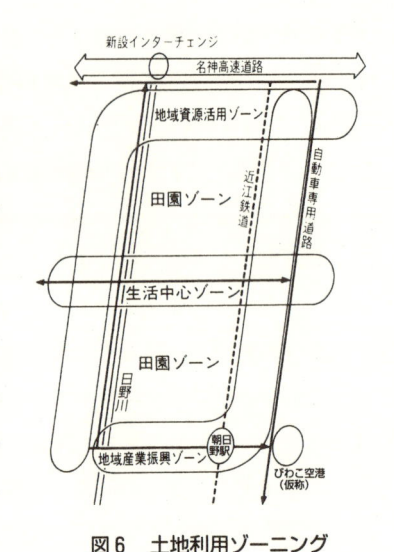

図6　土地利用ゾーニング
註：蒲生町企画振興課『第3次蒲生町総合発展計画』（平成6年3月）より転載。

　ゾーニングとは，土地利用計画や都市計画において，用途や機能ごとに用地を分類し，配置することであるが，具体的には，①地域産業振興ゾーン（空港計画の波及効果を活用して新たな産業振興と市街化を進めるゾーン），②地域資源活用ゾーン（自然・歴史資源の活用により，都市との交流を進めるゾーン），③生活中心ゾーン（町民の日常生活の中心核となるゾーン），④田園ゾーン（農村集落，農地など農業的土地利用ゾーン）に区分している（図6）。

　蒲生町の新しいまちづくりの方向性は，基本的には広域的な「滋賀中部地方拠点都市」の形成を通じて，都市基盤の形成と交流の推進によって，将来像を実現していくことにあるというものである。そのために，今後優先的に

進めていく重点施策として次の3つをあげている。
① 空・陸の交通網を活用した多機能交流都市の形成…空港を全国・国際的な交流の「空」の拠点として位置づけ，インターチェンジを京阪神・中京都市圏といった近隣府県を結ぶ「陸」の拠点として位置づける。また，空・陸の拠点を整備し，活用することによって，人・物・情報の集積を進め，にぎわいのあるまちとする。
② まちの個性をつくる文化創造都市の形成…地域資源の活用と新たな地域資源の形成による個性化を進めるとともに，文化交流を推進し，新しい文化が生まれるまちとする。
③ 多様なくらしができる生活創造都市の形成…多様な価値観をもつ人びとが共存し，それぞれのライフスタイルにあったくらしが可能となる定住条件が整ったまちとする。

そのほか，基本施策として，①基盤整備が進む風格のあるまち（計画的な土地利用の推進，交通体系の整備，美しいまちづくりの推進，空港関連整備の推進），②すぐれた人と文化が育つまち（生涯学習の推進，青少年の育成，文化・芸術・スポーツの振興，歴史遺産の保全活用，人権の尊重，交流活動の推進），③共に支えあう福祉のまち（福祉・健康・医療の一体化，社会福祉の充実，保健・医療の充実，国民年金・国民健康保険制度），④誰もが快適に暮らせるまち（市街地の整備，快適環境の創造，上下水道の整備，生活の安全確保，コミュニティの充実），⑤地域に活力を与える産業のまち（農林業の振興，工業の振興，商業の振興，観光の振興）をあげている。

そして，このような構想を推進していくためには，町民参加の推進，行財政の適正な運用，広域的な連携強化，民間活力の導入，進行管理が必要であるとしている。

2．びわこ空港と新しいまちづくり

さきに述べた第3次蒲生町総合発展計画は，滋賀県が主体となって策定した「びわこ空港（仮称）基本計画（案）」（平成2年8月），および平成元年

表15 びわこ空港のプロフィール

種　　　別	地方空港（第3種）
設置・管理者	滋賀県
規　　　模	滑走路：2,000m（将来2,500m） 幅：45m　面積：約180ha
位　　　置	滋賀県蒲生郡蒲生町・日野町
性　　　格	国内便・国際チャーター便が就航する空港
開 港 予 定	21世紀初頭（平成17年ころ）

註：当該表は，滋賀県企画部空港整備課『びわこ空港』（平成8年7月）および滋賀県広報課『しがNOW』第18号（平成5年2月10日）より作成。なお，『しがNOW』では，事業費約330億円（昭和63年の建設単価による），開港予定平成12年度（2000年）となっている。

表16 びわこ空港の歩み

昭和48. 3	「滋賀県総合発展計画」提案
59. 4	「滋賀県空港立地可能性調査」開始
62. 6	「滋賀県長期構想"湖国21世紀ビジョン"」位置付け
12	「滋賀空港（仮称）立地決定に関する決議案」日野町議会議決
12	「滋賀空港（仮称）立地決定に関する意見書案」蒲生町議会議決
63.11	「空港候補地―蒲生・日野地区―」臨時滋賀県議会選定
11	「滋賀県空港整備推進本部」設置
平成1.10	「びわこ空港建設促進期成同盟会」設立
2. 5	「びわこ空港調査会」設立
8	「びわこ空港（仮称）基本計画（案）」策定
3.11	"びわこ空港"「第6次空港整備五箇年計画」採択〈閣議決定〉
4. 3	「(財)びわこ空港周辺整備基金」設立
9	「びわこ空港臨空都市構想（案）」策定
8.12	"びわこ空港"「第7次空港整備五箇年計画」採択〈閣議決定〉
9.. 7	「びわこ空港等計画（案）の概要」策定

註：当該表は，滋賀県企画部空港整備課『びわこ空港』（平成8年7月）などより作成。

表17 びわこ空港の航空旅客需要予測

空　港	旅客数（万人）			便数（往復／日）・機種		
	17年度	22年度	27年度	17年度	22年度	27年度
札　　幌	29	32	36	SJ10便 （5往復）	MJ 6便 （3往復）	MJ 6便 （3往復）
仙　　台	―	12	13	―	SJ 4便 （2往復）	SJ 4便 （2往復）
新　　潟	―	11	13	―	SJ 4便 （2往復）	SJ 4便 （2往復）
福　　岡	18	20	22	SJ 6便 （3往復）	SJ 6便 （3往復）	SJ 8便 （4往復）
鹿 児 島	11	12	14	SJ 4便 （2往復）	SJ 4便 （2往復）	SJ 4便 （2往復）
那　　覇	18	22	27	SJ 6便 （3往復）	SJ 8便 （4往復）	SJ10便 （5往復）
合　　計	約76	約109	約125	26便 （13往復）	32便 （16往復）	36便 （18往復）

註：当該表は，滋賀県企画部空港整備課『びわこ空港』（平成8年7月）より転載。表中のMJ・SJはそれぞれ，中型・小型ジェット機を示す。

9月に策定した「空港周辺地域整備構想（試案）」を基本に，滋賀県，蒲生町，日野町が共同で策定した「びわこ空港臨空都市構想（案）」（平成4年9月）に基づいて策定されたものである。

ところで，蒲生町のまちづくりの中核に位置づけられているびわこ空港は，国の第6次空港整備5カ年計画で強調された，空港を核とした地域の振興策に基づいて，「21世紀の交通基盤として，また，まちづくりの"礎"として，地域の発展をリード」していくために必要であるとの認識から構想されたものである。そして，その候補地として蒲生・日野地区が選ばれたのは，航空機が飛行するための気象条件が最適で，地形・地質・防災対策上の問題などがもっとも少ない区域であり，利用する交通条件にも恵まれ，多くの県民が利用できる位置にある，という理由からである。なお，候補地の決定は，滋賀の空港立地の可能性について専門的な立場から助言・指導する機関として，学識経験者で構成された「滋賀県空港立地可能性調査専門委員会」（昭和59年設置）の報告を受けて，県議会が空港候補地に蒲生・日野地区を選定（昭和63年11月）するというプロセスを経て行われた。また，蒲生町と日野町の議会でもそれぞれ誘致の決議がされている（滋賀県広報課『しがNOW』第18号）。その後，平成8年12月13日の閣議で，びわこ空港は「第7次空港整備5カ年計画」に引き継がれることが決定した。

びわこ空港のプロフィール，あゆみ，航空旅客需要予測は，それぞれ表15，表16，表17のとおりである。また，「びわこ空港臨空都市構想（案）」の内容（蒲生町単独および蒲生・日野両町に関するもの）は，表18のとおりである。

しかし滋賀県は，平成9年7月8日，県議会のびわこ空港・交通・防災対策特別委員会で，びわこ空港と周辺地域整備の見直し案を報告した。報告された事業計画案によると，開港までに整備を終える事業費の総額は，当初の約3分の1の1,580億円に抑えるとなっている。

事業の内訳は，2,000mの滑走路とターミナル，2,500mへの延長に向けた用地確保に470億円（ただし，2,000mの滑走路を北側へ約250m移動させ，県畜産技術振興センター全体の移転はしない），空港予定地を横切る関西電力

表18 びわこ空港臨空都市構想（案）

アクセス交通計画
〈道路アクセス〉 (1)名神高速道路八日市インターチェンジから，空港の東側を通過し，国道477号（昇格予定）に至る道路を整備する。 (2)国道307号から上記の空港東側アクセス道路と平面交差し，空港ターミナル方面へ連絡する空港横断道路を整備する。 (3)名神高速道路に，開発インター制度による追加インターチェンジの設置を要望する。 (4)上記の追加インターチェンジと連結し，空港の西側を通過し，国道307号に至る自動車専用道路を整備する。その後，第二名神自動車道に向かって整備延伸を図る。 〈その他〉 (5)鉄道アクセスについては，近江鉄道の運行機能強化とともに，現駅舎の整備および新駅設置を促進する。
個別構想
〈交流〉 1．びわこ空港公園 　(1)(仮称)臨空都市センター 　(2)スポーツゾーン 　(3)コミュニティーゾーン 　(4)レクリエーションゾーン 〈産業〉 2．総合流通センター 　(1)コアゾーン 　(2)流通ゾーン 　(3)関連・支援施設ゾーン 3．蒲生臨空産業団地 4．蒲生町中部工業団地 5．農業振興 　(1)農業基盤整備 　(2)地域特産物の育成 　(3)緑の農村づくり　　　　〈福祉・健康〉 6．リゲインハウス 　(1)健康づくり 　(2)生きがいづくり 　(3)ふれあいづくり 7．蒲生町地域福祉センター 〈教育・文化〉 8．蒲生町図書館 9．蒲生町古墳公園 10．蒲生町歴史民族資料館 〈観光・レクリエーション〉 11．蒲生野歴史の森 　(1)歴史文化ゾーン 　(2)コミュニティゾーン 　(3)レクリエーションゾーン 12．親水河川 13．蒲生野歴史街道

註：当該表は，滋賀県・蒲生町・日野町『びわこ空港臨空都市構想（案）』（平成4年9月）より作成。平成9年7月の事業見直し案発表後の内容については本文を参照されたい。

の送電線の地中化に300億円，騒音対策などに140億円，名神高速への連絡道路整備に430億円となっている（滋賀県空港整備局「びわこ空港等計画（案）の概要」平成9年7月）。

　また，地域振興策のための臨空都市構想では，県が主体の事業が大幅に見直された。すなわち，①空港本体の周囲に予定していた約400haの空港公園を10分の1に縮小する（100億円），②空港に隣接する総合流通センターや蒲生臨空産業団地は整備内容も含めて事業化に向け検討，③多世帯が交流する

施設「リゲインハウス」は県健康福祉部が対応することに切り替える、④町が主体となる地域振興事業に開港前と後に両町で各50億円を支出する、とされたのである（「びわこ空港等計画（案）の概要」）。

このような一連の見直し案について、安井町長は「社会情勢や厳しい財政状況のなかで一定の理解はでき、県のびわこ空港実現に向けた不退転の決意と受け止めた」と理解を示し、「地域振興策に期待する町民の心情を察するとき、個別の内容について協議しなければならない課題があるが、地元理解を得るため、今まで以上に県とともに誠意ある話し合いをし、万全の対策を行いたい」というコメントを発表した（『読売新聞』平成9年7月9日付）。

第3次蒲生町総合発展計画にもあるように、まちづくりは住民、企業、行政が相互の役割と責任を明確にしたうえで、一体となって取り組むものである。とりわけ、まちづくりの主役は地域住民である。今、蒲生町が推進しようとしている空港を核にしたまちづくりに対しては、「空港反対蒲生町周辺地区対策協議会」などによる反対運動が存在する。また、すでに述べたように県による見直し案も発表された。

こうした状況の中で、蒲生町の発展的未来を展望するとき、まず、蒲生町民すべてが情報を共有することによって、蒲生町が現在どういう状況に置かれているのかということを共通認識することが必要である。そのうえで今日までの県・町行政の取り組みや町民の対応をふまえながら、どのような選択をすることが自分たちの地域社会の将来にとって最善なのかということを、町民同士が、また、町民と行政とがさらに話して合って議論を深め、そして合意形成に向けて新たな一歩を踏みだすことが重要であろう。町民総意に基づく新しいまちづくりを推進していくためには、町民相互および町民と行政との間の相互理解と信頼関係の確立は不可欠である。このような認識に立って町としてまた町民として誤りのない判断をすることが求められている。

第3章　むら社会の構造と自治組織
―滋賀県長浜市加田町・加田今町の事例―

第1節　問題の所在――「むら」は解体したか

　この稿で考察の対象とする地域社会は，かつて第一次産業従事者が主体であった旧農業集落と新規来住の非農業世帯から構成される非農業集落とから成る一行政区である。詳細は後述するが，この行政区には7つの自治会があり，そのうち5つの自治会が旧農業集落，あとの2つが非農業集落と一致する。特に前者は，「たんに家がかたまっているだけではなく，組織化されている」，つまり，「そこには家を単位とした人びとの生活連関があり，その生活連関を支える組織があり，そこにおのずと社会的統一性がみいだせる」[1]空間的まとまりである。

　これを鳥越皓之は「村落」とよんでいるが，蓮見音彦は，村落としての独自性の根拠を，村落を構成する小生産者の生産・生活上の基本的な条件の再生産に関わる協同活動や協議体として維持されている組織のうちに求めることができるとして，「村落は協議体としてのまとまりをもち，それを運営するリーダーと，運営にあてられる財政，場合によっては共有財産をもち，生産から儀礼的な生活にま

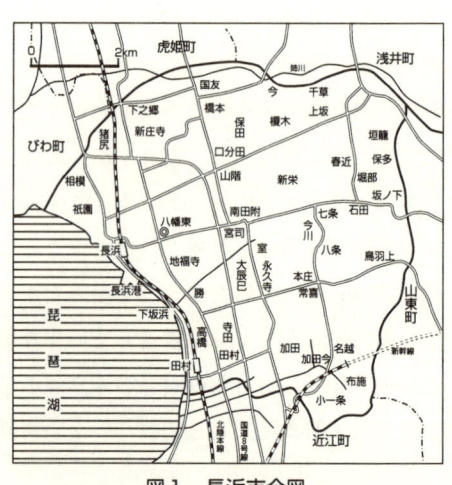

図1　長浜市全図

出所：「角川日本地名大辞典」編纂委員会編纂『角川日本地名大辞典　25　滋賀県』(角川書店，1979年，p.792) を一部変更して転載。

でわたる多面的な機能を果たしている」[2]と述べている。

　このように村落は，一定程度の自立性・独立性をそなえた一個の組織体である。そのために，歴史過程の中で，村落は支配・行政の単位として位置づけられてきた。藩制期においては領主による農民統制（年貢貢納）の単位（藩制村）とされ，明治以降は市町村制の施行によって一般に「部落」とよばれて行政の末端組織として，行政の補完的機能を果たす単位として位置づけられた。昭和期以降も，共同体的特質を濃厚に保持しているが故に行政の末端組織としての機能を果たし，今日に至っている。

　村落が歴史的に支配・行政の単位としての側面をもっていたとしても，それはそのときどきの歴史状況に規定された一面を示しているにすぎない。鳥越が指摘しているように，「理念型的にいうと，村落は支配の便宜のためにつくられた組織ではなくて，集落を形成した人たちが自然発生的に，すなわち生活の必要から，みずからがつくってきた組織である」[3]と理解するのが至当であろう。

　村落を支配・行政の単位として位置づける場合，基本的に村落は「村落共同体」として理解される。共同体とは，土地の共同占取を基礎にした組織体を意味する[4]ので，共有の土地の権利を外部からの侵害に対して保全しようとする対外的閉鎖性と，自立しがたい経営を相互に支えあおうとすることから生じる体内的平等性が，共同体成員を統制する規範となる[5]，ということである。つまり，村落がその成員に対してもつ拘束性の側面がそこではより強調される。このような側面にスポットを当てて村落の変容過程をみると，それは村落の「解体」過程と軌を一にする。すなわち，「村落それ自体が，その構造的特質を変えてきており，もはや昔のような共同体的な小地域社会ではなくなりつつある」ということであり，また村落は，「内包的に分化してきただけでなく，戦前以上に外部の社会とのむすびつきをつよめ，外延的にも，村人の生活圏は拡大するにいたった」[6]ということなのである。

　確かにそのとおりであるが，村落を別の視点，すなわち，鈴木榮太郎の「自然村」の理論的視点からみると，また別の特性を見出すことができる。

鈴木は，日本の農村は三つの集団累積体から構成されていると主張した。そして，集団累積体の最小のものを第一社会地区（小字または組），中位の累積体を第二社会地区（大字，部落，村，村落），最大の累積体を第三社会地区（行政村）と名づけ，それらは同心円的に三重に重なっているとした。また，個人間の社会関係においてみたとき，第一社会地区，第二社会地区，第三社会地区の順に，それは固定的・緊密的であるという。しかし，これら3つの社会地区のうち，第二社会地区が特に自律的統一性の高い集団累積体であり，そこには成員個々人の行動を生活全般にわたって律する体系的行動原理，すなわち「一個の精神」＝「村の精神」が存在すると指摘した[7]。しかも「村の精神」は「変化し発展していく」[8]ものであり，その「変化」「発展」は，集団や個人が「精神の示す行動雛型を無視し，拮抗している」場合に生じる可能性があるという[9]。そして，このような「精神」を具備した第二社会地区を「自然村」と名づけたのである。

　鈴木は要約して次のようにいう。「要するに自然村は，わが国の農村における三つの社会的結塊の中の一つ，即ち第二社会地区の上にみる集団累積体であり，社会関係の比較的独立的堆積体として，その外貌を現しているものである。しかし自然村における社会的統一性はかくの如き累積体または堆積体たる事に存するのではなく，そこの人々の行動原理としての独立の精神が存する事によるのである。それは，個人と現在を制御して全体と過去未来にしばりつける一個の発展的規範である」[10]。鳥越が適切に指摘しているように，「鈴木は，累積体としての村落のもつ拘束性をいおうとしたのではなく，村落がその本源において，村の精神という発展的規範をもつことをいいたかったのである」[11]といえよう。

　以上のことから，村落には2つの原理的側面，すなわち拘束性という共同体的規範の側面と，村の精神という発展的規範の側面とが存在することを認識しなければならないであろう。前者は主として村落の共同体的秩序維持機能をつかさどる原理であり，また後者は「道義的自治」[12]を促進させる原理であるといえよう。このような2つの原理的側面をもつ村落もその姿を大きく

変容させてきている。特に高度経済成長期以降の変容は激しく，その結果，「都市と農村の接合は一層つよまり，農村社会は，もはや，農業によって生きる社会として単純に論じることができなくなった」[13]。それは農村社会における古いコミュニティの全面的な構造的・機能的「解体」過程を意味するのであろうか。

戦後日本資本主義の発展の方向と結びついた国家独占資本主義の農民支配のあり方とかかわって，農地改革によって創出された村落の構造を変化させたとみる蓮見音彦は，「戦後の村落構造を規定したもっとも基底的な要因が，農地改革によって創出されたところの，自作農的な土地所有であること，そしてこの変化の過程で土地所有ないし農民層分解において決定的な変化をかいていたことが，高度成長過程における＜むらの解体＞をきわめて不徹底なものとしたことは指摘されねばならない」[14]と述べ，さらに昭和40年代の後半に入ると，日本資本主義の「農業からの植民地的な収奪」[15]（＝圧倒的な形での兼業化の進行，農業人口の減少）の下で，村落はその共同体的機能を弱体化させ，自治団体としての側面がますます縮小されてきたという。

つまり，農村社会の歴史的具体的あり方の視点からみれば，一応次のように要約してまとめることができるであろう。「変化は『むらの解体』といわれるような形で農村社会を襲った。農業経営収益の低下，家計費の高騰をきっかけに多くの農家が兼業化した。このため農業生産は全般的には停滞し，農業生産を基礎に組みたてられていた農家の生活が大きく変化した。この生活の変化が農業生産のための協業組織であった『いえ』を崩壊させ，農業経営にとって不可欠であった『むら』の共同関係を弛緩させ崩壊させた。『むらの解体』とは要するに農業の破壊→農家生活の破壊→農業村落社会の解体，のことである」[16]。

確かに日本資本主義の成長拡大が，村落のもつ下部構造（生産関係）を結果として解体させたとはいえても，果たして上部構造（社会関係，文化）をも解体させたといえるであろうか。「農業の破壊」が「農家生活の破壊」や「農業村落社会の解体」を結果するというように，一元的に解釈してよいであろうか。拘束性という共同体的規範も村の精神という発展的規範もともに

機能不全に陥ったと解釈してよいであろうか。日常的な次元での村落機能も非日常的な次元でのそれも，ともに歴史的変遷過程の中で低下してきたことは認められても，それが「解体」という次元まで達してしまっているであろうか。ほとんど原形をとどめる形で，あるいは新しい要素を取り込んでリメイドされた形で「むら」的機能が残存していることはないのであろうか。

このような筆者なりの疑問を，具体的にある地域社会を設定して，その地域社会の歴史的変遷過程を考察することによって検討してみたいと思う。ここで考察の対象として設定している地域社会は，現在，長浜市の一行政区を形成している加田町および加田今町である。両町の沿革の概要を以下で記しておこう。昭和18年4月1日に1町6カ村（長浜町，神田村，西黒田村，六荘村，南郷里村，北郷里村，神照村）が合併して長浜市が成立する前は，両字で神田村を構成していた。昭和62年時点で，世帯数427，人口1,655人である。両町は長浜市の南部に位置し，南は坂田郡近江町に接し，東は北陸自動車道，西は国道8号線が通り，ほぼ中央を県道伊部近江線が縦断している。市内でも広い町域をもち，南東端に神田山（130m）があり，寺社の多い農業地域である。ちなみに寺社には真宗本願寺派の得法寺，安明寺，真宗大谷派の薫徳寺，雲西寺，心縁寺，時宗の興善寺，日蓮宗の妙立寺，曹洞宗の万年寺，阿弥陀寺，それに八坂神社，若宮神社などがある（図1）[17]。

第2節　人口動態

1．市制施行前の動き

明治以降の人口動態については残存する資料によってその実態の輪郭が把握できるが，それ以前については資料も乏しく，ほとんどその実態がわからない。わずかに，彦根大洞弁天堂建立の際の彦根藩領内一人一文寄進帳によって元禄8年（1695）の加田今の人口（男106人，女102人，計208人）が，また，彦根藩北筋奉行人別軒数調査によって享保2年（1717）の加田の人口（男650人，女677人，計1,327人）がわかるのみである。

さて，神田村時代の人口動態からみておこう。表1は神田村の人口・戸数

表1 神田村の人口・戸数

年度	本籍人口	現住人口	現住戸数	年度	本籍人口	現住人口	現住戸数
明治 5	1,300		?	大正 7	1,404	1,115	253
12	1,177		292	8	1,406	1,148	254
14	1,221		297	10	1,418	1,179	247
17	1,246		295	11	1,425	1,192	245
30	1,268	1,228	269	12	1,425	1,391	267
31	1,276	1,239	267	13	1,425	1,387	247
32	1,295	1,267	267	14	1,414	1,377	244
33	1,307	1,287	266	昭和 1	1,417	1,371	241
34	1,309	1,282	268	2	1,428	1,369	245
35	1,321	1,301	265	3	1,429	1,371	245
36	1,354	1,316	265	4	1,447	1,387	246
37	1,356	1,284	265	5	1,373	1,207	255
38	1,357	1,290	269	6	1,339	1,207	255
39	1,380	1,291	270	7	1,658	1,359	246
40	1,376	1,282	268	8	1,446	1,203	249
41	1,384	1,270	267	9	1,449	1,213	248
42	1,384	1,274	267	10	1,472	?	?
43	1,381	1,226	266	11	1,486	1,209	?
44	1,396	1,241	264	12	1,502	1,205	249
大正 1	1,419	1,246	263	13	1,500	1,210	?
2	1,423	1,158	260	14	1,513	1,233	?
3	1,410	1,215	260	15	1,533	1,228	?
4	1,409	1,219	257	16	1,548	1,235	?
5	1,412	1,172	259				
6	1,408	1,173	257				

出所:滋賀県市町村沿革史編さん委員会編『滋賀県市町村沿革史』第4巻,昭和35年,p.43。

を示したものである(ただし,明治5〜17年は坂田郡第18・19区時代のものである)。この表からまず第1に,坂田郡第18・19区時代,特に明治12年から17年の間は漸増傾向を示し,戸数も290台を維持していることがわかる。第2に,神田村時代の特徴として,戸数・世帯数は減少している(明治30年を100とする昭和12年の指数は85.3)ものの,本籍人口は逆に増加している(明治30年を100とする昭和16年の指数は122.1)。しかし,現住人口は停滞を示している(指数100.6。ただ,大正末年から昭和前期の人口は国勢調査との開きが大きいので信憑性に欠ける)といった点をあげることができるだろう。これらの現象は農業以外に人口支持力が乏しく,向都離村した結果によるものと思われる。

表2　神田村の出入人口

項目	旧村別	年度	神田					
			明治30	明治39	大正2	大正8	昭和12	昭和16
出人口	郡内		40		128	99		
	県内		6	117	30	28		
	県外		4		106	115		
	外国		2	10	13	22	?	?
	その他		12	4	8	14		
	計		64	131	285	278	378	354
入人口	郡内		9		4	5		
	県内		4	?	11	11	?	?
	県外		11		5	4		
	計		24	42	20	20	31	48
入人口－出人口			-40	-89	-265	-258	-347	-306

註：当該表は，滋賀県市町村沿革史編さん委員会編『滋賀県市町村沿革史』第4巻（昭和35年，p.50）より一部転載。

　ちなみに神田村の流出入人口の推移（表2）をみてみると，流出人口においては明治末から大正・昭和期で流出人口が多くなっているし，また，大正2年までは郡内が県外よりも多くなっている。流出先の郡内の中心はおそらく商工業の地方中心都市である長浜町で，同町は周囲の村から主として生糸，チリメン，ビロードなどの機業労働者として人口を吸引したものと思われる。例えば，大正2年の周囲6ヵ村（神照村，六荘村，北郷里村，南郷里村，西黒田村，神田村）の流出人口は1,319人，他方，長浜町の流入人口のうち郡内からものは1,272人で両者はほぼ見合っている。しかし，大正8年では郡内よりも県外への流出入が多くなっている。神田村以外の郡内5ヵ村は，すでに大正2年から県外への流出が顕著になっている。このことは長浜町の人口吸引力が従前ほど力を持たなくなってきたことを示すが，それでも6ヵ村の流出人口1,415人に対して，長浜町の郡内からの流入人口は1,149人で，吸引力はまだ大きいといえる。県外の流出先は，主として京阪神および中京方面と思われる。また，神田村の場合は流入人口が極めて少なく，人口吸引力の乏しさを示している。

　さらに一世帯（一戸）当たりの家族数をみてみると，明治30年が4.7人（本籍人口。現在人口は4.6人），昭和12年が6.0人（4.8人）となっている。

表3 加田町および加田今町の人口動態 (各年度とも2月1日現在)

年度	世帯数							
	東町	西町	南町	北町	今町	新町	栄町	合計
昭和22								
25								
30	54	64	58	55	41			272
35	53	61	60	56	41			271
40	54	59	61	55	41			270
41	53	60	63	55	41	52		324
45	52	57	58	54	43	93		357
47	51	58	59	56	45	102		371
48	50	58	60	56	44	91	23	382
50	49	57	63	57	44	109	36	415
55	50	59	63	59	45	106	44	426
60	52	61	62	61	48	103	46	433
62	52	59	63	63	44	99	47	427

年度	人口									備考
	東町	西町	南町	北町	今町	新町	栄町	合計	男	女	
昭和22								1,368			
25								1,342			
30	228	286	285	282	197			1,278	630	648	
35	223	265	272	259	192			1,211	612	599	
40	226	255	272	249	179			1,181	601	580	S40.4.1 新町自治会発足
41	225	256	272	248	179	144		1,324	675	649	
45	226	258	257	244	188	281		1,454	742	712	
47	222	255	267	246	201	319		1,510	768	742	S47.4.15 栄町自治会発足
48	220	260	268	246	198	307	70	1,569	796	773	
50	210	249	275	248	207	352	122	1,663	840	823	
55	205	249	276	256	204	355	175	1,720	849	871	
60	216	252	268	259	199	337	181	1,712	838	874	
62	215	247	260	249	186	318	180	1,655	812	843	

註：当該表は，「国勢調査」(昭和25年,30年,35年,40年,45年,50年,55年,60年)などより作成。

2．市制施行後の動き

　昭和18年4月1日，1町6村が合併して4万1,655人の人口を擁する長浜市が誕生した。以下で，とりわけ戦後の人口動態の概要をみておくことにしよう。戦後の国勢調査（人口センサス）をみてみると，昭和22年に臨時国勢調査，23年に常住人口調査が行われたほか，25年，35年，45年，55年に簡易調査が，30年，40年，50年，60年に本調査が行われている。加田町および加田

表4 職業（大分類），年齢（5歳階級）別15歳以上就職者数

区　　分	総数	うち男	職業大分類									
			A	B	C	D	E	F	G	H	I	J
総　　数	778	469	101	21	105	68	117		47	283	7	26
うち男		469	55	20	45	35	51		46	205	6	6
15～19歳	13	7			2	2				9		
20～24	79	32	18		25	5			5	24	1	1
25～29	79	50	25		17	6	1		2	28		
30～34	108	80	22	1	19	8	4		5	43	1	5
35～39	85	50	3	2	17	8	4		9	34	1	7
40～44	110	68	8	4	7	19	9		7	51	2	3
45～49	101	57	5	6	7	7	19		6	47	1	3
50～54	81	47	6	4	5	4	26		11	24		1
55～59	54	30	8	2	3	3	21		2	10	1	4
60～64	28	20	3	1	3	1	15			4		1
65～69	22	17	2	1			10			8		
70以上	15	11	1			4	8			1		1

註： ［職業大分類］
A：専門的，技術的職業従事者　B：管理的職業従事者　C：事務従事者　D：販売従事者
E：農林漁業作業者　F：採掘作業者　G：運輸・通信従事者　H：技能工，生産工程作業者および労務作業者　I：保安職業従事者　J：サービス職業従事者

表5　従業地・利用交通手段別通勤・通学者数

区　　分	総数	従業地		
		自市町村内	県内その他	県外
徒歩のみ	314	314		
JR又は鉄道電車	6		5	1
乗合バス	15	12	3	
勤め先・学校のバス	3	3		
自家用車	348	205	142	1
オートバイ又は自転車	204	184	20	
ハイヤー・タクシー・その他	3		2	1
JRと鉄道電車				
JR又は鉄道電車と乗合バス	3		2	1
JR又は鉄道電車と勤め先・学校のバス				
JR又は鉄道電車と自家用車	8		6	2
JR又は鉄道電車とオートバイ又は自転車	11		8	3
その他の利用交通手段が2種類	9	2	7	
3種類以上	10		5	5

今町の人口動態について，世帯数・人口とも今日判明しているのは昭和30年以降の調査である。
　表3によれば，世帯数・人口とも新町自治会（昭和40年4月1日）および栄町自治会（昭和47年4月15日）の発足によって大きく増加している。しかし，この二つの自治会を除いた加田町・加田今町のそれは，世帯数においては昭和30年を100とした昭和62年の指数は103.3（272世帯→281世帯）と微増であるが，人口においては1,278人から1,157人へと121人の減少で，指数90.5（昭和22年を100とすれば84.6，211人減）とかなり減少している。これは，出生率の低下および大学への進学（県外）と県外での就職等によって減少したものと思われる。
　次に，昭和55年国勢調査小地域統計結果表に基づいて職業・年齢別就職者数（表4）と従業地・利用交通手段別通勤・通学者数（表5）とをみておこう。
　まず前者からみておくと，H：技能工・生産工程作業者および労務作業者，E：農林漁業作業者，C：事務従事者，A：専門的・技術職業従事者，D：販売従事者，G：運輸・通信従事者等が多い。ただ，H，A，Gが多いのは，新町自治会が教職員住宅と雇用促進住宅とから構成されているという特殊性によるところが大きいからだと思われる。また，年齢別にみれば，Hが20代から50代まで平均化している他は，AやCが20代・30代中心であるのに対し，Dは30代・40代，Eは40代・50代中心の構成になっている。他方，後者においては，自家用車通勤者の約6割が市内に，残り4割が市外（県外）となっている。県外の通勤・通学者も若干みられる。

第3節　産業構造の推移

1．米作

　神田地区の耕地の主体は水田であるが，その多くは湿田で用水源にも乏しく，古来ため池を築造して水源をこれに求めてきた。また，冬は降雪期間が長く，日照量も少ないため，裏作はきわめて制限され，水田単作が農業経営の基調をなしていた。ちなみに，神田村の裏作率は10％前後で緑肥が中心で

あった（表6）。

まず，明治以降の米作付面積からみておこう。表7からわかるように，神田村では大正3年から5年の間が最高（162.1町）で，以後現状維持に近い状態で極めてゆるやかに減少している。ただ，明治11年では162.4町となっているが，『滋賀県市町村沿革史』（第5巻，資料編

表6　神田村の裏作面積

年度 項目	I	II	III	IV
明治　42	12	161		
大正　5	10	194		
11	8	131	16	115
昭和　3	0.7	28	3	25
8	8.7	140	10	130
14	12.6	190	24	140

註：①I　総水田面積に対する裏作の割合（％），II　裏作総面積（反），III　普通裏作面積（反），IV　緑肥裏作面積（反），アラシは省略。
②当該表は，滋賀県市町村沿革史編さん委員会編『滋賀県市町村沿革史』第4巻（昭和35年，p.58）より一部転載。

I）に収録されている「滋賀県物産誌・巻之9・坂田郡」によれば，そのうち加田が占める田地は139町4反7畝3歩となっている。さらに，明治35年5月に書かれた『坂田郡誌編纂下調』によれば，同年の反別は227町1反3畝1歩で，そのうち田地は161町9反2畝6歩（加田：139町1反7畝6歩，加田今：22町7反5畝）となっている。また，1町6村の米作付総面積に対する神田村のそれは7％前後となっている。

次に米の実収高についてみておこう。神田村の米の収穫高は年による変化が非常に大きい。4,000石を越える豊作は大正8年，13年，昭和2年，7年，11年，12年，14年の7回あるが，逆に3,000石を割る不作は明治43年，44年，大正元年の3回を数える。1町（10反）あたりの石高をみてみると，1町6村の平均をほぼ毎年下回っている。わずかに大正8年，昭和7年，12年，16年で上回っているにすぎない。このことは，神田地区の耕地の地力が，他地区と比べて劣っていることを意味している。全般的に収穫高をみてみた場合，昭和期以降に増大しているが，これは農業技術の向上や肥料の進歩，品種改良によるところが大きい。肥料の場合，明治初年においては石灰，白子，ニシンなどの金肥や自給肥料が主体であったが，明治末と昭和以後には緑肥が，大正中期以後には化学肥料が一般に使用されるようになった。

一例として，昭和10年頃の状況を吉川太逸の「郷土調査」によってみてみ

第3章 むら社会の構造と自治組織 —— 83

表7 神田村の米作付面積・実収高

		米作付面積（町）			米実収高（石）		1町当たりの石高（石）	
		1町6村合計	神田村	占有率	1町6村合計	神田村	1町6村	神田村
明治	11	2518.3	162.4	6.4	47,990	3,100	19.1	19.1
	40	2188.0	153.5	7.0	48,745	3,368	22.3	21.9
	41	2179.0	153.3	7.0	50,897	3,437	23.4	22.4
	42	2185.0	158.0	7.2	49,235	3,064	22.5	19.4
	43	2317.8	158.1	6.8	49,510	2,878	21.4	18.2
	44	2318.2	158.2	6.8	48,013	2,643	20.7	16.7
大正	1	2321.9	160.8	6.9	47,740	2,613	20.6	16.3
	2	2329.4	161.1	6.9	51,089	3,376	21.9	21.0
	3	2322.3	162.1	7.0	56,750	3,727	24.4	23.0
	4	2321.7	162.1	7.0	50,644	3,392	21.8	20.9
	5	2384.3	162.1	6.8	59,038	3,727	24.8	23.0
	6	2380.5	161.9	6.8	51,145	3,214	21.5	19.9
	7	2382.0	161.9	6.8	48,691	3,202	20.4	19.8
	8	2388.6	161.9	6.8	60,843	4,832	25.5	29.8
	11	2312.7	161.9	7.0	54,577	3,040	23.6	18.8
	12	2311.8	161.9	7.0	51,124	3,216	22.1	19.9
	13	2292.5	161.9	7.1	61,956	4,209	27.0	26.0
	14	2404.7	161.9	6.7	58,874	3,550	24.5	21.9
昭和	1	2422.5	161.9	6.7	58,713	3,553	24.2	21.9
	2	2409.9	161.9	6.7	63,711	4,029	26.4	24.9
	3	2415.0	161.9	6.7	60,645	3,703	25.1	22.9
	4	2412.1	161.6	6.7	59,275	3,615	24.6	22.4
	5	2402.6	161.6	6.7	60,366	3,700	25.1	22.9
	6	2395.5	161.6	6.7	55,183	3,539	23.0	21.9
	7	2403.9	161.6	6.7	60,363	4,506	25.1	27.9
	8	2306.7	161.0	7.0	63,295	3,950	27.4	24.5
	9	2362.2	161.2	6.8	46,909	3,148	19.9	19.5
	10	2361.7	161.2	6.8	58,731	3,953	24.9	24.6
	11	2369.9	161.2	6.8	60,442	4,026	25.5	25.0
	12	2371.2	161.2	6.8	63,255	4,744	26.7	29.4
	14	2210.8	161.2	7.3	63,844	4,434	28.9	27.5
	15	2351.6	161.2	6.9	54,389	3,720	23.1	23.1
	16	2274.1	153.4	6.7	43,841	3,071	19.3	20.0

註：当該表は，滋賀県市町村沿革史編さん委員会編『滋賀県市町村沿革史』第4巻（昭和35年，pp.54-55）より作成。

よう。まず，当時の奨励品種の栽培が目立つ。例えば，旭29号（327反），江晩5号（113反），白糯18号（93反），渡船6号（89反），旭28号（14反），愛知旭（13反）などが多く栽培されている。その他の品種では中生号（84反），神力24号（65反），渡船26号（26反）なども栽培されていた。動力農具にお

いては保有台数は少なく、わずかに農業用原動機として石油発動機3台（坂井式3.5馬力1台、ヤンマー式3.5馬力2台）、富士電動機1台（1馬力）、その他、籾摺機4台（スピー式1台、野口式2台、瑞光式1台）、精米機4台（清水式1台、国益式2台、噴流式1台）があったのみである。

　戦後、市制施行時の申合事項であった「六荘村、神田村及西黒田村地域に対する灌漑及排水に必要なる耕地改良事業」は、南部灌漑排水事業として昭和24年に計画され、昭和32年に全計画を完了した。この計画は、琵琶湖の水を湖面より28mの地まで揚水し、720町歩に灌漑しようとする工事で、平方町地先から東方八条付近まで3.8kmの走水路を設け、二段揚水によって逆水を可能にしたのである。県営工事1億695万円、団体営工事1,273万円、団体単独工事65万円を要したが、その結果、用水は安定し、米約500トンの増収をみ、神田、名越などのため池も耕地化された。この事業に多大の尽力をしたのが加田今町の茂森太四郎である。

　そして現在は、圃場整備事業も着々と進行し、大型機械もトラクター、コンバイン、田植機をはじめ種々導入されて、ますます機械化が進んでいる。米の収穫高も昭和61年分水稲所得標準の地区別一覧表によれば、10a当たりの収量は加田南町、加田今町で531kg、加田東町、加田西町、加田北町で513kgとなっている。また、昭和52年産米売渡数（30kg袋）は神田支所扱いで1万6,320袋（489.6t）となっている。これは長浜市農協全体の9.9％に当たる。

2. 養蚕・製糸

　養蚕は姉川の自然堤防や河床、氾濫地に栽培された桑との関係から、古く慶長ごろから行われていた。文化年間に神照村の成田重兵衛（思斉）の養蚕奨励によってさらに盛んとなった。明治11年当時は蚕種・生糸輸出の進展にともなって発展途上にあり、加田、加田今においても養蚕農家270戸を数え、繭生産高は1,067貫（1町6村全体に占める割合は3.6％）を示した。これらの繭の一部は長浜や彦根製糸場（明治11年創設）へ送られたが、大部分は地元で生糸にされたのち近村や長浜へ出されたので、養蚕農家のほとんどは同時に製糸を行っていた。加田、加田今では165戸が110貫の生糸を生産していた。

その後の養蚕の変遷をみると表8のごとくである。明治15, 16年頃, 従来の天然育や成行飼に対する配慮が行われるようになり, 明治19年には蚕糸業組合が組織された。また, 明治20年5月には長浜に近江製糸会社（300釜）が創設され, 明治27年には生糸取引所（西本町）も出来た。日本の生糸輸出が中国をしのいで世界一となった明治42年には養蚕は最高に達し, 以後対米輸出が増大し, さらに第一次世界大戦で好況を迎えた大正年間においては神田村でも3,000貫から4,000貫の生産高を示した。

表8　神田村の養蚕

		A	B
		戸	貫
明治	11	270	1,067
	42	533	4,440
大正	1	260	4,210
	4	326	4,000
	8	241	3,780
	12	268	3,463
昭和	1	146	3,338
	4	80	1,924
	8	71	1,722
	12	40	1,115
	16	38	666

註：①A…養蚕延戸数, B…収繭量
②当該表は, 滋賀県市町村沿革史編さん委員会編『滋賀県市町村沿革史』第4巻（昭和35年, p.64）より一部転載。

製糸に関する村ごとの資料は明らかではないが, 大正6年当時器械製糸では長浜地区を主体とする坂田郡は433釜, 1万1,864貫で, 犬上郡, 伊香郡についで3位であった。これに対し座繰糸は1,399釜, 5,800貫で東浅井郡についで2位, 玉糸は108釜, 1,712貫であった。

しかし, 大正9年3月の暴落が養蚕農家を直撃し, 以後糸価維持政策がとられたにもかかわらず, 関東大震災による為替相場下落と, アメリカ経済の回復, 昭和初期の金融恐慌などによって衰退していった。昭和16年の神田村の収繭量は666貫で最盛期（明治42年, 4,440貫）の15％にまで落ち込んだ。吉川の「郷土調査」によれば, 昭和10年当時の神田村における養蚕農家は48戸（加田：45戸, 加田今：3戸）, 収繭高は628貫（加田：586貫, 加田今：42貫）となっている。

このように, 戦前の農業経営の形態は, 基本的に水田単作と養蚕・製糸であったが, 神田村においてはその他の副業として養鶏（昭和10年では41戸。10羽未満：25戸, 11～49羽：13戸, 50羽以上：3戸), ビロード, 製茶（昭和10年では150戸, 1,030貫）なども行っていた。

しかし, 今日では専業農家は極めて少数であり, 農業従事者も高齢化し,

表9 神田村の農家の階層（Ⅰ）

年度	項目 農家戸数	自小作別			経営規模別					
		自作	自小作 小自作	小作	5反未満	5〜10反	10〜20反	20〜30反	30〜50反	50反以上
大正 11	205	81	96	28	73	114	18	—	—	—
昭和 1	227	57	127	43	72	129	26	—	—	—
3	227	57	127	43	72	129	26	—	—	—
5	227	57	127	43	72	129	26	—	—	—
7	227	45	172	10	72	129	26	—	—	—
9	198	48	135	15	39	133	26	—	—	—
11	187	15	156	16	30	92	65	—	—	—
14	187	53	112	22	34	92	61	—	—	—
16	194	76	?	22	43	77	73	1	—	—

年度	項目 総数	所有規模別						
		5反未満	5〜10反	10〜30反	30〜50反	50〜100反	100〜500反	
大正 11	213	81	73	52	7	—	—	
昭和 1	215	81	74	59	—	1	—	
3	215	81	75	58	—	1	—	
5	215	81	75	58	—	1	—	
7	214	81	75	58	—	—	—	
9	218	84	78	56	—	—	—	
11	235	99	89	46	1	—	—	
14	235	100	89	45	1	—	—	
16	?	?	?	?	?	?	?	

註：当該表は，滋賀県市町村沿革史編さん委員会編『滋賀県市町村沿革史』第4巻（昭和35年，pp.62-63）より一部転載。

表10 神田村の農家の階層（Ⅱ）

年度	項目 農家戸数	自小作別			経営規模別				所有規模別				
		自作	自小作 小自作	小作	5反未満	5〜10反	10〜20反	20〜30反	5反未満	5〜10反	10〜30反	30〜50反	50〜100反
大正11	83.7	39.5	46.8	13.7	35.6	55.6	8.8	—	38.0	34.3	24.4	3.3	—
昭和 1	94.2	25.1	56.0	18.9	31.7	56.8	11.5	—	37.7	34.4	27.5	—	0.5
3	92.7	25.1	56.0	18.9	31.7	56.8	11.5	—	37.7	34.9	27.0	—	0.5
5	89.0	25.1	56.0	18.9	31.7	56.8	11.5	—	37.7	34.9	27.0	—	0.5
7	92.3	19.8	75.8	4.4	31.7	56.8	11.5	—	37.7	34.9	27.0	—	0.5
9	79.8	24.2	68.2	7.6	19.7	67.2	13.1	—	39.3	35.8	25.7	—	—
11	?	8.0	83.6	8.4	16.0	49.2	34.8	—	42.1	37.9	19.6	0.4	—
14	?	28.3	59.9	11.8	18.2	49.2	32.6	—	42.6	37.9	19.1	0.4	—
16	?	39.2	49.5	11.3	22.2	39.7	37.6	0.5	—	—	—	—	—

農業経営の形態も兼業化や兼業深化（第二種兼業農家化）が進行しているし，離農，脱農も増加している。

3．農家の階層

　神田村の農家の階層は表9，表10のごとくである。これによると神田村全戸数に対する農家戸数の割合は8～9割となっている。大正末から昭和元年にかけては自作農が大幅に減少し，それに代って自小作・小自作農および小作農が増加したが，経営規模においては大きな変化はなく，5～10反未満が過半を占める状態であった。所有規模においては，30～50反未満の層が10～30反未満および50～100反未満に分化した点に特徴がみられる。この状態は昭和5年まで続くが，昭和7年には自作農・小作農ともに減少（特に小作農は大幅に減少）したが，9年には自作農・小作農ともに若干の増加をみ，経営規模においても5反未満が減少して5～10反未満が増加した。これは一部離農・脱農がおこったことの結果であると思われる。しかし，昭和11年になると自作農は大きく落ち込み，自小作・小自作農が8割以上を占める状態となる。だが，昭和14年，16年には自作農が大幅に増加し，経営規模も10～20反未満が約3分の1を占めるようになった。

　全体的にみれば，神田村の場合は西黒田村と同様，小作率が小さく，経営・所有規模とも零細であった点に他村とりわけ北部諸村（神照村，北郷里村，南郷里村）との大きな相違がある。

　このように神田村は小作・小作地とも少ないのであるが，小作料については次のようになっていた。一般に，小作契約はほとんどが口約束で，証書はほとんど作製しない。契約期間も年々継続するのが一般的であった。実納小作料は神田村の場合，大正12年で一毛作普通田42％であった。これは契約小作料よりも5％前後低く，さらに上田・下田では数％の差があった。小作料の納入は毎年12月末までで，品質は検査合格米乙以上であった。

4．農業団体

(1)　農業協同組合

　　昭和18年市制施行とともに，市農会が農業の普及，生産指導に当たり，

さらに流通販売，金融などにも携わった。これが戦時下における国内の臨時体制に即応する形で，市農会・信用・販売・購買利用組合の合併となったのである。

　昭和21年，新しく市農業会が発足し，各学区単位に支所が設置されたが，昭和22年，法の改正によって市農業会は解散指定団体となって解散，これに代って昭和23年4月，農業協同組合法に基づいて，旧町村区域ごとに農業協同組合が設置された（神田農業協同組合の誕生）。

　昭和36年に農業基本法が施行され，農業の近代化による生産性向上を目標とする，いわゆる基本法農政が促進された。これに対応して経営基盤の拡充強化と体質改善を図るために，同年，農協合併促進助成法が施行された。

　長浜市においてもこれに呼応する形で，昭和39年2月，市内7農協が適正かつ能率的な事業経営を行うことを目的に農協合併協議会を結成し，40年8月を目標として合併協議をすすめたが，ようやく昭和43年11月11日，神照を除く市内6農協の間で合併契約書調印が行われ，翌44年2月15日の合併総会を経て，同年4月1日，長浜市農業協同組合が発足，同時に神田農業協同組合は長浜市農業協同組合神田支所となった。現在の支所は昭和46年3月1日に改築されたものである。

　長浜市農業協同組合の組織機構は図3の通りである（昭和53年3月31日現在）。また，歴代の役員は次の通りである（神田地区関係者のみ）。創立期（昭和44年4月～45年4月）…辻川七郎（常務理事），西堀源男，茂森仙九郎，中谷長太郎，中川治男，伊藤喜平，中野戸エ門（以上理事），西堀権右エ門，大橋英一，茂森寅吉（以上監事），第2期（昭和45年5月～48年4月）…伊藤喜平，辻川七郎（以上理事），第3期（昭和48年5月～51年4月）…伊藤喜平，辻川七郎（以上理事），第4期（昭和51年5月～54年4月）…伊藤喜平，西川外与丸（以上理事），第5期（昭和54年5月～57年4月）…中川治男，西川外与丸（以上理事），第6期（昭和57年5月～60年4月）…中川治男，西川外与丸（以上理事），第7期（昭和60年5月～63年4月）…中川治男，大橋鉄雄（以上理事）。

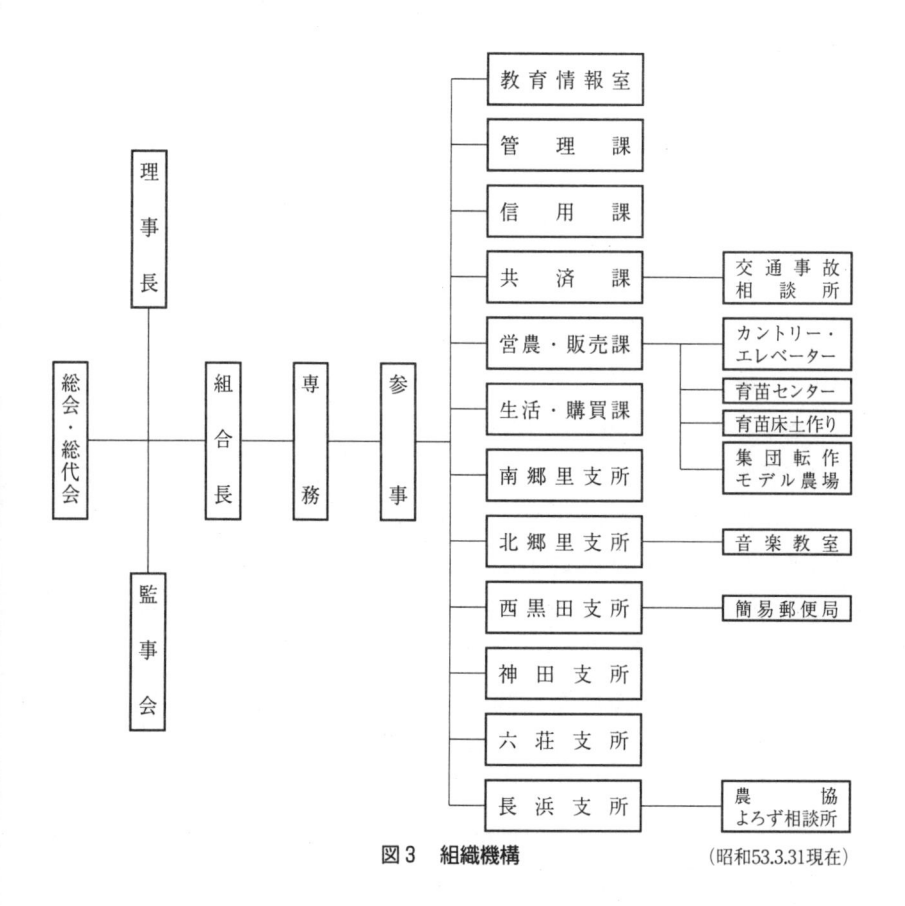

第3章　むら社会の構造と自治組織── 89

図3　組織機構　　　　　　　　　　　（昭和53.3.31現在）

　次に，神田支所管内の実態を長浜市農業協同組合合併10周年記念誌『土に根ざした10ケ年』（昭和53年8月1日）によってみておこう（数値はいずれも昭和53年3月31日現在）。①組合員数…正組合員196人，准組合員51人，計247人で，長浜市農協全体に占める割合は，それぞれ8.9％，4.6％，7.4％となっている（なお，昭和62年3月1日現在では正組合員260人，准組合員63人，計323人で，長浜市農協全体に占める割合は9.3％となっている）。②出資金…支所全体の出資額は825万6,000円（出資金総額に対する割合は7.9％），1組合員当たり出資額は3万3,000円（市農協全体の1組合

員当たり出資額を100とする指数は103.1）である。③貯金…支所全体の貯金残高は7億2,722万円（貯金総額に対する割合は8.5％)、1組合員当たり貯金高は280万円（指数108.9）である。④長期共済（生命・建更）…支所全体の保有高は27億2,630万円（保有総額に対する割合は8.9％)、1組合員当たり加入高は1,103万円（指数120.3）である。⑤購売品供給高…支所全体の供給高は7,494万8,000円（供給総額に対する割合は14.2％)、1組合員当たりの供給高は28万3,000円（指数179.1）である。これらの数字をみる限り，神田地区住民の農協への依存度の高さを指摘できる。

　参考までに，合併前の神田農業協同組合の概況（昭和41年3月31日現在，県農協概報）についてみておこう。①組合員数（准組合員を含む）245人，②役員数10人，③職員数8人，④信用事業資産7,354万4,000円，⑤経済事業資産428万5,000円，⑥固定資産279万6,000円，⑦信用事業負債7,566万6,000円，⑧経済事業負債239万7,000円，⑨資本（出資金等）256万2,000円，⑩事業収益979万9,000円，⑪事業費用395万5,000円，⑫事業管理費478万6,000円，⑬当期利益金32万6,000円，⑭購買事業供給高1,723万1,000円，⑮販売事業販売高4,448万8,000円，⑯利益剰余金配分額35万円，となっている。

　最後にカントリー・エレベーター（大規模共同乾燥調整貯蔵施設）について少しみておこう。昭和51年12月22日にカントリー・エレベーターの建設が決定され，翌52年6月22日に用地造成委託，7月28日には施行業者がヤンマー農機株式会社に決定，9月12日に起工式，そして昭和53年8月13日，長浜市農業協同組合10周年記念大会とともに竣工式が長浜市民会館において行われた。

(2)　農事改良組合（農業実行組合）

　吉川の「郷土調査」によれば，農事実行組合は昭和11年5月10日に副業共同施設団体として設立された。当時の実態をみてみると，加田今農事実行組合（茂森弥太郎組合長，組合員32人，経費支出高411円），加田東部農事実行組合（西堀仙三組合長，52人，1,039円），加田西部農事実行組合（坂東清五郎組合長，43人，1,136円），加田南部農事実行組合（大橋武平

組合長，53人，760円），加田北部農事実行組合（西堀権右エ門組合長，45人，1,542円）となっている。

今日，農業実行組合は農協下部の事業推進と市の農政に協力する団体として機能している。組織は概ね組合長，副組合長，理事（転作，米検，水利，動力，防除，購買），班長により構成されている。

5．農地委員会と農業委員会

昭和21年10月21日の自作農創設特別措置法制定と農地調整法の改正によって，第1回農地委員会の総選挙が同年12月20日に行われた。この選挙の画期的な意義は，階層別代表制度を採用することによって，封建的土地所有制度の廃止，公平かつ民主的な土地の再配分および耕地所有権の土地耕作者への移転において成果をあげたことにある。第1回総選挙の結果，神田地区からは北川清次（加田東町。農地調整法第15条12第3項第1号…小作，定数10人），坂源左衛門（加田西町。同法第2号…地主，定数6人）の両名が当選した。第2回総選挙では茂森宇右エ門（加田今町。同法第3号…自作，定数6人）が当選した。

昭和26年3月，農業委員会法の制定に伴って，従前の旧食糧確保臨時措置法（昭和23年制定，昭和26年廃止）に基づいて農業計画の策定および米麦の供出割当について市町村長の諮問機関として機能してきた農業調整委員会，農地調整法（昭和13年制定，昭和27年廃止）に基づいて自作農の創設および農地等の利用関係の調整に当たってきた農地委員会，さらに農業改良普及事業の運営に関する知事の諮問機関であった農業改良委員会の3委員会に代わって，市町村に新しく農業委員会が設置され，同年7月20日，第1回の委員選挙が行われた（定数15人，任期3年）。その結果，神田地区からは西堀仙三（加田東町）が当選した。

その後，サンフランシスコ講和条約の発効を契機として占領行政の見直しが検討され，農業団体制度を根本的に改める気運が高まってきた。その結果，農業委員会は農地改革の成果を基礎にして農業生産力の向上と農業経営の安定を図ることを最大の課題として，昭和29年に法改正が行われ，従前の都道

府県農業委員会が廃止されて，都道府県農業会議が設置され，さらに全国農業会議所が発足した。翌30年5月，農業団体再編成により各都道府県および全国に農協中央会が設立された。こうした中，昭和29年7月16日に第2回委員選挙が行われ，神田地区から茂森宇右エ門が当選した。

　昭和32年，農業委員会の制度を農民の創意と希望を地域の振興計画に盛り込むにふさわしい組織とするために法律改正が行われ，次の委員改選時をもって，農地部会（20人）と農業振興部会（20人）を新設することになった。これに基づいて行われた同年7月16日の選挙では茂森宇右エ門（農地部会），後藤喜三（加田西町，農業振興部会），大橋武平（農業振興部会）の3名が当選した。また，昭和35年7月15日の選挙では藤居傳治郎（加田今町，農地部会），辻川七郎（加田南町，農地部会），後藤喜三（農業振興部会），茂森太四郎（農業振興部会）の4名が当選した。

　昭和38年7月1日に市農業委員会条例の一部を改正，選挙による委負の定数を15人に縮小し，選挙区を1～5区とする小選挙区制を採用した。これに基づいて行われた同年7月15日の選挙では中野戸エ門（加田西町）が当選し，辻川七郎（農協）とともに委員となった。

　その後，高度経済成長によって農家数が減少して，選挙区の基準（区域内の農地面積500ha以上もしくは農家戸数600戸以上）に満たない地域が出てきた。そこで次期改選に当たって小選挙区制の見直しが行われ，市議会において全市一区制とする改正条例が可決された。昭和41年7月15日，全市一区制での改選が行われたが無投票となり，中野戸エ門，辻川七郎の両名が委員に選出された。

第4節　戦前期のむら社会

1．明治期のむら

(1)　明治初期

　加田，加田今の両村は，江戸時代を通じて彦根藩領であったが，明治維新以後も明治4年7月14日の廃藩置県までそのまま彦根藩領に，廃藩置県

後は彦根県に所属していた。同年12月22日，彦根，山上，宮川，朝日山の4県を統一して長浜県が成立（県庁は大通寺大広間），翌明治5年2月27日，犬上県と改称，同年9月28日，滋賀県に統合された。10月22日，行政上の区制が採用され，加田村は田，寺田，下坂中，大戊亥，高橋，下坂浜，平方，南高田，四塚，勝，大辰巳，室，大東の13ヵ村とともに坂田郡の第18区（区長：加田の小川武右衛門）に，加田今村は舟崎，高溝，顔戸，長沢，世継，宇賀野の6ヵ村とともに同第19区に所属することとなった。

(2) 町村の合併と連合戸長役場

　明治11年7月，郡区町村編成法の公布によって区制が廃止され，町村が自治単位として復活した。同時に，同布告第6条に「毎町村ニ戸長各一員ヲ置ク，又数町村ニ一員ヲ置クコトヲ得」とあるのに便乗して，財政規模の小さい町村では相互に合併もしくは連合したりしたが，当初加田，加田今の両村ではそのような動きはなかった。

　しかし，明治18年5月28日に連合戸長役場制が施行されると，加田，加田今の両村は，旧第11区の飯，および旧第19区の長沢，宇賀野，世継とともに連合し，長沢村（1049番地）に役場を置いた。

(3) 町村制と法性寺村

　町村合併の気運が高まる中，明治20年8月19日に郡長が県に提出した新町村設置案によれば，加田，加田今，田，長沢の4ヵ村をもって加田村とすることになっていた。県はこの小規模な合併に反対し，従来の長沢村ほか5ヵ村をもって新村とする案を示し，戸長および各村の重立った者に意見を求めた。その際，加田，加田今の両村は用水条件を同じくする理由から合併を希望した。しかし，県は戸長らの意見を「僅ニ其希望ヲ述フルニ過キサルノミナラス地勢ニ於テ不便ナク民情又異ナルナシ」として退け，郡長や連合戸長の賛成を得て県案を実行し，明治22年4月1日，町村制の施行にあたって加田，加田今の両村は法性寺村の2大字となった（法性寺村は法性寺荘の名を採って命名された）。

(4) 神田村の分村

　その後，明治25年の小学校令改正に伴って，長沢，宇賀野，世継，飯の4ヵ字住民が従来の2小学校（尋常科種徳小学校，尋常科明化学校）を1校に統合しようとしたのに対して，加田，加田今の両字住民は従来通りを主張，意見が対立して分村の動きが高まった。しかし，この時には長沢他4ヵ字が「村治ノ安寧ヲ計」って譲歩し，結局従来通り2小学校の設置を認めたので，一応分村の危機は回避された。

　ところが明治27年12月1日，顔戸，高溝，舟崎の3ヵ字を箕浦村から分離して日撫村とする旨を内務省が告示すると，加田，加田今の両字はこれに刺激されてさらに強く分村を主張するようになった。そこで「長沢其ノ他ノ大字ニ於テハ分村主唱者……村会議員ニ対シ示威運動ヲ為シ遂ニ分村ノ決議ヲ為サシメ」るに至り，また明治28年には，加田，加田今の両字住民269名が連署した分村請願書が村会の決議を経て県に提出された。分村請願の理由として次のようなものがあげられている。

① 地勢上加田，加田今の両字が村内の各字と接するのは西南の一隅で，わずかに長沢に続くだけであり，両字から「村役場及各大字ニ至ラント欲セバ，必ス六荘村大字田村，若クハ日撫村大字高溝・顔戸ヲ経ルニ非サレハ之ニ達スルヲ得」ないこと。

② 水利の面で，「二字ハ耕作養水ノ淵源姉川ニアリテ，耕地十分ノ九ハ平等ト雖モ水線常ニ乏シク，村民ハ挙テ降雨ノ多カラン事ヲ望」むのに対して，他の各字は，「養水源泉天ノ川ニシテ，殊ニ沼湖低湿ノ地方ナレハ，平時降雨ノ少ナカラン事ヲ希フカ如キ顕然利害ノ異別ア」ること。

③ 他の「4字ハ天与ノ地況ニ就テ，魚漁者多ク，復タ商業者夥敷キモ，此二字ニ於ケル地味ノ自然ニ仍リ唯耕作者ノミ」で，「地価及其他ニ於ケル総テ対等充分ノ資格ヲ有」し，「分離独立スト雖モ，維持上ノ憂慮ハ毫モ有之間敷，且ツ爾余ノ村々ニ対スル権衡上ニ於テモ別段差閊無」いこと。

　そのうえ，加田，加田今両字の住民は，その目的を達成するまでは村税

の不払を強行するという行動に出たため、ついに県も翌明治29年10月31日付をもって内務省に分村の申請を行い、同30年3月1日より「法性寺村ノ内大字加田加田今ハ分割シテ神田村ヲ置ク」ことが決定された。新村に「神田」の名が採用されたのは、両字名に音が通じ、しかも一方に重きを置いた形跡がないので適当と考えられたためであるといわれている。分村独立とともに加田の元興善寺屋敷に神田村役場が置かれたが、昭和11年3月に国民学校が新築されると、旧校舎を改築して役場とした。

分村に際して加田、加田今両字の間で交わされた契約証の全文を次に掲げておく。

　契　約　証

　今般法性寺村ノ内ヨリ加田及ビ加田今二ケ大字ヲ分割シ前ニ一村ヲ設置スルノ決議ヲ成候ニ就テハ追テ其筋ヨリ許可ノ指令ニ接スルノ暁両大字ヨリ村會議員ヲ撰出セザルベカラズ。而シテ其議決ヲ要スル点ニ於テ議員ノ多数ニ依リ議場ニ勝ヲ制セントスル傾向往々他村ニ其類例アル処ナリ。両大字ハ之レ等ノ弊害ヲ矯正スルノ目的ヲ以テ左ノ各項ヲ協議決定セリ。

第一　両大字ニ於テ若シ公共事業ヲ起サントスル時ハ先ズ両字撰出ノ議員実地下調ベヲナシ苟モ一方ニ害アリト認ムルモノハ之ヲ否決シ正当ト認ムルモノハ之レヲ賛シ決シテ多数ヲ以テ是非ニ論ナク議場ヲ通過セシメラレザラン事ヲ各議員へ希望シ置ク事。

第二　元来両大字ガ法性寺村ヨリ分割シ前ニ新村ヲ設置スル所以ノモノハ専ラ両大字ノ福利ヲ増進スルノ目的ヲ出スルモノナレバ将来親睦ヲ旨トシ相互ニ我田引水ノ卑劣手段ヲ講ゼザル事。

第三　議會ハ普通人民ノ容喙スベキ処ニアラスト雖モ其利害得失ハ忽チ村民ノ頭上ニ懸リ来ルモノニ付若シ両大字意見ヲ異ニスル時ハ各五名ヅツノ調査委員ヲ設ケ充分之レヲ査察セシムベシ。之レ両字ガ将来ノ紛紜ヲ避ケ親密ニ交際ヲ開クノ元素ニシテ兼テ公明正大ヲ世上ニ表白スル所以ナリ。

以上第三項ハ両字人民ノ平素確守スベキ處ニシテ将来異変ナキヲ誓ヒ則チ此契約書二通ヲ作り各壱通ヲ領置候事。

明治二九年七月二〇日
　　　　　　坂田郡法性寺村大字加田

第壱番屋敷	大橋捨治郎	㊞	第百六拾五番屋敷	田中　金士	㊞
第二四番屋敷	大橋与三弥	㊞	第百七拾八番屋敷	伊藤　種吉	㊞
第二七番屋敷	櫻井　磯吉	㊞	第百八拾四番屋敷	中川　長松	㊞
第五拾八番屋敷	小八木平吉	㊞	第百九拾七番屋敷	塩津　忠平	㊞
第六拾七番屋敷	松本辰治郎	㊞	第二百三番屋敷	東野　利七	㊞
第百七番屋敷	小川源右衛門	㊞	第二百拾番屋敷	北川　清弥	㊞
第百三拾二番屋敷	西堀　季吉	㊞	第二百拾壱番屋敷	北川　善弥	㊞
第百四拾三番屋敷	伊藤　甚弥	㊞	第二百拾五番屋敷	北川　荘三	㊞
第百四拾五番屋敷	北川　文吉	㊞	第二百二三番屋敷	中野亀治郎	㊞
第百四拾六番屋敷	北川泰治郎	㊞	第二百二四番屋敷	阪　松太郎	㊞
第百四拾八番屋敷	小川七左衛門	㊞	第二百三拾八番屋敷	中谷平三郎	㊞
第百五拾八番屋敷	伊藤　惣弥	㊞	第二百四拾番屋敷	阪東　惣市	㊞
第百五拾九番屋敷	小川　末吉	㊞			

　　　　　　同郡同村大字加田今
　　　　　　同村請願人民惣代

第五番屋敷	茂森孫太郎	㊞	第四拾番屋敷	茂森　常吉	㊞
第□番屋敷	茂森　源吉	㊞	第四拾四番屋敷	藤居源九郎	㊞
第□番屋敷	藤居　善弥	㊞	第四拾七番屋敷	茂森七三郎	㊞

　なお，江戸時代から明治初期にかけて村の行政を担ったのは，庄屋・年寄・横目，ついで区長・戸長であったが，明治9年10月の金禄公債共有物取扱土木起功規則（太政官布告第130号）による総代人の選出，および明治13年4月の区町村会法（太政官布告第18号）などによって次第に町会・村会が

表11　歴代神田村長

氏　名	住　所	就任年月日	退任年月日
茂森　七三郎	加田今	明治30. 5. 18	明治31. 4. 22
坂　　松太郎	加田	31. 5. 26	35. 4. 8
北川　荘三	加田	35. 4. 22	39. 7. 13
小川　源右衛門	加田	39. 8. 17	40. 12. 3
茂森　七三郎	加田今	40. 12. 27	43. 10. 10
坂　　松太郎	加田	43. 10. 26	大正11. 10. 28
藤居　傳吉	加田今	大正12. 1. 23	昭和2. 12. 31
中野　松次郎	加田	昭和3. 1. 14	6. 1. 11
田中　文四郎	加田	6. 1. 12	9. 12. 25
坂　　源左衛門	加田	10. 1. 16	11. 7. 8
田中　徳太郎	加田	11. 10. 1	15. 1. 16
田中　文四郎	加田	15. 2. 5	17. 10. 21
田中　金之	加田	17. 10. 27	18. 3. 31

出所：滋賀県市町村沿革史編さん委員会編『滋賀県市町村沿革史』第4巻，昭和35年，p.33。

設けられ，議員が設定されるようになった。

　議員は最初，町村制第13条の規定（「選挙人ハ分テ二級トナス，選挙人中直接町村税ノ納額多キ者ヲ合セテ選挙人全員ノ納ムル総額ノ半ニ当可キ者ヲ一級トシ，爾余ノ選挙ヲ二級トス」）により，その人数に応じて各級ごとに所定数の議員を選出することになっていた。神田村は法性寺村から分村後8名の議員が選出されたが，人口の変動等によって昭和3年4月以降12名に増員した。

　また，村政の執行者である村長は，分村から長浜市合併の間10名，17代を数えた（表11参照）。

2．町村合併・市制施行までのむら

　明治22年の町村制施行後7年にして，早くも長浜町に隣接した村々が，長浜町への合併運動を展開し，その後も合併・市制実現への運動が展開されていった。とりわけ昭和12年1月，市制施行調査委員の第1回懇談会（神田村は不参加）以降，大同合併運動が展開されたが，第二次世界大戦中の昭和17年頃から政府は戦時国策を遂行しうる強力な自治体の育成にせまられ，さかんに「強制合併策」をすすめ，県もその必要性を強調した。その結果，昭和17年12月7日，県主催の関係町村長合同懇談会を開催し，さらに同月20日，

表12 長浜市制施行委員（昭和17年12月20日）

住　所	氏　名	当時の年令	職　業	公職関係
神田村　加　田	田　中　金　之	55		村長
加今田	藤　居　傳治郎	39		助役
加　田	金　森　徳　三	52	物品販売	村会議員
加　田	西　堀　毅　三	51	農業	村会議員
加　田	西　堀　周　吉	35	天鵞絨製造	村会議員
加　田	北　澤　善　作	48	会社員	村会議員
加今田	森　竹　末　三	42	農業	村会議員

註：当該表は，長浜市役所編『長浜市二十五年史』（昭和42年，p.23）より一部転載。

豊公園内勧業館（後の市公会堂）に1町5村（長浜，神照，六荘，北郷里，南郷里，神田）の町村長，助役，町村会議員，区長，翼賛壮年団幹部ら200余名が参集して市政懇談会が開かれ，新自治体への賛意が表明された。その際，市制実施の細目を協議するため，町村長，助役，町村会の各層から市制実施委員が選出され，神田村からは表12の人々が委員として選出された。そして同月26日，慶雲館において第1回施行促進委員会が開催され，昭和18年1月5日までに意見書を知事に提出し，同年2月11日をもって市制施行の予定期日とするなどの具体的実施方法が協議された。昭和18年1月8日，慶雲館において，県から丹波重蔵地方課長ら7県官の出席のもと，第2回懇談会が開催され，午前9時から六荘，神照，神田，北郷里，西黒田，南郷里，長浜の順序により，個別に懇談，実施方法を協議した。同年2月8日午後2時から，並川義隆知事は1町6村の首長を県庁に招き，合併申合せ事項，市制施行上申決議，同提出期日などを協議した。さらに2月11日午後1時から慶雲館において市制施行全委員会が開催され，県官7名，地元各町村長，助役，施行委員ほか議員主任等60余名が参会した。この委員会において市制施行申合事項が満場一致で承認され，調印および最終的打ち合わせが行われた。なお，この市制施行申合事項には主として次のようなことが記されている。まず，「皇国未曾有ノ時局ニ際会シ，必勝態勢ノ確立ヲ期シ，茲ニ一町六箇村住民ハ過去ノ経緯ヲ一擲シ一心協力真ニ聯合ノ実ヲ挙ゲ，隣保団結各々其ノ職分ニ精励シ，以テ理想郷ノ建設ヲ為サントシ，茲ニ市制施行ノ大綱ヲ決定

スルコト左ノ如シ」として，その主旨を明示している。そして，総則で，①市役所を県立長浜農学校前の町有運動場に建設すること，ただし，当分の間は現長浜町役場を仮庁舎とすること（第3条），②住民の利便と市制運動の円満を期するために，西黒田村大字常喜に南出張所（西黒田村および神田村全区域）を設置すること（第4条），③各町村長の権利義務は全て新市に引きつがれるが，水利関係は旧慣に基づいて変更しないこと（第5条），④部落有財産は従来通りとすること（第8条），⑤新市の処務便宜のために，従前の区を画して，区長およびその代理者を置くこと，ただし，場合によっては連合区長を採用してもよいこと（第13条），⑥新市の機関が成立するまで市制運用に関しては，現任の各町村長を市制参与委員として総ての企画に参画させること（第14条），などを記している。その他産業では，食糧増産に資するために六荘・神田・西黒田地域における灌漑・排水に必要な耕地改良事業を推進すること（第5条1項），義務負担では，「神田村ハ青年学校教員養成所実習用地トシテ知事ノ指定スル坪数ヲ県ニ寄附スルモノトス」ること（第5条），などが記されている。参考までに，昭和17年度神田村決算額を記しておくと，歳入決算額2万1,602円51銭，歳出決算額2万3,417円75銭（経常部1万7,345円92銭，臨時部6,071円83銭）となっている。

　この市制施行全委員会の決定をうけて，2月12日，一斉に町・村会を開き，満場一致で「市制施行上申一件」を決議し，翌13日，各町村長は内務大臣宛の上申書を県に持参し，即日深尾県属はこれを携行して上京，内務省に進達した。この時の上申案および理由書は資料1のとおりである。

　3月6日，内務大臣から市町村廃置に関し関係各町村会および県参事会に対して諮問が出されたのをうけて，知事は市町村廃置に伴う財産処分に関する諮問を行ったため，各町村は3月8日午前10時，一斉に町・村会を開いてその答申を可決した。各町村の答申書，答申議案全文写，町村会会議録，答申議決の町村会欠席議員および欠席事由調，町村会議員に関する調を取りまとめ，翌9日にそれが県参事会に諮られ，その決議とともに内務省に送達された。その結果，昭和18年3月17日，内務省の告示第147号（「市制第3条及

町村制第3条ニヨリ昭和18年4月1日ヨリ滋賀県坂田郡長浜町，神照村，六荘村，北郷里村，南郷里村，西黒田村及神田村ヲ廃シ其ノ区域ヲ以テ長浜市ヲ置ク」）を以て，長浜市の市制施行が同日付の官報で公示された。3月21日午前9時から各町村ごとに解町（村）式と物故自治功労者慰霊祭が行われ，神田村へは県から糸賀秘書課長が派遣された。

第5節　市制の発足と各級選挙
1．市制の発足

　昭和18年4月1日，長浜市は人口4万1,655人を擁する湖北の産業中枢地として全国203番目の市制を実施した。その際，加田，加田今の両字はそのまま町名に改称された（全市91町）。また，新市の機関が成立するまで市のすべての企画に参画する市参与委員が設置され，旧町村長など7名を委嘱，神田村からは元助役の藤居傳治郎が選出された。市会成立後の8月4日，市長職務官掌の前川鬼子男が臨時市会で満場一致の推薦をうけて初代市長に選任され，翌5日，市教学課長の田中金之（元神田村長）が助役に選任された（昭和20年4月13日退任）。8月17日の臨時市会で前川市長，田中助役がそれぞれ就任の挨拶を行い，加田桂三市会議長が祝辞を述べて，「収入役選任につき同意を求むる件」が上程された。なお，加田は6月24日の臨時市会（初市会）で西島庄五郎を敗って初代市会議長に当選している（加田：29票，西島：1票）。続いて今回の市制改正に伴う市参与設置条例が可決され，9月14日付で8名の市参与を選任，そのうちの一人として加田桂三が選ばれた。その他，田中助役が教学課長事務取扱として発令された。

2．市会・市議会議員選挙

　次に昭和19年4月1日以降，今日までに実施された各級選挙についてみておこう。市制施行後の初の市会議員選挙（議員定数30名）は昭和18年6月10日に執行され，加田桂三（加田町，酒醸造業）が翼賛推薦候補として出馬し，当選した。なお，神田地区は第6投票分会場に当てられ，当日有権者245名のうち218名が投票した（投票率89.0％，長浜市全体では76.0％）。

以下，戦後の各市議会議員選挙時に当選した人々をあげておこう。昭和22年4月30日選挙…坂源左衛門（加田町），昭和26年4月23日選挙…茂森宇右ヱ門（加田今町），坂源左衛門，昭和30年4月30日選挙…議員定数が30名から24名に減員，神田地区からの当選者なし，昭和34年4月30日選挙…加田桂（加田町），昭和38年4月30日選挙…加田桂，昭和42年4月28日選挙…中野戸ヱ門（加田町），昭和46年4月25日選挙…中野戸ヱ門，昭和50年4月27日選挙…中野戸ヱ門，昭和54年4月22日選挙…中野戸ヱ門，中川登美子（加田町），昭和58年4月24日選挙…中野戸ヱ門，中川登美子（新自由クラブ公認）[18]。また今日まで，加田桂三（初代，昭和18年6月24日～昭和21年11月18日），加田桂（13代，昭和38年5月7日～昭和42年4月30日），中野戸ヱ門（20代，昭和52年5月18日～昭和54年4月30日，および23代，昭和58年5月12日～昭和60年5月16日）の3名が市議会議長に就任している[19]。

3．市長選挙

昭和21年1月4日，連合国軍最高司令官マッカーサー元帥は，メモランダム（覚書）形式をもって「公務従事に適さざる者の公職よりの除去に関する件」を日本国政府に通告してきた。いわゆる"ホワイト・パージ"とよばれた公職追放の発端である。その覚書によれば，（A）戦争犯罪人，（B）職業陸海軍職員，陸海軍省の特別警察職員及官吏，（C）極端なる国家主義的団体，暴力主義的団体又は秘密愛国団体の有力分子，（D）大政翼賛会，翼賛政治会及大日本政治会及一切の関係団体又は機関，（E）日本の膨張に関係せる金融機関並開発機関の役員，（F）占領地の行政長官，（G）其の他の軍国主義者及極端なる国家主義者が公職追放の対象となっている。この覚書による公職追放令は，昭和21年2月28日，勅令第109号「ポツダム宣言の受諾に伴い発する命令に関する件に基づく就職禁止，退職に関する件」として公布されている。その後同年11月8日，内閣は「地方公職に対する追放覚書の適用に関する件」を発表し，公職資格審査の範囲を地方公共団体にまで拡大した。そのとき新しく追放の範囲に指定されたのは，地方議会の議員，都道府県知事および市区町村長，助役，収入役その他地方公共団体のすべての議

員，選挙事務の関係者，農地委員等である。

　昭和21年11月10日，この地方公職追放覚書の適用によって前川初代市長が辞職，その後任として，同年11月13日，市会議長の加田桂三（11月12日議員辞任）が臨時市長代理者に就任した。加田は翌22年3月，市長選挙立候補のために臨時市長代理者を辞職，同年4月5日に執行された初の公選制による市長選挙で安藤専哲を敗り，初の公選市長に就任した（加田：1万464票，安藤：5,004票，投票率59.2%）。加田市長は，戦後の地方制度の改革，食糧等生活必需物資の不足，悪性インフレ等多難な中，市政を運営した。特に学制改革による新制中学校4校の設置には精魂を傾けた。その他，土地改良南部揚水事業の完成を推進し，次いで都市計画街路事業駅前通り拡張工事に関連して，市庁舎建築継続事業の端緒を開いた。しかし，昭和26年4月23日執行の市長選挙に，市議会議員の絶対的支持を得て再度立候補したが，庁舎本建築の時期尚早および北小学校の建設を公約にかかげた寺本太十郎（革新系）に敗れた（加田：1万1,501票，寺本：1万3,149票，投票率95.7%）。

4．県議会議員選挙

　昭和49年11月17日に執行された知事選挙で，武村正義が革新4党（日本社会党，公明党，民社党，日本共産党）および労働4団体（総評滋賀地評，滋賀地方同盟，滋賀中立労協，新産別滋賀地協）の推薦をうけて現職の野崎欣一郎（自由民主党）を破り，革新県政（草の根県政）が誕生した。翌昭和50年4月13日に執行された県議会議員選挙に，北川幸（加田町）が日本社会党公認，革新県政を育てる会推薦で立候補し，3,990票を獲得して2位当選した。この選挙には長浜市選挙区（定数3）から9名が立候補（自民党3，社会党1，民社党1，共産党1，無所属3）して激戦となったが，知事選挙での勢いを得て知事与党が2議席を獲得した（他に民社党の小林実，自民党の押谷盛利の両名が当選）。しかし，昭和53年の12月定例県議会において「滋賀県議会議員の定数ならびに選挙区および各選挙区において選挙すべき議員の数に関する条例案」（議員定数条例案）が上程，可決され，その結果，長浜市選挙区の定数が3から2に1名減員となった。昭和54年4月8日，北川

は日本社会党公認で再度立候補したが，定数減の影響をうけて5,901票を獲得したにもかかわらず次点で涙をのんだ。

第6節　町内会・自治会組織および加田町会議所

1．戦時下－聯合町内会・町内会・隣保組

政府は「新政治体制の確立」を期して，「昭和16年1月1日を期して町内会の結成を行なえ」という内務大臣訓令を発した。長浜市においても既に旧町村時代から町内会・部落会・隣組制度が結成されていたが，昭和18年4月17日，市達をもって「本市町内会隣保組並ニ常会ニ関スル規程」を公布した。この規程の第1条には，(1)萬民翼賛ノ本旨ニ則リ共同ノ任務ヲ遂行スルコト（大政翼賛），(2)市民ノ道徳的練成ト精神的団結ヲ図ルコト（精神主義），(3)国策ヲ汎ク市民ニ透徹セシメ国政萬般ノ円滑ナル運用ニ協力スルコト（上意下達），(4)国民経済生活ノ地域的単位トシテ統制経済ノ運用ト市民生活ノ安定上必要ナル機能ヲ発揮スルコト（物資配給の基礎単位），が目的として掲げられている。

町内会は，行政区の住民によって組織し，役員として町内会長，同副会長，参与，部長を置き，任期は2年（重任を妨げず），その区域の隣保組長の推薦によって市長が委嘱（部長は会長が委嘱）する形をとっている。町内会の下にある隣保組は，隣接する10戸内外をもって組織し，町内会と同様に常会を設けて，前記規程第1条に定める目的達成のために，物心両面にわたり住民生活各般の事項について協議・実践・推進することとして，あらゆる伝達が隣組を通じて行われるようになった。この規程の公布によって，加田，加田今の両町は第12聯合町内会となり，表13に示した人々が初代町内会長として委嘱された。同時に聯合町内会が編成され，市政の円滑を期して常会が設けら

表13　第12聯合町内会

行政区番号	行政区名	区長名
132	加田東第一区	西堀　毅三
133	加田西第二区	坂源左衛門
134	加田南第三区	大橋　武平
135	加田北第四区	小川　源造
136	加田今	森竹　末三

註：当該表は，長浜市役所編『長浜市二十五年史』（昭和42年，p.46）より一部転載。

表14　神田地区選出の市連合自治会役員

年次	役員名	自治会	備考
昭和23	加田　　　桂	加田東	
24	加田　　　桂	加田東	
25	大橋　武平	加田南	
26	大橋　武平	加田南	市連合自治会副会長
27	大橋　武平	加田南	
28	大橋　武平	加田南	市連合自治会副会長
29	藤居　傳治郎	加田今	
30	藤居　傳治郎	加田今	
31	坂　源左衛門	加田西	市連合自治会副会長
32	坂　源左衛門	加田西	市連合自治会会長
33	坂　源左衛門	加田西	
34	坂　源左衛門	加田西	市連合自治会副会長
35	小川　源造	加田北	
36	小川　源造	加田北	
37	小川　源造	加田北	
38	小川　源造	加田北	市連合自治会副会長
39	板東　清五郎	加田西	
40	茂森　仙九郎	加田今	
41	中川　喜代一	加田南	
42	西堀　権右エ門	加田北	
43	西堀　権右エ門	加田北	
44	西川　多喜造	加田今	
45	西川　多喜造	加田今	
46	西川　多喜造	加田今	
47	加田　　　桂	加田東	市連合自治会会長
48	茂森　宗太郎	加田今	
49	河崎　幸男	加田南	
50	北川　喜与治	加田北	
51	北川　義人	加田西	
52	小川　正之助	加田西	
53	茂森　尚義	加田今	
54	茂森　尚義	加田今	
55	広瀬　正治	加田南	
56	坂　松男	加田西	坂は7月1日より。6月30日までは西川多喜造。
57	中川　利七	加田南	
58	桐山　郁	加田西	
59	伊藤　章一	加田北	
60	大橋　　　明	加田南	
61	田中　　　勝	加田東	

れ，聯合町内会長および副会長が委嘱された。加田，加田今の両町は第11聯合町内会となり，会長に田中徳太郎（加田町），副会長に加田今町内会長の森竹末三が委嘱された。さらに，市における各種行政の総合的運営に必要な企画および実行上の連絡，市と市内各種団体相互間との連絡調整ならびに市と聯合町内会常会との緊密な連絡を図るために，聯合町内会や町内会の上位に市常会が設置され，市常会員として市長から40名が委嘱された。加田町からは田中徳太郎，加田今からは藤居傳治郎の両名が委嘱をうけた。

2．戦後－連合自治会・自治会

　昭和22年5月3日，政令15号によって従来の町内会・隣組が廃止され，あらたに自治会が発足した。会長をはじめ役員は選挙等によって民主的に選出され，町内の自治運営に当たった。当初自治会長は，市によって任命された連絡事務員の職務を兼務し，現住世帯簿の整理，転出・転入・現住・無所得・結婚その他必要な諸証明，配給通帳に対する検印，納税告知書の配布ならびに税金の徴収，各種の調査ならびに報告等を行った。なお，連絡事務員の制度は，昭和28年3月27日の第5回自治会定例総会における要望によって同年4月1日より廃止されたが，その後も今日に至るまで自治会長は市政事務の一部を委嘱されている。

　また，昭和23年10月，市政浄化運動（市民大会，市長・議員の辞職勧告）を契機に，自治会長有志の間に自治会相互の連絡，市政運営の協力，市勢振興の研究建議などの機関として，連合組織を結成しようとする機運が高まり，同年11月23日，慶雲館において全市自治会長はじめ，市関係者等が参集して長浜市連合自治会が結成された（資料2参照）。神田地区から選出された市連合自治会役員（神田地区連合自治会長兼務）は表14のとおりである。

　なお，昭和40年4月1日に加田新町が加田北町から分離して新自治会を設置，また，昭和47年4月15日に加田栄町が新自治会として発足した。

3．自治会組織

(1) 自治会役員構成と役員選出方法

　　一部の自治会を除いて，役員構成および役員選出方法は表15のようにな

表15 自治会役員構成および役員選出方法

		人数					選挙					会長委嘱					輪番制					自動（兼務）				
		東	西	南	北	今	東	西	南	北	今	東	西	南	北	今	東	西	南	北	今	東	西	南	北	今
会長	副会長	1	1	1	1	1	○		○	○	○		○													
	評議員	1	1	1	1	3	○	○		○	○			○												
	代議員	4	5	6	6	—		○	○		○				—			○		—						—
	納税組合長	1	1	1	1	1										○						○(副会長)	○(副会長)	○(副会長)	○(副会長)	
	衛生班長	1	1	1	1	1	○															○(婦人会支部長)	○(婦人会支部長)	○(婦人会支部長)		○(婦人会長)
	社会同和教育推進員	1	1	1	1	1								○	○							○(会長)		○(会長)		○(評議員)
	交通安全推進員	1	1	1	1	1								○	○	○						○(会長)				○(評議員)
	防犯委員	1	1	1	1	1										○						○(会長)		○(会長)	○(会長)	
	体育推進員	1	3	2	3	3							○	○	○	○										
	体育協力員	2	6	1	8	—							○	○	—	—						○(公民館役員)				—
	各組班長（班長）	4	5	6	4	5												○	○	○	○					

註：①当該表は，自治会長各位の協力を得て作成したものである。
　②各町自治会加入戸数は次の通りである（昭和61年度現在）。加田東町自治会52戸，加田西町自治会58戸，加田南町自治会64戸，加田北町自治会58戸，加田今町自治会44戸。

っている。役員の構成人数と選出基準・方法が各自治会ごとで異なっているので，それぞれの役員についてその概略を記しておこう。

① 会長（1名）…各自治会によってその選出基準はまちまちで，例えば，前年度副会長経験者あるいは評議員経験者，または自治会役員の経験の有無に関わりなく，一定の年齢に達した者（概ね40代後半から50代）の中から役員会の推薦をうけた者等が，最終的には選挙によって選出される。また，会長は公民館役員（協力委員）も兼ねる。

② 副会長（1名）…副会長は会長を補佐し，主として会計部門を担当するが，その選出基準もさまざまで，次年度会長候補として選出されたり，それに関わりなく30代の中堅クラスを選出したりしている。多くの自治会では選挙によって選出されるが，会長委嘱によるところもある（南町自治会）。

③ 評議員（1名。ただし，別個に会議所をもつ今町自治会は3名選出）…評議員は会議所の評議員会や代議員会に出席し，大字に関わる案件を審議・決議することを主たる任務としているが，その多くは将来の会長候補として選出されている。新町自治会では会長が兼務し，南町自治会では会長委嘱によって選出されているが，他の自治会では選挙によって選出されている。

④ 代議員（概ね10戸当たり1名の割合。ただし，今町自治会はなし）…代議員は会議所の代議員会に出席し，代議員会での審議・決議事項を各自治会の総会で報告する任務を負っている。東町自治会では会長委嘱制を，また，南町自治会では輪番制をとっているが，他の自治会では選挙によって選出されている。

⑤ 納税組合長（1名）…納税組合長の多くは副会長が兼務（今町自治会は会長委嘱によって選出）しており，主として市から委託された市税（市県民税，固定資産税，都市計画税，軽自動車税，国民健康保険税）および国民年金保険料の徴収を任務としている。

⑥ 衛生班長（1名）…衛生班長の多くは婦人会長や婦人会支部長が兼務している（東町自治会は選挙によって選出）。

⑦ 社会同和教育推進員（1名）…社会同和教育推進員の選出方法は，会長委嘱（西町，北町自治会）と兼務（東町，南町自治会は会長が兼務，今町自治会は評議員が兼務）とに分かれるが，その主たる任務は社会同和教育の啓発・啓蒙にある。

⑧ 交通安全推進員（1名）…交通安全推進員の選出方法も会長委嘱（西町，南町，北町自治会）と兼務（東町自治会は会長が兼務，今町自治会は評議員が兼務）とに分かれる。

⑨ 防犯委員（1名）…防犯委員の選出方法も会長委嘱（西町，今町自治会）と兼務（東町，南町，北町自治会ともに会長が兼務）とに分かれる。

⑩ 体育推進員（1〜3名）…体育推進員は各自治会とも会長委嘱によっ

て選出され，公民館主催の町民運動会，ソフトボール大会，バレーボール大会等の企画運営に参画する。また，各自治会から1～2名が公民館事業部の保健体育部に所属している。

⑪　体育協力員（数名。ただし，今町自治会はなし）…体育協力員の多くは会長委嘱によって選出され，主として町民運動会，ソフトボール大会，バレーボール大会等の世話に当たる。

⑫　各組組長・班長（4～6名）…各自治会とも輪番制によって選出され，自組（自班）の各戸に文書等を配布したり，連絡したりすることを主たる任務とする。

(2) 役員会の構成と役員の報酬（手当）

　役員会の構成メンバーも各自治会によって異なっているが，概ね会長，副会長，評議員が主体で，自治会によっては代議員（東町，北町自治会），班長（東町，西町自治会）がそれに加わっている。

　また，自治会役員のなかで，ほぼ全自治会で報酬金（手当）を支給されているのは，会長（東町自治会4万円，西町自治会1万円，南町自治会1万4,000円，北町自治会5万円，今町自治会3万3,000円），副会長（東町自治会2万円，西町自治会1万円，南町自治会3万円，北町自治会4万5,000円，今町自治会2万5,000円），納税組合長（東町自治会1万円，西町自治会1万5,000円，今町自治会1万3,000円）である。その他自治会によっては，評議員（今町自治会7,000円），防犯委員（北町自治会3,000円），体育推進員（西町自治会1万5,000円，今町自治会5,000円），交通安全推進員（北町自治会3,000円），班長（西町自治会1万5,000円），水利係（今町自治会7,000円）にも支給されている。

(3) 自治会財政

　自治会の主たる財源は区費（自治会費）と各種補助金である。区費は戸を単位に徴収されるもので，その徴収額や徴収方法は自治会ごとで異なっている。一戸当たりの平均徴収年額は，東町自治会4,000円，西町自治会7,900円，南町自治会4,800円，北町自治会4,800円，今町自治会1万4,000円

となっており，自治会によって徴収額の差が著しい。また，徴収方法も均等割を採用しているのが東町，南町，北町自治会，等級割が西町自治会，均等割・資産割を採用しているのが今町自治会というように，これも自治会によって大きく異なっている。

各種補助金としては，市政事務嘱託員報酬金，納税奨励金，国民年金保険料とりまとめ事務交付金，資源ゴミ収集地元協力金等，市から支給されるものが主体である。

(4) 自治会活動

主たる自治会活動としては，次のようなものがあげられる。

① 行政からの事務委託…例えば，広報紙の配付，回覧文書の配付，徴税令書の交付，自動車税令書の交付，国民健康保険料の令書の交付，国民年金保険料の令書の交付，選挙の入場券の交付，交通災害共済の事務，薬剤の配付，ゴミ袋の配布等。

② 募金協力…例えば，緑の羽根募金，護国神社奉賛募金，日本赤十字募金，共同募金，長浜花火大会協賛金等。

③ 会費納入…例えば，南中学校振興会会費，南小学校後援会会費，社会福祉協議会会費，市防犯自治会費等。

④ 加田町会議所決議事項の遂行…例えば，総川掘り，墓地清掃，野道修理・草刈り等。

⑤ その他各自治会独自の活動…例えば，自治会だよりの発行（随時），役員会（随時），総会（原則として年1回）等。特に武村県政が推進した草の根ハウス事業が，南町自治会（昭和56年12月20日着工，昭和57年3月20日竣工），西町自治会（昭和60年10月3日着工，昭和60年12月15日竣工），北町自治会（昭和60年11月22日着工，昭和61年3月16日竣工）および栄町自治会において実施された。

4．神田地区連合自治会

加田7町自治会の統合組織として設置されているのが神田地区連合自治会である。連合自治会の役員は，会長，副会長で，それぞれ各町自治会長の互

選によって選出されている。とりわけ会長は，慣例として最年長の者が選出されることになっている（なお，歴代連合自治会長については表14を参照）。また，会長は神田地区社会福祉協議会会長，公民館管理委員会委員長，同運営委員会委員長，青少年育成委員会委員長を兼務している。さらに，老人会・民生委員の代表とともに，各町自治会長の中から1名，神田地区社会福祉協議会副会長に選出されている。

　この連合自治会の会計は各自治会からの拠出金によって賄われ，主として市より委託された事項を審議することをその役割としている。

5．加田町会議所

　大字の最高の審議および議決機関が加田町会議所である。以下で会議所の概要をみておこう。

(1) 会議所役員

　① 総代・副総代（各1名）…両役員とも各自治会からの推薦をうけて代議員会（総会）で選出される。昭和40年度からは東町と西町および南町と北町がそれぞれペアを組んで総代・副総代を選出する輪番制が採られ，しかも任期は1年となっている。

　　ただし，ペアを組んだ各自治会のどちらから総代を選出するかについては特に規程はなく，そのときの情勢によって同一の自治会から連続して総代が選出される場合がある。なお，歴代の総代および副総代は表16のとおりである。

　② 評議員（11名）…評議員は独自の会議所をもつ今町自治会を除く各町自治会長および各町評議員（会長が評議員を兼ねている新町自治会を除く）より構成されている。

　③ 相談役…相談役は市議会議員，前会議所総代，氏子総代（1名）より構成されている。

　④ 監事（2名）…監事は総代・副総代経験者より選出。

　⑤ 水利委員長（1名）…各町水利委員の互選により選出。

　　これらの3つの役職（相談役，幹事，水利委員長）は，評議員会の決議

表16　加田町会議所の歴代総代・副総代

年次	役員名	自治会	副総代	自治会
昭和24	小川　源造	加田北	坂　　玄吾	加田西
25	中川　音七	加田東	小川　　実	加田西
26	中川　音七	加田東	小川　　実	加田西
27	後藤　喜三	加田西	中川　良一	加田東
28	後藤　喜三	加田西	中川　良一	加田東
29	伊藤　晋作	加田北	北川　利平次	加田北
30	伊藤　晋作	加田北	橋本　嘉一郎	加田南
31	坂東　清五郎	加田西	北川　利平次	加田北
32	坂東　清五郎	加田西	北川　利平次	加田北
33	坂東　清五郎	加田西	北川　利平次	加田北
34	坂東　清五郎	加田西	北川　利平次	加田北
35	坂東　清五郎	加田西	北川　利平次	加田北
36	小川　　実	加田南	中川　喜代一	加田南
37	小川　　実	加田南	中川　喜代一	加田南
38	中川　喜代一	加田南	小八木　孝之	加田西
39	中川　喜代一	加田南	小八木　孝之	加田西
40	北川　清一	加田北	大橋　英一	加田南
41	中川　泰三	加田東	中谷　長太郎	加田西
42	伊藤　栄三	加田南	中川　忠雄	加田北
43	坂　　玄吾	加田西	東野　正七	加田東
44	北川　利平次	加田北	川崎　新太郎	加田南
45	後藤　喜重郎	加田西	西堀　宗一	加田東
46	辻川　七郎	加田南	伊藤　喜平	加田北
47	中谷　長太郎	加田西	中川　治男	加田東
48	川崎　新太郎	加田南	中川　忠雄	加田北
49	東野　雄	加田東	小八木　史郎	加田西
50	橋本　嘉一郎	加田南	伊藤　茂雄	加田北
51	東野　正七	加田東	桐山　一男	加田西
52	西堀　権右エ門	加田北	広川　晴夫	加田南
53	北川　善人	加田西	西堀　源男	加田東
54	大橋　豊蔵	加田南	小川　惣八	加田北
55	小川　正之助	加田西	田中　敏夫	加田東
56	河崎　幸男	加田南	小川　信夫	加田北
57	北川　文雄	加田東	中野　彰夫	加田西
58	北川　清	加田北	小八木　弘	加田南
59	吉川　太逸	加田東	小川　実朗	加田西
60	大橋　鉄雄	加田南	大橋　久義	加田北
61	桐山　一男	加田西	東野　常義	加田東

をうけて総代が委嘱するという形を採っている。その他に，水利委員，井堰係という役職もある。

　これらのうち，相談役以外のすべての役員に対して，以下のように報酬金（手当）が支給されている。総代，副総代各7万円，評議員，水利委員長各2万円，監事，水利委員，井堰係各1万円（昭和61年度現在）。

(2) 評議員会

　評議員会は総代，副総代，評議員より構成され，年に6～8回程度開催される。監事，水利委員長，相談役の委嘱決議，当該年度の農耕賃金の決定，大字行事の審議等をその主要な役割としている。また，近年の主な審議事項としては，平塚墓地整備事業および農村整備計画モデル事業がある。

(3) 代議員会

　代議員会は総代，副総代，各町自治会長，評議員，代議員，相談役，監事，氏子総代，各種委員会委員長より構成され，年1回（通常2月），総会に代るものとして開催される。そこでは，次期総代・副総代の選任および年間事業報告・会計報告，さらには重要案件の審議・決議が行われる。これらのことが各自治会の総会で主として代議員より報告される。

(4) 特別委員会

　現在，平塚墓地実行委員会と生活改善委員会とが特別委員会として設置されている。前者は，東町，西町，北町の各自治会より選出された委員で構成されている（各自治会より3名ずつ）。また，後者は各自治会（今町自治会を除く）より選出された委員（婦人会，青年会，老人会より2名ずつ）より構成され，いずれも総代が委嘱するという形態をとっている。

(5) 会議所財政

　会議所の主たる財源は2回に分けて徴収される協議費である（前期徴収日8月，後期徴収日1月）。この協議費は正会員の場合には定額に水田面積割し加算した額が徴収され，賛助会員の場合には営業面積割に水田面積割を加算した額が徴収される。定額の場合は全戸を持田・所得・資産等を基準に特等から10等までランク付けて徴収する方法をとっている。ちなみ

に、昭和59年度の見立表によれば、特等（1万円）…3戸，1等（4,400円）…9戸，2等（3,800円）…14戸，3等（3,200円）…20戸，4等（2,700円）…27戸，5等（2,300円）…30戸，6等（2,000円）…46戸，7等（1,700円）…29戸，8等（1,400円）…29戸，9等（1,200円）…17戸，10等（500円）…8戸となっており，その他に，特例（1,600円）2戸，特別：2万円…3件，1万円…1件，5,000円…2件，3,000円…1件，2,000円…2件，1,500円…1件となっている。この等級づけは評議員で構成されている審査委員会で毎年見直しが行われている[20]。

(6) 会議所の活動

会議所の活動としては，評議員会，代議員会開催の他に，①地区社会福祉協議会，消防団，青年会，婦人会，老人会などの各種団体の活動費の助成，②引換券の発行（発行の権限は総代にあるが，事務的なことは農協に委託），③会議所だよりの発行（年数回）等が主なものとしてあげられる。

第7節　考察

以上，2つのむら社会（＝加田町，加田今町）の構造と機能およびそれらの変容について具体的に記述してきたが，ここでこれまでに述べてこなかった具体的事例を補足しながら，浮かび上がってきた諸特徴についてまとめておきたい。

1. むら社会の全体構造と機能

現在2つのむら社会は，全体構造として二重構造になっている。頂点に位置する組織体の一つは会議所（加田町会議所，加田今町会議所）で，もう一つは地区連合自治会である。2つのむら社会には合わせて7つの自

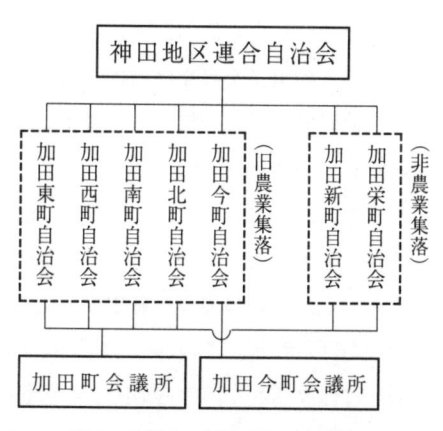

図4　加田町・加田今町の組織構造

治会（＝町自治会）があり，それらが地区連合自治会の構成単位となっている。両者とも旧住民を構成員とする旧農業集落と主として新住民を構成員とする非農業集落とから成る組織体である（図4）。

(1) 会議所

会議所は既に述べたように，大字の最高審議機関・議決機関である。これには非農業集落の2つの自治会は含まれてはいるが，総代・副総代が規約の上で旧農業集落から選出されることになっていることからもわかるように，実質的には旧農業集落主体の組織体である。以下では加田町会議所に限定してみることにするが，会議所の長である総代および副総代は選挙によって選出されるのではなく，総会に代わる代議員会の信任決議によって選出される。その他の役員も，それぞれ総代の委嘱，自治会役員との兼務や互選によって選出されている。会議所の役員選出については，このように選挙という方法は慣習として採用されていない。また，そのことによって事態が紛糾したということもない。

総代は昭和30年代までは名望家といわれる人たちが選出され，ほぼ2期以上連続して就任している。しかし，それ以降はどちらかというと，仕事の上で一線を退いた人たちが，1年任期で就任している。今日では総代・副総代は輪番制を採っているので，彼らを出さなければならない自治会では，自治会長自ら個別に代議員会に推薦するにふさわしい候補者に直談判して本人の承諾を得なければならない。それを名誉と心得て就任を希望する人は皆無に近いので，その説得には多大の労力を要しているのが実情である。

また，既に述べたが，会議所は自治会とは独立した形で財政基盤をもち，独自の活動を行っているが，それ以外に総代の大きな役割として，各家が所有する土地の境界線を確定する際に，必ず立ち会わなければならないことがあげられる。この場合，総代は法務局に保管されている図面ではなく，戦前に作成された字の古地図と照合しながら，当事者の承諾を得て境界線を確定するのである。ここには昔ながらの慣習が厳然と生きているのである。

このように会議所は，地方自治体（＝長浜市）の末端組織ではなく，地方自治体から全く独立した，自立性をもった大字固有の組織体である点に，大きな特徴がある。かつてこの２つのむら社会で１つの自治体（＝神田村）を形成していたことは既に述べたが，ある意味で会議所は，その旧自治体の構造と機能をリメイドした組織体として位置づけることができるであろう。

(2) 自治会

　他方，自治会はいうまでもなく官制的集団であり，明らかに地方自治体の末端組織として行政の補完的機能を果たしている。各町自治会を統括したものが地区連合自治会（＝神田地区連合自治会）で，これは地方自治体の連合自治会（＝長浜市連合自治会）の中位の構成単位をなしている（このような地区連合自治会は，旧自治体単位で構成されている）。この地区連合自治会長は，各町自治会長の互選によって選出されている。初期の段階（昭和20～30年代）は，旧地主層や酒醸造業者などの一級の有力者がそれぞれ複数期就任した。「名誉と心得て就任を望み，その就任が家格の相対的高さの指標にもなった」[21]時代でもあった。しかし，40年代に入ると，特定の有力者よりも最年長の者が互選で選出されるケースが多くなり，この傾向は50年代の半ば頃まで続いた。それ以降は，各町持ち回りの輪番制を採用し，その結果，年齢に関係なく，該当する町の自治会長が自動的に地区連合自治会長に就任するということになっている。

　地区連合自治会の下部組織である各町自治会の会長の選出方法も，ほぼ同様に，有力者→年長者→適任者というように変わってきている。ただ，この「適任者」という言葉の中には，職業的なもの，年齢的なもの，村落内諸団体の非役職者などの要素が含まれている。特に職業に関しては，統一地方選挙ごとに地元から必ず候補者が出るため，選挙が行われる年には，その候補者の応援活動ができることが大きな要件となる（昭和40年代までは自治会推薦制をとっていた）。従って，選挙活動が制限されている公務員関係者は，原則として自治会長候補の対象からはずされることが暗黙のうちに了解されているのである。

また，他の機能集団，特に農業村落における重要な集団である農事実行組合の役員候補者との重複も避けられている。この場合，自治会および農事実行組合の役員選考会議で，候補者のすり合わせが行われるのである。中には両者の役職を完全に分離している自治会もある。つまり，農事実行組合長経験者は自治会長を免除されるということであり，また逆に，自治会長経験者は農事実行組合長を免除されるということである。

　年齢的なことに関しては，かつては，仕事の上で一線を退いた人が主に就任していたが，近年では，40代・50代まで年代層が下がってきている。結婚による世代交代が，即自治会活動からのリタイヤーを意味しているからである。結婚によって自分たちの世代から子ども世代に主導権が移行する際に，おのずと自治会活動から身を引いていくのである。ただ，家の後継ぎがなくて，世代交代が行われない場合には，その限りではない。

　自治会長選出の方法は，自治会ごとで異なるが，概ね最終的には選挙によって選出されている。役員の選出は総会（通常2月上旬）において行われるが，投票は一戸一票である。また，会長および主要な役員も「家」単位で選出されるので，原則として女性の自治会長や副会長は選出されることはないし，一戸から複数の役職者を出すこともない。主要な役職については，一度就任すれば，よほどのことがない限り同じ役職に就くことはない。特に近年その傾向が著しい。自治会長やそれを補佐する主要な役職は，今日まさに自治体行政区の長および補佐役員として，自治体の下働きのような役割を果たす存在となっている。負担が大きい割に敬意も払われない。そのことが役職の就任から逃れようとする傾向を助長している。

　既にみたように，総会での投票権においても，役員の選出においても，さまざまな共同作業（＝村仕事）においても，基本的な単位は「個人」ではなく「家」である。権利も義務もともに「家」が単となっている。これは西洋の個人主義的価値観からみると，「前近代的」「非民主的」であるとの認識が示されるかもしれない。しかし，むら社会的「平等性」「公平性」[22]に理解を示す立場に立ったり，また，「わが国の特に農村における社会生

活においては，個人の意志ではなく，家や村の如き社会形象の規範的作用が明らかに支配的である」[23]との見解に理解を示せば，「家」を単位としてむら社会が機能していること，また，権利の行使や義務の遂行において，状況適応的にその主体を変えることができるのは，むら社会に生きる者にとってはきわめて「民主的」なことなのである。

(3) 信仰集団

　これまで地方自治体から独立した組織体である会議所と，官制的集団である自治会について述べてきた。その他にも信仰を中心とした氏子集団，檀徒集団，講中集団などがある。これらも，むら社会の全体構造を構成する単位集団である。これらの集団は，むら社会から分離した形で機能しているが，むら社会のシンボルともいうべき神社の祭祀のための氏子集団は，そのメンバーがむら社会の成員とほとんど重複している。檀徒集団は，それぞれの寺院（＝末寺）に所属している檀家を構成単位としている。講中集団（例えば薬師講）は，戦前は信仰している個々の家々が構成メンバーであったが，戦後は２つの町自治会（東町，北町）の構成メンバーが，そのまま講組のメンバーになって，薬師堂の祭礼や維持・管理を行っている。

　これらはいずれも信仰を契機として人びとが集合体を形成しているが，氏子集団が地縁的関係によって結成されたものであるのに対して，檀徒集団や講中集団は，目的を構成原理とする集団である点で性質を異にしている。また，氏子集団および檀徒集団は，いずれも総代（＝氏子総代，檀家総代）を頂点とする組織体であるが，講中集団にはそのような総代に該当する役職はなく，構成メンバーが輪番で当番宿（＝世話役）に当たり，組織を運営している。前者がタテ集団的であるのに対して，後者はヨコ集団的である。ただ，往時と比べて，近年は氏子集団や講中集団のもつ意味も小さくなった。「宗教的信仰がおとろえたためでもあるが，レクリエーションの面で意味をもった氏神の祭祀や講の寄合いが，他に日常的な娯楽の機会をもつようになった村人にとって，昔ほどの魅力をもたなくなった」[24]ことが大きく影響していると思われる。

(4) 年齢集団

　年齢集団とは，年齢階梯制，すなわち，「社会成員が年輩によって区別され，それが特定の社会的機能をはたすために，階層化されていたり，集団化（組織化）されていたりする制度」[20]によって成立している集団である。当該むら社会にもいくつかの集団が存在しているし，かつて存在していたものもあった。

　子供会は，主として幼稚園児，小学生を構成メンバーとしている。子供会の主な機能は，地蔵盆やオコナイなどの行事に参加することであるが，かなり遊びの要素を強くもっている。

　青年会は，昭和50年代の半ば頃まで活動していたが，現在は組織そのものが存在しない。青年会には年代によって異なるが，高校への進学率が低かった時代には中学卒業後に，また，進学率が上がるにつれて高校卒業後に加入し，大体結婚を契機として退会した。青年会は会員相互の親睦を図ったり，祭礼で大切な役割を担ったり，また，さまざまな奉仕活動など労力を提供する組織でもあった。さらに，上部組織である長浜市連合青年会（＝旧自治体単位で結成されている青年会の連合体）の下部組織として，行政の末端機関としての役割も担っていた。しかし，大学への進学率の高まりや，県外就職の増加等によって，むら社会を離れる青年が増大し，昭和50年代半ばには組織そのものが解体してしまった。

　それを補完するような形で結成されたのが，壮年層主体の組織（＝「神友会」）である。この組織は，主として30代から50代の青年会OBを構成員として組織化されたものである。男女をメンバーとしていた青年会とは異なり，この組織のメンバーは全て男性である（特に女性を排除しているという訳ではなく，結果としてこれまで誰も加入しなかったということである）。この組織は，青年会が衰退していく過程で，会員相互の親睦を図ったり，地域の発展に寄与することを主な目的として立ち上げられたものである。実際に，これまで中断されていた文化祭を復活させたり，新しい趣向を凝らした形で盆踊りや子供会行事を活性化させたり（例えば，サマー

キャンプやサマーフェスティバル），さまざまな公民館活動や奉仕作業に積極的に参加したりしている。こうして一時は「むらおこし」の中心的な組織体として位置づけられていた（昭和60年には，社会教育優良団体として長浜市教育委員会から表彰を受けている）。しかし，この組織体も，メンバーの大半が中堅サラリーマンということもあって，今日では組織的にも機能的にも弱体化してきている。

　最後に老人会についてみておこう。このむら社会には各町自治会に老人クラブがあり，それの連合体が地区老人会である。この会は，60歳以上のいわゆる隠居した人たちで構成されている。会員相互の親睦，趣味レベルでの活動（盆栽，手芸，ゲートボール，グランドゴルフ，大正琴，俳句・短歌・川柳など），清掃などの奉仕作業が主な活動内容である。

(5) 生産関係団体

　ここでは特に，農家小組合としての農事実行組合（このむら社会では農業実行組合と称している）を取り上げておこう。もともと農家小組合は，明治20年代に農家の自発的申合わせによって，一般にはむら社会（＝村落）を区域として設置されたもので，大正期において各府県農会の指導によって，その下部機構として育成が図られた。特に，昭和恐慌期における経済更正運動のなかで設置が奨励され，育成が強化された。この農家小組合は，主として共同販購買・共同作業を事業としていたが，中には，納税督励や風紀改善などの社会的機能を果たすものもあった。しかし，ファシズム体制が進むにつれて，農民支配の機構として再編強化され，名称も農事実行組合に統一されたのである[26]。

　このむら社会では，既に述べたように，昭和11年に副業共同施設団体として設立されている。設立当初は，組合数5，組合員は225人（＝225世帯）で，全世帯数の約9割を占めており，組合長には上層農民が就任した。農事実行組合の一般的性格および位置づけについて，福武直は次のように指摘している。「1900年の産業組合法に始まり，明治末期から設立されはじめた産業組合は，昭和初期には大体全国にわって組織されたが，これもまた，その大部分が行政

町村を区域とするものであった。そして農家小組合,すなわち農事実行組合の前身は,この産業組合の下部組織をも兼ねるものとして,部落ごとにひとつあるいはひとつ以上つくられていった。各部落では,その小組合がいくつかの班別に編成されることもあったが,これも,………,村組と表裏した形で組織された。こういうわけであるから,部落内の各農家は,この小組合の設立に関心をもつかどうかを問わず,すべてこの集団に加入しなければならなかった。ここでも村ぐるみの原則は生きていたのであり,むしろ村ぐるみの社会的拘束によって農家を一本にまとめあげ,それによって勤勉と節倹を強制し,不況から脱しようとする経済更正運動の主役となることが,政治権力の側からも期待されたといってよい」[27]。

　福武の見解からすれば,米作主体の旧神田村においても特殊機能集団のほとんどが,部落と表裏一体をなしていたと考えられる。また,古老の話によると,当時は組合長の権限も絶大で,役職の見返りも期待できたので,組合長のイスをめぐってさまざまな手段を駆使しての多数派工作が展開されたという。しかし,今日では,農事実行組合は,村落とは全く別個のものとして位置づけられていて,主として農業協同組合下部の事業推進と地方自治体の農政に協力する団体として機能している。組合員の大半は,土地は所有しているが,小作あるいは代行という形で他の農業経営者に依嘱している,自ら農業に携わることのない人たちであって,自ら農業に携わる第二種兼業農家は極めて少数である。このように,組合員といっても,大半が実質的に農業との関わりをもっていないということもあって,自ら進んで組合長に就任する人は今日皆無である。組合員にとって組合長という役職は,忌避の対象ではあっても願望や羨望の対象ではないのである。

2. むら社会の権力構造

　戦前の日本の村落の社会階層は,地主を頂点として自作,自小作,小作というヒエラルキーの形をとっていた。既にみたように,旧神田村においては,比較的小作率が小さく,経営・所有規模とも零細であったが,それでも農家の階層構造は存在し,村長や村会議員の多くは地主層や上層農民であった。

福武が指摘しているように,「上層の役職者たちは,農村では比較的経済力もあり,彼らの権威主義的リーダーシップを,無給の名誉職として果たすことを,村の上層として当然のことと考えた」[28]ことは,十分にありうることである。

また,全世帯数の約9割を構成メンバーに抱えていた農事実行組合の上層の役職者たちも,地主・小作関係を背景にして,中下層の農家を統制していた。

このように,戦前は主として地主や上層農民がむら社会の指導者として,村落の社会生活に対してリーダーシップを発揮していたのであるが,戦後はこのような権力構造が徐々に変化していった。戦後初期の段階は,依然として旧地主や上層農民,それに酒醸造業者など,いわゆる「むらの名士」(=「お家」)と呼ばれる人たちが,議員等の役職に就いて指導者的役割を果たしていた。

昭和18年の市制施行後の市会・市議会議員選挙においては,昭和30年の選挙を除いて,全ての選挙年に当該地区から市会・市議会議員を輩出している。今日まで8名輩出しているが,うち農業を職業としている者5名,酒醸造業者2名(親子),公務員1名である。在任期間は1期:3名(酒醸造業者1名=市長経験者,農業2名),2期:2名(酒醸造業者1名=市議会議長経験者,旧地主1名=村長経験者),3期:1名(公務員=現職),4期:1名(農業=元長浜市助役,女性),5期:1名(農業=市議会議長経験者)である。時代別でみると,昭和20年代は旧地主・自作農出身者,30年代は酒醸造業者,40年代以降は主として農業関係者となっている。また,昭和40年代以降は,前任者の後継指名によって議員が選出されており,その意味では権力構造が固定化されている。それに対抗する形で,女性が新自由クラブ公認で立候補し,初陣は落選したものの,以後,地元の保守有力候補と互角にわたりあって4期連続当選を果たし,一時期このむら社会に新しい風を吹き込んだ。

市議会議員および議員OBは,議員あるいはそのOBであることによって,大字の最高審議機関であり議決機関である会議所や公民館の相談役に就任して,実質的に「最高権力者」としての役割を果たしている。大字にとって大

事な事項は，何事も彼らの意向に沿う形で事が運ばれていく。とりわけ公共事業に関しては，その傾向が著しい。彼らがもつ豊富な情報的資源や人的資源が大きな要因をなしている。また，住民の多くもそうあることが当然であるかのように認識している。彼らがむら社会の社会生活全般に対しても大きな影響力をもっていることを，多くの住民が認知しているからである。

　議員やそのOBが，在任期間中，また，場合によっては議員を退いてからも，就職の世話などの議員活動を通じて地元民との関係を強固なものにしていることも，大きな要因となっている。何らかの形で物事を依頼し，世話を受けた人たちは，それに恩義を感じて，少々不本意なことがあっても，彼らに対して異議申立てをすることをひかえてしまうのである。太田忠久は，「選挙に強いのは平素よく人の世話をしたものだ。世話を受けたものが票を入れるわけだから，地方選挙の票は損得勘定ということにもなる」[29]と指摘しているが，まさに「損得勘定」という価値基準が有効に働いて，両者の結びつきを深め，また，それが議員や議員OBたちに，むら社会のリーダーとしての権限を付与する機能をも導いているのである。

　ここでむら社会のリーダー層の変遷過程について少しまとめておこう。戦後の農地改革によって農村社会の構造は大きく変化し，議員になる人びとの階層も一層拡大されて，旧地主層や上層農民だけではなく，中下層の農民でさえも能力次第では議員になれるようになった。昭和20年代は，議員は旧地主層や上層農民出身者で占められていたが，これは福武が指摘しているように，「彼らが，地主としての経済力によって教育を受け，知識水準の点で旧自小作や旧小作よりも優位を占めたからでもある」[30]といえよう。しかし，時代の流れとともに，彼らは表舞台から姿を消し，彼らに代わって大字や地元民に何らかの形で利益をもたらすことのできる，いわゆる「地元の実力者」（＝「小実力者」）が議員となったのである。彼らは，議員という地位をフルに活用して，むら社会の「総意」（それは多分に彼らによって恣意的に創り出されたものであるが）に沿う形で活動するとともに，他方で，住民個々人との間で，さまざまなバーゲニングを展開して，人的ネットワークを拡大し，

そうして議員という地位を確実なものにしていったのである。このような過程の中で，彼らは，むら社会の「実質的指導者」として君臨し，強力なリーダーシップを発揮してきたし，現に発揮しているのである。

第8節　まとめ

　これまで述べてきた「むら社会」というのは，実は筆者が居住している地域社会のことである。私の本家筋にあたる人の調査によれば，私の祖先は柴田勝家の家臣で，この地に移り住んだのは，織豊時代末期ということになっている。賤ヶ岳の合戦で柴田勝家が豊臣秀吉に敗れてから後のことである。途中で家系が途絶えたりしているので，私で何代目なのか，確かなことは不明であるが，とにかく私自身地元民としてのキャリアは，半世紀近くにも及ぶ。その分郷土愛も非常に強い。時代の流れが，大きく変化している今日にあっても，私はこの「むら社会」に残っている田舎風の考え方や行動の仕方に，何ほどかの愛着を覚えるし，それらに一定の評価を見出してもいる（ただし，権力構造に関しては，その限りではない）。特に，「家」を単位とした「むら型民主主義」は，むら社会に累積されてきた地域住民の「生活の知恵」が結晶化したものである。

　既にみたが，鈴木榮太郎は，「個々の社会過程を制約し，個人の行動・思惟・感情に一定の規範を与えている原則」のことを「村の精神」と述べた。このような「精神」は，かつてほどではないが，まだ日常生活を支えている原理として生きている。そのことについては，既に具体的にみてきた。西洋的価値観に基づく戦後の一連の「改革」や「民主化」によって，むら社会のもつ共同体的規範は弱化し，それにともなって共同体的秩序維持機能も弱まった。「農業によって生きる社会」から「農業によらなくても生きていける社会」への転換も行われた。住民の眼は日常生活の外側に向けられ，生活様式も「近代的なもの」，すなわち，「西欧的なもの」「アメリカ的なもの」に変わっていった。農業生産を基礎とした共同体的秩序の弱体化にともなって，「他人と構いあって生活していくという伝統」[31]も，確かに弱まってきた。しか

し，それは主として強い拘束性をもった相互監視的関係が大きく後退したということであって，相互扶助的関係は，形を変えながら今も生きつづけている。

　もう少し理論的にいえば，私も含めてむら社会の成員は，鳥越が指摘しているように，生活の場において，主に「個人の体験知」「生活常識」「通俗道徳」という3つの「日常的な知識」をよりどころとして，意思決定をし，それが社会的な行為となってあらわれてくる，ということである。ここでいう「個人の体験知」とは，自分の個人的な体験を通じて獲得した知識であり，「生活常識」とは，自分たちの日常生活をよりうまく送っていくための生活組織（むら）みずからの知恵の累積であり，また，「通俗道徳」は，国家が国民（生活者）支配の目的で鼓舞した一種の「生活意識」である[32]。

　このような「日常的知識」を，むら社会の成員は，何ほどか共有しているし，また，共有しようともしている。「近代化」によって失われた昔の良さを見直し，それらを復活させようという動きもあるし，「むらおこし」によってアイデンティティを確立しようとしたりもしている。また，そこで生き，そこで死ぬ，そういう「安住の地」「安堵の地」としての積極的な意味づけも行われている。「村の精神」は，依然として脈打っているのである。

　最後に，高谷好一の次の言葉を引用しておこう。「ところで近江の生き方，近江の考え方といった時，その中核は何なのだろうか。私はムラに残っている集落共同体的な生き方，田舎風の考え方だと思う。たしかに最近ではこの部分は相対的に小さくなった。都会が異常に拡大し，近代風がもてはやされ，それが日本全体を覆い尽くさんばかりであるからである。だが，よく見てみると，この都会は本当のところ，ちゃんとした生き方を確立していない。どうして皆でいっしょに住んでいくのか，人生とは何ぞや，生きるとはどういうことか，そんなことに対する答えは都会ではまだ何も出していない。一方，こういうものに対する確固とした答えを持っているのが田舎である。だから，私は日本の本当のよきもの，価値あるものは田舎のムラにあると考えるのである。田舎文化こそが日本の文化だと思うのである」[33]。私も半世紀に及ぶ生活体験からそう思う。

註

(1) 鳥越皓之『家と村の社会学』世界思想社，1985年，p.70。
(2) 蓮見音彦「村落」編集代表森岡清美・塩原勉・本間康平『新社会学辞典』有斐閣，1993年，pp.931-932。
(3) 鳥越皓之『前掲書』p.71。
(4) 鳥越皓之『前掲書』p.75。
(5) 蓮見音彦「村落」見田宗介・栗原彬・田中義久編『社会学事典』弘文堂，1988年，p.571。
(6) 福武直『日本農村の社会問題』東京大学出版会，1969年，p.21。
(7) 鈴木はこの「精神」を次のように解釈している。「精神は，村人が相互に誰もが是認しているとと認めあっている村の規範的社会生活原理という事ができる」(鈴木榮太郎『鈴木榮太郎著作集 日本農村社会学原理（上）』未来社，1968年，p.126)。「個々の社会過程を制約し，個人の行動・思惟・感情に一定の規範を与えている原則がある。それが精神である」(鈴木榮太郎『前掲書』p.124)。「成員等の意志を制御し，その社会過程を一定の方向に指導しているものがある。それが精神である」(鈴木榮太郎『前掲書』p.122)。
(8) 鈴木榮太郎『前掲書』p.122。
(9) 「きわめて小規模の自然村内においても，その複雑にして変化多き社会生活は，集団と社会関係類型を観察する事以外によっては，充分に客観性をもつ理解と再現は不可能である。こうしてこれらのものは，精神の拘束のもとに生じているのであるが，かならずしも精神を具現しているものばかりではない。そのあるものは精神の示す行動雛型を無視し拮抗しているものもある。個々の文化形象は，みなことごとく同一の原理や方向を示しているとは限らない。そこに文化の発展の可能性が予想されるわけでもある」(鈴木榮太郎『前掲書』p.124)。
(10) 鈴木榮太郎『前掲書』p.126。
(11) 鳥越皓之『前掲書』p.81。
(12) 鈴木榮太郎『前掲書』p.132。
(13) 福武直『日本農村の社会問題』p.22。
(14) 蓮見音彦「村落構造と農村の支配構造」蓮見音彦編『社会学講座4 農村社会学』東京大学出版会，1973年，pp.145-146。
(15) 蓮見音彦「前掲論文」p.151。
(16) 北原淳「村の社会」松本通晴編『地域生活の社会学』世界思想社，1983年，pp.34-35。
(17) 「角川日本地名大辞典」編纂委員会編纂『角川日本地名大辞典 25 滋賀県』角川書店，1979年，p.798。
(18) その後の市議会議員選挙で次の者が当選している。昭和62年4月26日選挙…中川治男，中川登美子，平成3年4月21日選挙…中野彰夫，中川登美子，平成7年4月23日選挙…中野彰夫，中川登美子，平成11年4月25日選挙…中野彰夫。
(19) その後，中野彰夫が2000年5月19日開会の市議会臨時会において市議会議長に就任した（『ながはま市議会だより』第21号，2000年7月15日)。
(20) その後見直しが行われて，平成10年2月1日から定額は，特等：12,500円，1等：5,300円，2等：4,600円，3等：3,900円，4等：3,200円，5等：2,500円，6等：1,500

円となった。また水田面積割は 1 km²当たり200円，営業面積割は 1 m²当たり 6 円となっている。しかし，定額の等級割は「前近代」的であるとの意見も強く，現在，平等割の方向で再度見直し作業が行われている。

(21) 福武直『日本農村の社会問題』p.31。
(22) このことについての堀越久甫の次の指摘は示唆に富む。「集落の役員がことに当たるとき，集落の人々に対して役員が何かをしようとするときに，何よりも配慮しなければならないことは，みんなに平等に対することであり，また公平にやらなければならないことです。集落の人々は，その点について大変敏感に反応します。それはもう過敏ではないかと思われるほど，人々はこの点に神経をとがらせています。表面の現象としては，人々は黙って役員まかせのような顔をしていますが，実は心の中で，そのやり方は公平かな，平等かな，と鋭く見つめているのですから，役員はゆめゆめ油断してはなりません。そうですから，あるやり方が不公平だ，不平等だということになると，たちまち集落の人々は猛烈に反撃してきます。(中略)。……，農村集落の人々のものの考え方……。何よりも平等に，公平に。そのためにはいくら能率がわるくても，不便でも，損でもかまわない，という考え方です。……。……非能率的なこと，損なことなら，よいことではないけれどもまあ我慢できるが，不平等，不公平は絶対我慢できない，という考え方です」(堀越久甫『むらの役員心得帳』農山漁村文化協会，1983年，pp.83-86)。
(23) 鈴木榮太郎『前掲書』p.70。
(24) 福武直『日本農村の社会問題』p.25。
(25) 鳥越皓之『前掲書』p.152。
(26) 山本英治「農村社会と農民集団の組織」蓮見音彦編『前掲書』p.137。
(27) 福武直『福武直著作集 第 8 巻 日本農村社会論 現代日本社会論』東京大学出版会，1976年，pp.131-132。
(28) 福武直『日本農村の社会問題』p.37。
(29) 太田忠久『むらの選挙』三一書房，1975年，p.46。
(30) 福武直『福武直著作集 第 8 巻 日本農村社会論 現代日本社会論』p.215。
(31) 高谷好一『多文明世界の構図－超近代の基本的論理を考える』中央公論社，1997年，p.67。
(32) 鳥越皓之「経験と生活環境主義」鳥越皓之編『環境問題の社会理論－生活環境主義の立場から』御茶の水書房，1989年，pp.28-36。
(33) 高谷好一「本当の住みやすさとは何か－『地方での挑戦』を読んで」『人間文化』4号，1998年，p.28。

参考文献

・滋賀県市町村沿革史編さん委員会編『滋賀県市町村沿革史』第 4 巻，昭和35年。
・長浜市役所編『長浜市二十五年史』昭和42年。
・『改訂 近江国坂田郡誌』第 2 巻，日本資料刊行会，昭和50年。

資料1
市制施行ノ義ニ付　上申

滋賀県坂田郡長浜町，神照村，六荘村，南郷里村，北郷里村，西黒田村，神田村ヲ廃シ其ノ区域ヲ以テ市制施行ノ義別紙ノ通夫々町村会ニ於テ議決致候條施行ノ義特ニ御詮議相成度関係書類相添　此段及上申候也

　　昭和18年2月12日
　　滋賀県坂田郡　　　町（村）長
　　　　　　　　　　　氏　　名　印
　　　　　　　　　　　（各町村長連署）

内務大臣　湯澤三千男殿

合併市制理由書

大東亜戦争ノ段階ニ進ミ，工場地方分散生産拡充計画ノ遂行強化セラルルニ伴ヒ，平和産業ノ軍需転換工場建設労務ノ関係等地方一円ニ亘ル産業ニ著シキ変化ヲ齎シ，之等諸事情ニ対應スルニ現状ノ如キ小町村ニ分割セル行政組織ヲ以テシテハ統制アル事業ノ実施ニハ諸種ノ支障ヲ来シ，円滑ナル遂行至難ニシテ地方発展上著シキ障害アルヲ痛感スルモノナリ

出所：長浜市役所編『長浜市二十五年史』昭和42年，pp.28-29。

資料2
市民の皆さんへお知らせ

　今度長浜市に連合自治会というものが生まれました。委しいことは何れそれぞれの自治会長なり世話役からお話があると思いますが，要は我々の長浜市を明るい朗かなものにしたいというのがこの会の念願です。勿論市政の運営は法に定められた機関が行なうもので，このような団体が主役になったり，蔭のボスになったりすべきものではありません。ただ市政の規模が大きくなり，運営の仕組が複雑になって来ると，つい市政の機関と市民の一人一人とのつながりが薄くなりがちなものですから，その面をしっかりつなごうという丈なのです。市民の言いたいこと，蔭でぼそぼそ言っていることを当局へ通じたり，又当局の説明を聞いたりしたい，ややこしい規則が出来たり面倒な書類を書かなければならない時にお手伝いしたい，こうして市政の全部がガラス張りの中でしかも時間を空費せずに行なわれるようになれば，この会の目的の大部分は達せられるのです。

　勿論，会と名の付くものが出来る以上は小むずかしい規則や世話役のようなものも出来ますが，この会は決して固苦しいものではありません。規則や役員は便宜上のもので会の本質はあく迄全市民の寄り合い……そうです。お寺や拝殿でなごやかに開かれるあの昔懐かしい寄り合いです。世話役を選ぶときも，会で発言するときも政党や肩書や因縁をきれいに捨ててしまって，単なる一市民として，長浜市の明るい朗かな発展を願う立場から，みんなが行動したいと思います。

　市民の皆さんと共々にこの念願を果したいとお願いかたがた御挨拶をいたします。

　　昭和23年11月23日
　　　　　　　　　　　　　　　　　　　　　　　　　　　長浜市連合自治会

出所：長浜市役所編『長浜市二十五年史』昭和42年，pp.138-139。

第Ⅱ部　政治文化の変容

第4章　多党化時代における政治動態の素描
―1960年代から1970年代の衆議院議員総選挙を中心に―

第1節　問題の所在

　1980年代の日本の政治社会は激動含みである。いわゆる〈55年体制〉の崩壊，それにかわる〈77年体制〉多党化時代の到来によって，各政党間では，新しい政治の在り方をめぐって盛んに論議がたたかわされ，同時に政権の座をめぐって熾烈な闘いが展開されるであろう。

　1979年10月7日執行の第35回衆議院議員総選挙（以下総選挙とする）において，現在の政権政党である自民党が322人の候補者を立てながらも，単独過半数を獲得できず，しかも当選者が過去最低の248人にとどまったというこの事実は，戦後の一時期を除いた保守独走政治が連立政権あるいは連合政権へ向けて着実に歩を進めており，またそれが，現実の政治的課題として有権者の間や各政党間に認識上の差はありながらもクローズアップされてきていることは確かなようである。

　まず，今後の日本の政党政治の在り方に関する有権者の意識から簡単にみていこう。図1は第35回総選挙公示を2週間後に控えた1979年9月1日から3日間，全国3,000人の有権者を対象に毎日新聞社が行った世論調査の結果である。この調査結果では，現在の自民党単独政権をより強固な基盤に乗せ，より自由な政策遂行力を持とうとする大平政権の意図に反して，自民党単独政権を望むものが自民党支持者の中ですら46％しかないということ，さらに共産党支持者を除いた各党支持者，および支持政党なし層の間には，自民党と野党との連合を望んでいるものの割合が最も高いということが特徴となっている。特に民社党支持者（74％）および新自由クラブ支持者（72％）が最も積極的で，共産党支持者（21％）が最も消極的であるといえる。自民党支持

者の47％（この比率は社会党および社会民主連合の支持者と同じ）までが自民・野党連合を望んでいるということも注目に値する。

また、このような有権者レベルでの意識に呼応するかのように、政党レベルにおいても連合政権構想が実現化してきている。1979年

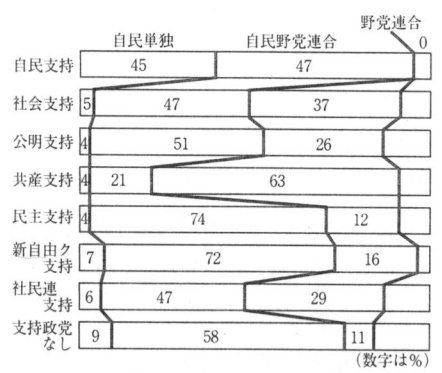

	自民単独	自民野党連合	野党連合
自民支持	45	47	0
社会支持	5　47	37	
公明支持	4　51	26	
共産支持	4　21	63	
民主支持	4　74	12	
新自由ク支持	7　72	16	
社民連支持	6　47	29	
支持政党なし	9　58	11	

（数字は％）

図1　総選挙後どのような政権を望むか
（公示2週間前の毎日新聞世論調査）
出所：『毎日新聞』1979年10月17日付。

12月6日には公明党と民社党が中道連合政権構想で合意に達し、1980年1月10日には社会党と公明党との間に共産党排除を前提とした連合政権構想について合意がなされ、ここに公明党をブリッジとした社会・公明・民社三党の連合政権構想が実現化されるにいたった。

1955年の保守合同・左右両社会党統一による自社二大政党時代、1960年代前半の中道政党の出現（1960年：民主社会党、1964年：公明党）による野党の多党化時代、1960年代末から1970年代前半における革新自治体の出現と拡大の時代、すなわち社共型革新主導の時代、そして1970年代後半の政党の多党化と保守・中道主導の時代（=〈55年体制〉終焉の時代）という中央政界や地方政界でのめまぐるしい政治的変遷の中で、滋賀県においてはどのような政治的変化がみられるのか、その政治動態の一端を主に1960年の第29回総選挙から1979年の第35回総選挙まで7回の選挙結果を基礎データとして若干分析しておこう。ここで考察の対象を1960年の総選挙から1979年の総選挙までとするのは、中央での政治状況に呼応する形で、ときには中央に先駆けた形で、滋賀県でも野党の多党化現象の出現から政党の多党化現象の出現へと推移し、それが滋賀県における政治状況をより複雑なものにしているからである。ただここでは、考察の対象を政治現象の一局面に限定し、その動態要因の詳細な分析については今後の研究課題としておきたい。

第2節　党派別候補者数・当選者数の推移

　まず，各総選挙における党派別候補者数および当選者数の推移を，全国と滋賀県について簡単に考察していくことにする。表1からは次のようなことが理解できるであろう。全般的なことからみていくと，1960年から1979年にかけて議員定数が全国では467から511に44議席増加したが，滋賀県においては5議席と変化はない（ただし，1946年4月10日執行の第22回総選挙のときは6議席であった）。立候補者数も全国では1969年の第32回総選挙を除けば減少傾向にあり（940人→891人），競争率も2.01倍から1.74倍へと低下しているが，滋賀県では鋸歯型の傾向を示している。

　党派別に候補者数の推移をみていくと，自民党は全国では常に議員定数の過半数の候補者を立てている。ところが滋賀県では，1976年の第34回総選挙までは過半数の候補者を立ててきた（特に，1972年の第33回総選挙では4人を公認）が，1979年の第35回総選挙では，はじめて過半数を割る2人の公認にとどまった。これは前回総選挙で獲得した2議席を確保するために，前回新自由クラブで立候補し，今回同党を離党して立候補した桐畑好春や福田派の黒田春海を公認しなかったことによる。

　社会党は，1972年の第33回総選挙までは複数の候補者を左右両派（＝協会系，反協会系）から立ててきたが，第34回総選挙以降は現職の野口幸一の公認にとどまっている。これは社会党の全般的な凋落傾向と相挨って，1974年12月，社会党中央がその年の滋賀県知事選挙にからむ〈社会党の黒い霧〉問題で，社会党県本部の後藤俊男前委員長，大原伴五，山本秋造両前副委員長，高橋勉前書記長の三役4人を上田建設の上田茂男社長の「策謀に加担」，革新陣営分断のため独自候補の擁立を図ったという理由によって除名処分にし，さらに1975年3月10日，社会党県本部と滋賀地評が上田社長と高橋前書記長を公職選挙法違反容疑などで大津地検に告発した結果によるところが大きく影響しているものと思われる。社会党を除名された高橋らは，1976年1月18日，社会党県本部を結成し，彼自身第34回総選挙に立候補している。

　その他，共産党および民社党は，各選挙ごとに1人の公認候補を立ててい

表1　衆議院議員総選挙における党派別候補者数の推移（全国・滋賀県）

選挙年	自民党 全国	自民党 滋賀	新自ク 全国	新自ク 滋賀	民社党 全国	民社党 滋賀	公明党 全国	公明党 滋賀	社民連 全国	社民連 滋賀	社会党 全国	社会党 滋賀
1960	339	3			105	1					186	2
1963	359	3			59	1					198	2
1967	342	3			60	1	32	—			209	3
1969	328	3			68	1	76	—			183	2
1972	339	4			65	1	59	—			161	2
1976	320	3	25	1	51	1	84	1			162	1
1979	322	2	31	—	53	1	64	1	7	—	157	1

選挙年	共産党 全国	共産党 滋賀	諸派 全国	諸派 滋賀	無所属 全国	無所属 滋賀	計 全国	計 滋賀	定数 全国	定数 滋賀	競争率 全国	競争率 滋賀
1960	118	1	34	—	98	3	940	10	467	5	2.01	2.0
1963	118	1	64	—	119	3	917	10	467	5	1.96	2.0
1967	123	1	16	—	135	3	917	9	486	5	1.89	1.8
1969	123	1	37	—	130	3	945	8	486	5	1.94	1.6
1972	122	1	15	—	134	2	895	10	491	5	1.82	2.0
1976	128	1	17	1	112	—	899	9	511	5	1.76	1.8
1979	128	1	33	—	96	3	891	8	511	5	1.74	1.6

註：当該表は，『衆議院議員総選挙結果調』（各選挙年，自治省選挙部）および『衆議院議員総選挙結果調』（各選挙年，滋賀県選挙管理委員会）より作成。

る。1976年には7党9人（自民党3人，社会党，共産党，民社党，公明党，新自由クラブ，社会党県本部各1人）が5議席を争う多党化選挙となった。

　次に，各党公認の候補者の出生地ないしは出身地と居住地とをみておこう。自民党の公認候補は，1960年から1979年の7回の総選挙で6人（延べ人数では21人）であるが，出生地（出身地）は6人6様である。市部出身3人（近江八幡市，守山市，長浜市），郡部出身3人（愛知郡秦荘町，東浅井郡浅井町，高島郡マキノ町）であるが，居住地は東京都内の1人を除いて全て市部である（長浜市2人，近江八幡市，守山市，大津市各1人）。社会党は公認候補5人（延べ人数では13人）のうち，他県出身の1人を除いて4人が全て市部出身で，居住地は5人とも市部である（大津市3人，彦根市，長浜市各1人）。共産党は1人が出身地・居住地ともに大津市で，他の1人は出身地が他府県で居住地が郡部（甲賀郡石部町）である。民社党は公認3人（延べ人数7人）のうち2人が出身地・居住地ともに市部（長浜市，守山市）で，

1人が郡部(高島郡安曇川町)である。その他,新自由クラブは出身地・居住地とも郡部(伊香郡余呉町),公明党も出身地・居住地とも郡部(出身地は神崎郡能登川町,居住地は野洲郡野洲町)である。

　この指標だけでは党派別の特徴ははっきりと出てこないが,概していえば保守系は湖北・湖東から,中道・革新系は湖南・湖東からそれぞれ多く候補者を輩出しているといえるし,党公認候補の88.9%(18人中16人)までが県内出身者である。

　また,候補者の出身母体を検討してみると,自民党は実業界2人,政党役員,議員秘書,農業,その他各1人,社会党は団体役員3人,牧師,教育界各1人,共産党は政党役員2人,民社党は団体役員2人,僧侶,公明党は政党役員,新自由クラブは中央官僚となっており,自民党が各分野から公認候補を立てているのに対し,中道・革新系は団体役員,政党役員が人材供給の中心となっているといえよう。

　最後に党派別当選者数の推移を検討しておこう。表2は全国および滋賀県の党派別当選者数の推移を示したものである。自民党は常に複数の当選者を出しており,特に第33回総選挙(1972年)には4人の公認候補全員が当選している。当選率は,第29回総選挙(1960年)と第34回総選挙(1976年)を除いて100%である。社会党は第31回総選挙(1967年)までは当選者は複数であったが,第32回総選挙(1969年)以降は1人で,特に第33回総選挙においては,自民党の躍進,共産党の進出によって,戦後の総選挙において初めて1議席も獲得できないという大敗北を喫した。共産党は,第33回総選挙において社会党の戦術上の拙劣さに助けられた形で23年ぶりに議席を奪還(1949年の第24回総選挙で江崎一治が2位当選)し,民社党は第32回総選挙ではじめて1議席を獲得,以後共産党とともに1議席を死守している。

　ここで特筆すべきことは,中央に先駆けて,滋賀県では1976年の第34回総選挙で与野党逆転現象が起っているということである。これには,1974年12月の知事選挙で野党4党(社会党,共産党,民社党,公明党)および労働4団体(総評滋賀地評,滋賀地方同盟,滋賀中立労協,新産別滋賀地協)の推

表2　衆議院議員総選挙における党派別当選者数の推移（全国・滋賀県）

選挙年	自民党		新自ク		民社党		公明党		社民連		社会党		共産党		諸派		無所属	
	全国	滋賀	全国	滋賀	全国	滋賀	全国	滋賀	全国	滋賀	全国	滋賀	全国	滋賀	全国	滋賀	全国	滋賀
1960	296	2			17	0					145	2	3	0	1	―	5	1
1963	283	3			23	0					144	2	5	0	0	―	12	0
1967	277	3			30	0	25	―			140	2	5	0	0	―	9	0
1969	288	3			31	1	47	―			90	1	14	0	0	―	16	0
1972	271	4			19	0	29	―			118	0	38	1	2	0	14	0
1976	249	2	17	0	29	1	55	0			123	1	17	0	1	0	21	―
1979	248	2	4	―	35	1	57	0	2	―	107	1	39	1	0	―	19	0

註：当該表は，『衆議院議員総選挙結果調』（各選挙年，自治省選挙部）および『衆議院議員総選挙結果調』（各選挙年，滋賀県選挙管理委員会）より作成。

す武村正義が，現職の野崎欣一郎（自民党推薦）を破って保守県政が崩壊して〈草の根県政〉が誕生したことが，第34回総選挙で野党側に有利に作用したものと考えられる。

　滋賀県における一般的特徴は，党公認候補が圧倒的に強く，戦後の総選挙において無所属候補が当選したのは，1960年の第29回総選挙の宇野宗佑唯一人である。このことは，候補者にとって党公認が当選するための最大の必須条件であること，すなわち，集票力の相乗効果をもたらすうえにおいて必要不可欠な要件であることを意味し，同時に，有権者の側においても投票する際の一つの主要な指標となっていると考えられる（特に政党本位，政策本位で投票する有権者や党的組織・人脈の中に組みこまれている有権者にとっては重要な要件となろう）。またそのことは，議員政党や組織政党が圧倒的優位を占めるという政治的風土が，厳然と存在しているということを意味しているといえよう。

第3節　有権者数の推移と一票の重み

　滋賀県における総人口に対する有権者の割合は，1972年で69.1％，1976年で67.4％となり，相対的に高齢化社会に入っていることを示しているが，ここで有権者の推移と1議席当たりの有権者数を全国と比較しながら若干検討していこう。

表3 衆議院議員総選挙における有権者の推移
(滋賀県)

選挙年	滋 賀 県				
	男	比率	女	比率	計
1960	241,570	46.3	280,456	53.7	522,026
1963	251,133	46.5	288,781	53.5	539,914
1967	253,981	46.6	290,785	53.4	544,766
1969	279,438	47.0	314,597	53.0	594,035
1972	303,817	47.5	335,103	52.5	638,920
1976	332,526	48.1	358,707	51.9	691,233
1979	349,654	48.2	375,870	51.8	725,524
指数	144.7	-	134.0	-	139.0

選挙年	市 部				
	男	比率	女	比率	計
1960	92,869	45.9	109,333	54.1	202,202
1963	98,881	46.3	114,880	53.7	213,761
1967	101,313	46.5	116,691	53.5	218,004
1969	131,303	47.0	147,880	53.0	279,183
1972	157,621	47.7	172,614	52.3	330,235
1976	174,440	48.3	186,872	51.7	361,312
1979	184,218	48.3	197,522	51.7	381,740
指数	198.4	-	180.7	-	188.8

選挙年	郡 部				
	男	比率	女	比率	計
1960	148,701	46.5	171,123	53.5	319,824
1963	152,252	46.7	173,901	53.3	326,153
1967	152,668	46.7	174,094	53.3	326,762
1969	148,135	47.0	166,717	53.0	314,852
1972	146,196	47.4	162,489	52.6	308,685
1976	158,086	47.9	171,835	52.1	329,921
1979	165,436	48.1	178,348	51.9	343,784
指数	111.3	-	104.2	-	107.5

註:①指数は,1960年の有権者数を100とした1979年の有権者数の割合。
②当該表は,『衆議院議員総選挙結果調』(各選挙年,滋賀県選挙管理委員会)より作成。

まず,有権者数の推移であるが,表3から理解できるように,滋賀県全体としては20年間に203,498人増加している。市郡別では,市部での増加が著しく,179,538人で,増加した有権者の88.2%を占めるが,郡部では鋸歯型を示し,近年漸増傾向にある。男女別では,男性が108,084人増で,女性(95,414人増)を上回っている。1960年を100とする指数でみれば,男性が144.7で女性の134.0をかなり上回る。滋賀県全体では139.0となり,全国の指数(147.6)をかなり下回るが,市部では188.8(男性198.4,女性180.7)である。有権者の男女比をみてみると,滋賀県全体,市部,郡部ともに女性が男性を上回っているが,この20年間で男女比の差が徐々に縮小してきており,1979年においては約48対52の割合になっている。

これらの現象の起因がどこにあるか明言はできないが,近年の地域開発・工場進出に伴って,人口の社会増(転入人口-転出人口)が,ここ数年約1万人の割合(その大半が京阪神からの流入による)で推移していることに一

因がありそうである。年齢三階層別人口－年少人口（0～14歳），生産年齢人口（15歳～64歳），高齢人口（65歳以上）－を検討してみると，生産年齢人口の中での25～44歳の人口の比率が，1965年：42.6％，1970年：43.3％，1975年：46.7％と増加してきており，また，高齢人口の総人口における構成比もそれぞれ8.1％，8.9％，9.3％と増加してきていることが大きな特徴として指摘できるであろう（表4参照）。

次に，どの地域（市町村）で，どのような形態で，有権者の増減現象がみられるのかを若干具体的に検討してみよう。

表5は，有権者の増加指数の上位10位および下位10位を示したものであり，表6は，

表4　年齢三階層別人口　単位：万人

	1965年	1970年	1975年	全国
総人口	85.3 (100.0)	89.0 (100.0)	98.6 (100.0)	11,190 (100.0)
年少人口 (0～14歳)	21.1 (24.7)	20.6 (23.1)	23.9 (24.3)	2,720 (24.3)
生産年齢人口 (15～64歳)	57.3 (67.2)	60.5 (68.0)	65.5 (66.4)	7,580 (67.7)
高齢人口 (65歳以上)	6.9 (8.1)	7.9 (8.9)	9.2 (9.3)	890 (8.0)
（参考） (25～44歳)	24.4 (42.6)	26.2 (43.3)	30.5 (46.7)	3,670 (48.4)
（45～64歳）	16.7 (29.1)	17.7 (29.3)	20.3 (31.0)	2,210 (29.2)

註：①当該表は，「国勢調査」（1965年，70年，75年）より作成。
②（　）内は構成比を示す。ただし（参考）の構成比は生産者年齢人口に対するものである。

表5　有権者増加指数上位10位・下位10位

	上位10位	指数	下位10位	指数
1	栗東町	261.0	朽木村	85.8
2	草津市	230.4	余呉町	95.0
3	甲西町	228.4	永源寺町	97.3
4	野洲町	198.8	多賀町	99.3
5	石部町	193.6	木之本町	100.7
6	守山市	169.4	伊吹町	101.2
7	大津市	163.8	西浅井町	101.7
8	志賀町	149.8	浅井町	103.7
9	近江八幡市	145.2	米原町	104.0
10	安土町	141.7	秦荘町	104.0

註：指数は，1960年の有権者数を100とした1979年の有権者数の割合。

増加数の上位10位および下位10位を示したものである。1960年を100とする指数でみてみると，上位10市町は，京阪神大都市圏の外縁部に位置し，高度経済成長期に工業立地が急速に進み，就業機会が増え，かつ，交通の便（国鉄，私鉄，その他），地価の水準，良好な環境等の面から宅地開発が大幅に進み，ベッドタウンとしての機能を強めてきた湖南地域を中心とした県南部に全て存在する。従って，この地域において増加した有権者は典型的なサラ

表6　有権者増加数上位10位・下位10位

単位：人

	上位10位	増加数	下位10位	増加数
1	大 津 市	54,321	朽 木 村	−359
2	草 津 市	27,619	余 呉 町	−202
3	栗 東 町	14,335	永 源 寺 町	−140
4	彦 根 市	13,528	多 賀 町	− 47
5	近江八幡市	12,616	木之本町	51
6	守 山 市	12,316	伊 吹 町	56
7	野 洲 町	8,774	西浅井町	63
8	甲 西 町	8,100	秦 荘 町	220
9	長 浜 市	7,586	高 島 町	249
10	八 日 市 市	6,527	マキノ町	265

註：増加数＝1979年の有権者数−1960年の有権者数。

リーマン人口であるといえよう。

有権者の増加数によっても，そのことはある程度実証されうる。つまり，指数における上位10市町のうち7市町が増加数においても上位10位に入っているということである。さらに，7市が全て上位10位に入り，それが滋賀県全体の有権者増加数の66.1％（134,513人）を占め，そのうちの26.7％を大津市が，13.6％を草津市がそれぞれ占めている。

それに対して，朽木村（359人減，指数85.8），余呉町（202人減，指数95.0），永源寺町（140人減，指数97.3），多賀町（47人減，指数99.3）の4町村は，逆に有権者が減少しており，その他，下位10位に入る町は，湖北・湖西地域を中心とした県北部にあって，これらの地域における有権者は相当高齢化が進んでいると思われる。

最後に，1議席当たりの有権者数と議席定数の不均衡率について若干考察してみることにする。表7によれば全国，滋賀県とも1960年から1979年の間に1議席当たりの有権者が4万人強増えている。しかし，全国を100とした議員定数の不均衡率をみてみると，滋賀県は相対的に重票選挙区に位置づけられるが，1969年を境として徐々に是正されてきているといえる。一般的には，「軽票選挙区が都市部に集中し，重票選挙区が農村部に集中することから農

表7　1議席当たりの有権者数と不均衡率

選挙年	全　国	滋賀県	不均衡率
1960	116,302	104,405	89.8
1963	124,800	107,983	86.5
1967	129,615	108,953	84.1
1969	142,511	118,807	83.4
1972	150,244	127,784	85.1
1976	152,498	138,247	90.7
1979	156,888	145,105	92.5

註：$\text{不均衡率} = \dfrac{\text{滋賀県の1議席当たりの有権者数}}{\text{全国の1議席当たりの有権者数}} \times 100$

村部の過剰代表の性格を持ち,さらに農村部が保守の『金城湯池』であることから,1票の価値のちがいが,二重の意味で保守＝自民にアドバンテージを与える結果となっている」[1]といえるが,滋賀県における近年の政治状況と必ずしも符合するものではないといえよう。

註

(1) 福岡政行『連合政権－保革伯仲下の政権構想－』教育社, 1978年, p.73。

第5章　〈滋賀方式〉の政治的効果
　　　—大津市における有権者の対応を中心に—

第1節　問題の所在

　1980年代最初の国政選挙が，衆参同時選挙という特異な形で行われ，結果的には，絶対的な政治社会的危機意識を背にして選挙戦を展開した自民党が，衆参両院で「勝利」をおさめた（正確には自民党系無所属，新自由クラブをも含めた総保守勢力の勝利）。しかし，眼を湖国に転じてみると，全国的な自民党の「勝利」現象とは全く逆の現象がみられる。つまり，今次同時選挙において，自民党は衆議院で2議席（山下元利，宇野宗佑）を確保したにとどまり，参議院では現職候補が，滋賀労働4団体，野党4党（社会党，公明党，民社党，社民連）の推す中道革新統一候補の山田耕三郎前大津市長に8,787票の小差で敗北したのである。それによって，湖国での議席配分は，自民党3議席（衆議院2議席，参議院非改選1議席），野党4議席（衆議院3議席…社会党，民社党，共産党，参議院改選1議席）となり，国会議員レベルでは与野党逆転現象を現出したことになる。

　今次同時選挙における湖国の政治情勢の概要を一瞥しておこう。第1に，自民党は衆議院で〈革保逆転〉を実現し，その勢いを参議院に連動させて勝利することを意図して，湖北を地盤とする元新自由クラブ県連代表の桐畑好春を第三の候補として公認したこと。第2に，参議院地方区で滋賀労働4団体を軸に社会党，公明党，民社党，社民連4党の選挙共闘態勢が成立し，その統一候補として福祉・教育等の行政手腕を高く評価されている県都首長の山田が擁立されたこと。第3に，そのために，選挙の焦点は衆議院よりもむしろ参議院の方に当てられ，終盤は最近にない保革激突の選挙戦になったこと。第4に，それを反映して，中央から大物の応援が相次いだこと。例えば，

自民党では大平首相が自民党主催の政経文化パーティーに出席，その他大来佐武郎外相，武藤嘉文農相，塩崎潤総務局長，中川一郎元農相等が来県，野党陣営では飛鳥田一雄社会党委員長，多賀谷真稔社会党書記長，矢野絢也公明党書記長，塚本三郎民社党書記長，槙枝元文総評議長，宇佐美忠信同盟会長等が来県し，それぞれの陣営の候補を応援したのである。第5に，大津市では山田市長の参議院選挙出馬にともなって市長選挙が行われ，トリプル選挙になったこと。第6に，オール与党体制によって2期目を無投票当選で獲得した武村知事が完全中立宣言をしたこと[1]。第7に，県議会で今まで自民党と一線を画してきた保守系会派の滋賀県民クラブが，自民党に入党することを前提に選挙協力を約束し，積極的に自民党公認候補の個人演説会にも出席したこと。第8に，新自由クラブが選挙後の政治情勢を考慮して自主投票で臨んだこと，などを主なものとして挙げることができる。

　このような政治社会状況の下で展開された同時選挙の結果は先述の如くであり，とりわけ衆目を集めたのが，参議院地方区での滋賀労働4団体主導による野党共闘としての〈滋賀方式〉の政治的効果であった。そこで，有権者数の比率が滋賀県全体の19.3％を占める県下最大の票田地域でもあり，また，中道革新統一候補の地盤でもある大津市における有権者の対応を，主に同時選挙と並行して行われた市長選挙との関連で検討し，そこから大津市における〈滋賀方式〉の政治的効果を若干考察することにしたい。その際，次のようなプロセスの下で考察を進めていきたい。まず第1に，大津市長選挙における具体的現実の分析を試みる。そこでは，市議会レベルにおける政治組織，とりわけ保守系会派の新政会[2]と共産党の統一候補（市長候補）に対する組織的対応過程を分析することに中心を置き，さらに，共産党の統一候補支持母体に対する組織的対応を参議院選挙との関連で比較検討する。第2に，大津市の有権者がどのような具体的政治参加行動を結果としてとったのか，そのような行動をとらしめることを動機づけた主要な要因は何であったのか，その1つとして各組織集団の両選挙に対する複雑な対応がその中でどのように位置づけられるのかということを，過去の世論調査の結果や投票結果を分

析する作業を通して若干考察していくことにする。この過程では，投票結果の共時的分析と通時的分析が主体となる。

以上の2点を考察するに際して，選挙運動主体としての候補者並びにその支持母体（政党，労働団体）の具体的活動と，それに対する大津市の有権者の具体的対応（最終的には投票行動という制度的形態をとって具現）を相互連関的に考察していくという方法をとることにしたい。ただ，その際，考察の対象とされるのは，可視的な政治現象としての選挙現象の一局面であり，不可視的な政治部分は一応対象外に置かざるを得ない。従って，ここでは極めて限定された資料に基いて，若干の具体的現実の分析が行われるにすぎない。

第2節　大津市長選挙にみる各党派の組織的対応過程

山田耕三郎が滋賀労働4団体，社会党，公明党，民社党の7者代表との協議で参議院選挙立候補を受諾したのと並行して，山田豊三郎助役は前7者の要請を受けて，革新市長候補として立候補を受諾し（1980年5月15日），7者との間に選挙協定書を交わした（5月17日）。協定書は政策，組織，統一候補者の3協定により構成され，その骨子は革新市政の継承，福祉の充実，市民本位の市政推進などをめざし，3つの理念（①人間性を復権するまちづくり，②自治と連帯による市民自治の確立，③生活環境の保全・創造）および10の政策（市民福祉の充実と健康づくり，都市整備をすすめる活力あるまちづくり等々[3]）を推進していくというもので，その特色は，山田豊三郎が主張していた「一党一派に偏しない」との考え方がほぼ完全に受け入れられた形で，国政レベルでの安保，金権腐敗や反自民の字句は一切盛り込まれていないことであった。

このような中道革新連合勢力の先行状況の中で，大津市議会最大の保守系会派である新政会も山田単独推薦を機関決定したのである（5月17日）。その理由について，藤井信一幹事長は次のように述べている。「人格・見識から推薦した。7者の立場は理解できるし，議会運営上も対立していくのはよ

くない。もっとも保守の方も，いまからでは候補者探しが遅すぎる」[4]。この新政会の推薦理由は，主に4つの要素から構成されているといえよう。第1の要素は，山田個人に対する好意的認識で，同会も山田単独擁立を考えたこともあったといわれている[5]。第2の要素は，山田擁立の主体である7者が選挙協定書に「反自民」の字句を盛り込まなかったことに対する好意的理解である。第3の要素は，市議会で多数を占めながら，過去において議会運営上，市長（与党）と実質的対立をしたことがないという事実にもとづく対立回避の論理である。第4の要素は，対立候補選定の時機的遅滞である。

中道革新連合勢力や保守勢力のこのような組織行動や組織的対応に対して，共産党は，革新市政を発展させることを骨子とした政策協定を山田と締結することによって支持を表明したのである（5月23日）。協定の内容は，次のようなものである。①市民本位の大津革新市政をすすめてきた政策理念の継承発展，②革新無所属，③当選後も必要に応じ民主的で円滑な市政推進，④市長候補として支持。支持の理由について古武家昇平県委員長は，国政選挙では7者側が共産党排除を前提とした協定を結んでいるのに対し，大津市長選挙ではそれがないということを挙げている。このことは，中央での社会，公明，民社3党間におけるそれぞれの連合政権構想合意が，市政レベルにおいては実質的有効性を有していない，ということを意味しているといえよう。

このように，大津市長選挙においては，7者を軸に新政会と社民連がそれぞれ単独推薦，共産党が単独支持の形でのオール与党体制が確立し，結果的には山田の無投票当選となったのである[6]。

ここで，大津市長選挙における各党派の組織的対応過程と参議院選挙における山田耕三郎擁立過程での各党派の組織的対応の比較を，両者の関連の中で若干整理しておこう。形態的にみれば，前者はオール与党体制，後者は三つ巴の選挙構造の形態をとり，保守政党（自民党，自民党系）と共産党の両選挙に対する対応に差異がみられた。中道革新連合勢力（特に7者共闘）は，3つの選挙（衆議院，参議院地方区，市長）を有機的連関的に位置づけるとともに，その主導権を掌握していたのに対して，保守政党や共産党の各選挙

レベルでの組織的対応は，分散的であり，非連関的（相対的なものではあるが）であったといえよう。保守政党の場合には，それは，主に党的体質を構成する後援会組織を主体とした議員政党的要素が負の方向に機能した結果であるといえるだろうし，共産党の場合には，統一候補個人に対する認識と，統一候補を擁立している中道革新連合勢力に対する認識との間に大きなギャップが存在したこと，すなわち，候補（予定）者個人に関する組織的な対人認知（person perception）―それは主に候補（予定）者の政治姿勢，パーソナリティ，過去の行政に対する評価，県民・市民的コンセンサスの形成による政治的影響に対する配慮等によって構成されているといえよう― が少なくとも相対的に非対立的なものであったにもかかわらず，その支持母体である〈県民連合〉や〈市民連合〉の連合組織に対しては基本的に対立的であったといえる。その点では，共産党も中央での共産党を排除した中道革新連合政権構想合意にその組織行動枠組みを規定されていたといえる。ただ，対立の度合は一律ではなく，連合組織を構成している諸組織によって強弱の差異があった。つまり，連合組織の主軸である7者のうち社会党や総評滋賀地評に対しては決定的な組織的対立関係にあったわけではない。参議院選挙においては，共産党と社会党は極限まで共闘を模索したし，総評滋賀地評内には共産党系の統一労組懇に加入している下部組織（単位労働組合）が実質的活動を展開しており，その意味では全面的組織対立を極小化する方向で努力がなされていたといえるだろう。ただ，総評滋賀地評内部においては，社会党系労働組合と共産党系労働組合との間に組織間対立が顕在化していたことは認められなければならないだろう。また，視点を変えてみれば，滋賀労働4団体は，基本的に〈中央の論理〉〈政党の論理〉〈共産排除の論理〉をつとめて排除してきており，協定書を調印する際にも，共産党が乗りやすいように配慮して，国政選挙では初めての全野党共闘を実現させるべく，社会，公明，民社3党に対し，協定書の主柱である「社公・公民の政権構想合意に基づいて」の一文を削除するよう要請している[7]。従って，論理的には滋賀労働4団体と共産党との間には組織的対立が存在する必然性はなかったといえ

よう。

　しかし結果的には，共産党はこれら連合組織と対立関係に入り，候補（予定）者との個人的折衝を通じて，参議院選挙では独自候補を擁立するという形で，また，市長選挙においては単独支持という形で，「革新」政党としての主体性を確保しようとしたのである[8]。ここでの共産党の主張する「革新」の内容を，滋賀労働4団体に対する具体的批判の中で検索すれば次のようなものである。例えば，「基本協定が反共，安保当面容認をうたう社公民路線である以上，革新とはいえない」[9]とか「革新か反革新かは，①大企業本位か，②安保を廃棄し，中立を守るのか，③軍国主義復活に反対するのかどうかにかかっている。しかし公民は安保賛成，社会党も安保当面容認，党是の非武装中立もタナ上げにしている。しかも健保改悪にも賛成しており，こうした社公民に乗っている以上，反革新だと考えている」[10]というものである。

　このように，共産党の唱える「革新」論は，現代日本の政党制を基本的に〈二極システム〉として認識し，そこから体制政党・体制容認政党，それらの実質的支持基盤勢力としての体制維持勢力・体制維持補完勢力と現今の政治・経済・社会体制に対して〈正当性拒否インパクト delegitimizing impact〉を最小公分母としてもつ[11]反体制政党（＝原理・原則に基づく野党）およびその支持勢力とに2分し，前者を反革新勢力＝自民党政治補完勢力，後者を反自民革新勢力として位置づけている。このような意識的認識の下に，「当該政治秩序の価値と相容れない信念体系に従って行動する」[12]ことによって「体制に異議を唱え，体制の支持基盤を切り崩そうとする」[13]唯一の革新政党として自らを位置づけているといえるだろう。

　以上のような複雑な組織関係状況の中で，大津市の有権者はどのように対応し，投票行動をしたのかということを，政治意識や投票結果を分析する作業を通して若干考察を加えてみよう。

第3節　大津市における選挙結果

　表1は，今次同時選挙での大津市における党派別得票数・得票率の選挙別比較を示したものである。この表からは，次のような特徴が指摘できるであろう。まず，各党派の参議院地方区での得票数と参議院全国区および衆議院での得票数との比較から指摘できる特徴をみていこう。自民党は，対前者比5,551票（15.3％）減，対後者比16,662票（35.2％）減である。共産党は，対前者比1,814票（18.6％）増，対後者比5,580票（32.5％）減である。それに対して中道革新連合勢力は，対前者比28,466票（85.8％）増，対後者比22,953票（59.3％）増となり，両党とは際立った特徴を示している。このように，中道革新連合勢力が相対得票率で6割弱もの票を獲得できたのは，衆議院選挙において，自民党の各候補ならびに共産党候補に投票した有権者の一部が，参議院地方区においては中道革新統一候補に投票した結果であると考えられる。その交差投票（cross vote）の割合は自民，共産両党ともほぼ同率で，それぞれ約3分の1にも達している。しかし，基礎票（＝参議院全国区票）との関係でみれば，自民党候補が15％強も減票しているのに対して，共産党候補は19％弱増票している。このことは，政党に対する支持票を自民党候補は確保できなかったのであり，逆に，共産党候補はそれを確保したことを意味しているし，交差投票も自民，共産両党候補（衆議院）から中道革新統一候補（参議院地方区）へという一方向的なものではなく，極く少数ではあっても中道革新候補（衆議院）から自民，共産両党候補（参議院地方区）へという方向性も可能性として含まれているといえるし，実際，2町（土山町，甲南町）においてそれがみられたのである[14]。

　これらの政治現象を，各政治勢力ならびにそれらが公認もしくは推薦している候補者と有権者との関連で，換言すれば，組織と当該組織内個人に対する有権者の対応を連関的に考察すれば，少なくとも次のようなことがいえるであろう。全般的には，有権者にとって最も感覚的に疎遠な参議院全国区における総保守勢力（自民党，新自由クラブ）対非保守・反保守勢力（社会党，公明党，民社党，共産党，社民連）の得票数の比率が約46対54となり，両勢

表1　大津市における党派別得票数・得票率の選挙別の比較

	自由民主党		中道革新勢力		日本共産党		有効投票数
	得票数	得票率	得票数	得票率	得票数	得票率	
参議院地方区	30,733	29.6	61,645	59.3	11,575	11.1	103,953
参議院全国区	36,284	36.4	33,179	33.3	9,761	9.8	99,722
衆議院	47,395	45.9	38,693	37.5	17,155	16.6	103,243
県議会	44,894	49.9	25,108	27.9	14,292	15.9	89,897

註：①中道革新勢力とは基本的に社会党，公明党，民社党，社民連の4党を意味するが，県議会選挙では〈みんなで革新県政を育てる会〉も含む。
②共産党には県議会選挙での〈住民の手で革新県政をすすめる会〉も含む。
③県議会選挙は1979年4月8日に執行。
④得票率＝相対得票率。

力はほぼ拮抗しているといえる。それが，有権者にとってより身近な衆議院においてもその比率はほぼ同じである。さらに，それが，県議会選挙レベルにまで下ると，その比率は約53対47となり，前2者との関係は逆転するが，両勢力は依然として拮抗関係を保っている。このことから，大津市の有権者の投票行動様式は選挙レベルの如何にかかわらず，保守対非保守・反保守の大枠においてはほぼ固定化しているといえよう。しかし，参議院地方区においては，それは約30対70となり，前3者とは際立った対照を示している。しかも非保守・反保守票の84.2%が中道革新統一候補に投じられている。この現象は，衆参両選挙の投票率がほぼ同じである（衆議院74.08%，参議院74.07%）ことから，交差投票の結果生じたものであることは明白である。では，なぜ交差投票が現出したのか。有権者に投票行動様式を変更させた要因は何に求められるのか。候補者の個人的要因にか，あるいはその支持母体の組織的要因にか，それともそれらを包摂する環境的・状況的要因にか。

　それは，いわゆる固定票以外の票（浮動票，流動票等）の内容を検討することによって，ある程度の解明がなされるであろう。ところで，「一般に固定票というのは，支持する候補者を変えずに選挙のたびごとに同一候補者に投じられる票，あるいは，支持する政党を変えずに選挙のたびごとに同一の政党に投じられる票のことをいう」[15]。しかし，固定票の意味内容が，各党派の党的体質を構成する構成素によって差異性を有することは言うまでもな

い。例えば，自民党は，通常，当該候補の後援会組織を構成する有権者や〈地方幹部会〉[16]の構成員が主要な固定票の基盤であり，社会党および民社党は，当該候補の出身母体である労働組合，ならびにそれらの労働組合と上部団体での所属を同じくする他の労働組合の構成員およびその関係者（例えばその家族），あるいは当該政党の支部組織の構成員が，また，公明党は創価学会の会員がその主要な基盤となるといえよう。それに対して，共産党の固定票の主要な基盤は，M・デュベルジェの言葉を借りれば〈細胞組織〉[17]（職場細胞および地域細胞）の構成員といえるであろう。

　そこで，中道革新勢力がどれだけ固定票を保有し，また，過去の選挙においてどれだけそれをまとめることができたのかということを，大津市における参議院選挙（地方区）での党派別得票数・得票率の推移（表2）を若干検討することによって考察を加えてみよう。

　自民党は，今次選挙を含めた最近4回の通常選挙で2人の公認候補（河本嘉久蔵：1971年，1977年，望月邦夫：1974年，1980年）を立てて闘い，その結果，過去3回の選挙（71，74，77年次）はともに当選し，得票数においても増加の一途を辿ったのであるが，得票率においては，71年次および74年次選挙で中道革新勢力のそれに及ばなかった。両者のうち河本嘉久蔵は，得票数で前回選挙比17,587票増，絶対得票率で同比11.1％増であったのに対して，望月邦夫は，それぞれ771票減，4.1％減であった。この両者の差異性を構成する主要な要因には，次の3つが考えられる。その1つは，個人的要因である。河本は，高島郡安曇川町出身で，綾羽工業株式会社社長という社会的経済的地位にあり，利益の地元還元の面からも滋賀県（民）との結びつきが強いし，有権者の側にも比較的なじみが深い。他方，望月は，甲賀郡水口町出身で，学歴も高く（京都大学工学部卒，工学博士），その職歴においても大臣官房技術参事官，建設省近畿地建局長，水資源開発公団理事というように官僚畑一筋であり，その意味では，イメージの面での有権者の同候補に対する親密度は前者ほど高くはないといえる。第2は，両候補の選挙体制の差異である。前者は独自の後援会組織を有し，その意味では，一定の固定票を確

表2 参議院選挙における党派別得票数・得票率の推移(大津市)

	自由民主党			中道革新勢力			日本共産党		
	得票数	相対	絶対	得票数	相対	絶対	得票数	相対	絶対
1971年	25,060	36.6	21.1	34,582	50.5	29.2	8,795	12.9	7.4
1974年	31,504	36.3	25.7	37,748	43.5	30.8	17,009	19.6	13.9
1977年	42,647	47.0	32.2	35,173	38.8	26.5	12,878	14.2	9.7
1980年	30,733	29.6	21.6	61,645	59.3	43.4	11,575	11.1	8.1

註:①各党派の選挙別候補者は次の通りである。自民党:1971年,1977年…河本嘉久蔵,1974年,1980年…望月邦夫,中道革新勢力:1971年…矢尾喜三郎(社会党),1974年…後藤俊男(社会党),市居一良(公明党),西川紀久(民社党),1977年…上田美喜子(社会党),北野利夫(社会市民連合),1980年…山田耕三郎(無所属),共産党:1971年…瀬崎博義,1974年,1977年…和所英二,1980年…桐山ヒサ子。
②相対=相対得票率,絶対=絶対得票率。

保できる体制を整備していたといえるのに対して,後者は独自の後援会組織を整備せず,党県連組織に頼った〈党営選挙〉体制をとった[18]。そのために,彼独自の固定票を確保でき,さらに流動票,浮動票を獲得できるほどに組織的機能が有効に作用するには体制が不十分であったといえる。第3は,環境的・状況的要因である。河本の場合には,両選挙とも参議院単独選挙であったが,望月の場合には,今回,衆参同時選挙ならびに野党選挙協力の是非が注目される選挙となり,また,自民党内では衆議院の有力2候補がトップ争いに力点を置きすぎて,参議院選挙対策がやや浮いてしまった状態での選挙であったことである。

共産党は,選挙ごとの得票数の変動幅が比較的大きく,野党が乱立状態にあるときは相対的に大量得票している(74年次選挙)が,中道革新勢力がある程度の結束力を発揮したときには集票機能の弱体化がみられる(71年次,77年次選挙)。

中道革新勢力は,過去3回の選挙で,71年次を除いて複数の候補者を立てたが,得票数においてはほぼ35,000票前後,絶対得票率では30%前後に固定化していた。しかし,相対得票率においては漸減傾向にあった。だが,今次選挙では,過去3回の平均得票数の1.72倍の票を獲得し,絶対得票率でも自民党の2倍,共産党の5.6倍にも達している。中道革新統一候補の主要な集票基盤は,従来からの個人的支持者と労働団体である。

表3は，大津市における労働組合数，組合員数の推移を示したものであるが，組合数，組合員数の県全体に対する比率は，それぞれ2割強，3割強である。一般に，労働組合員（労働組合帰属意識）と政党支持態度，政治関心，投票行動との関係については次のようにいわれている。すなわち，「労働帰属者は革新政党を支持する者が多い」[19]。「労働帰属意識の高い者，労働者階級に帰属意識をもつ者は高い政治的有効性感覚をもつ」[20]。「労働帰属者は，非帰属者よりも多く投票する」[21]。さらに，個人の態度変数と投票行動については，①候補者をよく知っている人ほど投票する傾向がある，②投票義務感を持っている人ほど投票する傾向がある，③政治的有効性感覚をもっている人ほど投票する，④政党支持態度の強い人ほど投票する，⑤政策熟知度の高いものほど投票する，ことが指摘されている[22]。

表3　大津市における労働組合数・組合員数の推移

	昭和52年 組合員数	構成比 %	昭和53年 組合員数	構成比 %	昭和54年 組合員数	構成比 %	昭和52年 増減数	増減率	昭和53年 増減数	増減率	昭和54年 増減数	増減率
大津市	145	20.0	153	21.4	159	21.6	8	5.8%	8	5.2%	6	3.9%
	36,507	33.7	33,554	31.4	34,154	30.8	595	1.6	△2,951	△8.1	600	1.7
県合計	704	100	714	100	736	100	20	2.9	10	1.4	22	3.0
	108,289	100	106,750	100	110,923	100	1,104	1.0	△1,539	△1.4	4,173	3.9

出所：『滋賀県商工労働行政の概要－昭和55年度』滋賀県商工労働部。

　以上を総合的に判断すれば，大津市における労働組合員（その中には労働4団体に加盟していない労働組合の組合員も含まれているし，労働帰属意識によって必ずしも階級意識が媒介されてはいない組合員も存在するであろう）は，一般有権者よりも投票参加率が高いといえよう。しかし，組合員票＝中道革新票という図式は描けないのであって，その一部は共産党にも，状況によっては自民党にも分散しているのが現実である。だが，数字の上からみる限り，いずれの選挙とも中道革新勢力は，ある程度固定票を確保していると思われる。だとすれば，今次選挙における中道革新統一候補の大量得票は，この固定票に浮動票，流動票が上積みされた結果によるものであるといえる。そこで，このような浮動票，流動票の中身を検討することによって，それらの票がいかなる性質のものか，あるいはいかなる要因によって中道革

新統一候補に流入したのかを若干考察しておこう。その際，有力な手がかりとなる各種の意識調査，アンケート調査を活用してみることにする。

第4節　各種調査結果による比較分析

まず第1に，有権者の側にいわゆる〈地元意識〉が作動した結果，地元出身の候補者に票を投じたことが推察される。ＮＨＫ放送世論調査所が1978年2月から5月にかけて実施した全国県民意識調査によれば，滋賀県は，人間関係において，「せまい範囲の日常にかかわる人びとの間で親密な人間関係を作りあげている」[23]相対的に閉鎖的な地方として位置づけられている。例えば，「地元の面倒をよくみる政治家をもりたてていきたいと思いますか」という質問に対して，大津市住民の63.5％（県全体では71.7％）が「そう思う」と答えているし[24]，県民の投票基準についても，「何を基準に選びますか」という質問に対して，「地域，人とのつながり」と答えた人が80人中11人（13.8％）を占めている[25]。

ここで，地元意識の意味内容を若干検討してみる必要があろう。なぜなら，それが地元出身者であるということに対する親密感の要素のみで構造化されているわけではなく，それを中核として種々の要素が累積的に加算された形で構成されていると考えられるからである。もちろん，その根底には，利益の地元還元あるいは配分という政治的見返りの要素も強く稼動していることは拒めない。それは，大津市出身の候補者（矢尾，山田），大津市在住の候補者（和所）に加えて，出生・居住とも大津市とは関係はないが，自民党の河本が，先ほど述べた意味で相対的に高い得票率を獲得しているという事実によっても実証されている。このことは，参議院選挙においては，イデオロギーや政党といった類の政治的要素の地元意識に占める比重が，相対的にではあるが高くはないことを意味しているといえよう。それよりもむしろ，人物，人柄，政治家の姿勢，地域・人とのつながり，といった個人的要因が大きなウエイトを占めていると思われる。その要因を効率よく伸長させるか否かは，その個人を包含包摂する組織的要因や環境的・状況的要因の機能の仕

方如何にかかっているといえよう。

　第2に，有権者の国政に関する関心度が問題となる。政治関心と投票参加との関連については，「政治関心が高ければ投票する傾向があると一般的に考えられがちであるが，この命題は必ずしも成立しない」[26]ということが指摘され，その根拠として農村部においては，政治関心の低いものが部落規則によって投票にかりだされることが少なくないことや青年層の棄権率の高さを挙げているが，都市部の大津市には，必ずしもそれはそのまま該当するものではない。確かに，政治関心と投票参加との関連性は必ずしも高くはないであろう。だからといって，両者の間に全く関連性がないわけではなく，なんらかの〈きっかけ要因〉が，消極的にでも関心をもっている有権者にインパクトを与えるならば，投票参加への動機づけがなされ，それによって投票行動が促進されるといえよう。大津市の有権者にとっては，その〈きっかけ要因〉となるべき要素が多分に存在したと思われる。そこで，政治関心がどのレベルで相対的に高いのかということ，その政治関心の対象・内容がどのようなものであるのかということ，また，どのような人々が国政に関心をもっているのかということなどを吟味しておく必要はあろう。

　『全国県民意識調査』によれば，「あなたは国の政治，県の政治，市区町村の政治のどれにいちばん関心をお持ちですか」という質問に対して，45.2％の人が「国の政治」と答えており（県全体では32.8％），これは，他の地域（湖南，湖東，湖北西，彦根周辺）のそれを大きく上回っている（ちなみに，これらの地域では「市区町村の政治」への関心が最も高く，大津市でのそれは「国の政治」の約半分の23.0％である）[27]。また，「国の政治がどう変わろうと，自分の生活にはほとんど関係がない」という質問に対して，「そうは思わない」と答えた人が「そう思う」と答えた人の約2倍の57.9％もいる（後者は30.2％）[28]。このことは，大津市住民の多くは，国政を日常生活に関わる身近なもの，その意味で関心があり，また重要なものとして認識していることを意味しているといえる。

　さらに，京都新聞社の世論調査によれば，今次選挙におけるそれへの関心

度は，前回調査（1979年10月）に比べてかなり高くなっている（県全体においてであるが）。すなわち，「関心を持っている」71.7％（前回52.2％），「関心を持っていない」28.1％（44.0％）となっている[29]。しかし，この関心度の高さは，決して政策論争そのものに対する関心の高さを意味するのではなく，むしろそれ以外の要因，すなわち，政治倫理の問題，衆議院のハプニング解散による衆参同時選挙の実施，連合政権の是非をめぐる論議，大平首相の急逝等の政治エポック的要因としての状況要因が大きく作用しているといえよう[30]。そのことは，より身近な問題に対する政策に関心をもつ女性の，今次選挙に対する関心度が，男性のそれと比べて20％も低いという調査結果がその一端を示している[31]（表4参照）。

表4 今次同時選挙における男女別選挙関心度 （数字＝％）

項　　目	男　性		女　性	
非常に関心を持っている	41.0	82.3	14.0	62.0
少しは関心を持っている	41.3		48.0	
あまり関心がない	14.6	17.0	28.5	37.2
全く関心がない	2.4		8.7	
わからない・無回答	0.7		0.8	

註：当該表は，『京都新聞』（1980年6月17日付）より作成。

　第3に，有権者の政党支持率と投票行動との関連を検討してみよう。間場寿一は，「投票行動を規定する政治的諸態度は，争点や候補者にたいする態度のように，選挙によって対象が変化しやすい諸要因と，政党支持態度のように，相対的に持続的な諸要因とに区別できる。前者は，投票行動をより直接に規定する諸要因と見なされ，投票行動や選挙結果の短期的変動の有力な説明変数として重視される。それに対して，後者は，政党支持態度を中核に，それと関連する生活意識や階級，階層への帰属態度のような，態度構造におけるより基底的な諸要因を包含しており，投票行動の長期的な傾向を説明する変数として扱われる」[32]と述べているが，一般に投票決定に関する態度要因の中で，「国レベルの選挙では，政党支持態度の影響力がもっとも強い」[33]といわれている。

　『全国県民意識調査』によれば，「あなたは，ふだんどの政党を支持していますか」という質問に対して，大津市住民の政党支持態度は，次のような結

果となっている。総保守勢力38.9％（自民党36.5％，新自由クラブ2.4％），中道革新勢力23.1％（社会党18.3％，公明党1.6％，民社党3.2％，社民連0％），共産党3.2％，特に支持している政党はない31.7％，わからない・無回答3.2％。この比率は県全体のそれと大差はない（総保守勢力36.7％，中道革新勢力20.2％，共産党4.0％，支持政党なし33.1％，わからない・無回答6.1％）。この調査結果によれば，支持政党なし層，無党派層の割合が，自民党支持層に次いで第2位を占めている。この層をデモグラフィック要因別に検討してみると，性別においては，男女ほぼ同率で約3分の1を占める。年齢別では，男女とも年齢が若いほど高く，特に20代は約半数を占めている。職業別では学生，事務技術職，家庭婦人が高くなっている[34]。

　毎日新聞社が6月13日から15日にかけて実施した世論調査（対象720人）によれば，年齢別では，20代の51％が山田支持，14％が望月支持，12％が桐山支持となっており，また，山田が各世代満遍なく支持を集めているのに対し，望月は60代以上が40％，30代から50代が30％と中高年層に支持が集まっている。職業別では，山田は大企業従業員，公務員の59％の支持を受け，さらに保守層の多い経営者，企業管理者層にもよく食い込み，中小企業従業員や自営業主でも僅少ながら望月を上回っている。望月は農林漁業者の48％，経営者，管理職の45％の支持を集め，桐山は各層平均した支持を集めているが，中小企業従業員と農林漁業者では二桁に達している。また，投票への関心については，山田支持者の95％，望月支持者の98％，桐山支持者の95％が既に投票決定態度を示している。男女別でみれば，男性78％，女性67％が，職業別では，経営者・管理職層，大企業従業員・公務員，農林漁業者では80％以上が態度決定をしているが，中小企業従業員，家庭婦人，学生では33〜37％が未定となっている[35]。この調査は，滋賀県全域を対象としているため，必ずしも大津市地域の実情を正確に反映しているとはいえないが，その大枠においては該当性を有するであろう。

第5節　まとめ

　最後に，中道革新統一候補の勝因についての一応の総括を行い，それを通して大津市における〈滋賀方式〉の政治的効果について言及しておこう。中道革新統一候補勝利の決定的要因は，地元大津市における圧倒的得票であった。この政治現象は，有権者の交差投票（衆議院→参議院地方区）の結果現出したものであった。しかも，その交差投票は，同一時期，同一状況下における，有権者の同時判断（選択）の結果としてのそれである。有権者が投票行動を決定した政治的態度には，種々の要因が複雑多岐に交差している。換言すれば，判断（選択）材料が千差万別であったということである。大別すれば，①候補者の個人的要因，②当該候補者を包含する組織的要因，③それらをさらに包摂する環境的・状況的要因（県および全国的政治情勢）の3つの要因が，相互に連関性を保持した形で，有効な判断（選択）材料として有権者の側に提示されたのである。そのうちのどれを最も有力な判断基準としたかは，有権者個々人によって差異がある。その差異性は，デモグラフィック要因別に検討を試みることによってある程度の説明は可能となる。

　そこで，中道革新統一候補に投票した有権者についてみてみると，次のようなことがいえるのではないだろうか。基本的要因からみれば〈政党支持の幅〉をもった有権者，換言すれば，支持を特定の政党に限定せず，〈拒否政党〉以外の政党に対しては選択の幅をもって柔軟に対応した有権者が第一義的なものとして考えられる。この中には，比較的支持幅が狭いと考えられる労働組合員と，比較的支持幅が広いと考えられる一般有権者とが包含されている。前者は，投票への動機づけに作用する外的条件の一つである集団影響[36]を直接的に受けている。この社会集団の影響過程を個人・集団・政治的環境の関係から検討すれば次のようになろう。「個人と集団の関係は，個人の側からいうと，集団への参加過程ないし動機，集団の側からいうと，集団成員にたいする集団規範の規制が問題となる。両者の関係は相互的であり，集団への同一化の程度が高いほど，集団規範に準拠して行動したり，規範に合致するよう態度が変容される確率が高く，同一化の程度が低いほどその規制は

強い集団圧力として作用する。集団の政治的規範はまた，集団の目標や政治過程への関与のなかで発達してくるので，政治環境とくに選挙状況との関係でいえば，集団目標や利害と選挙争点との関係，集団による特定候補者の支持，推薦，選挙運動の展開のいかんによって集団の政治的重要性は異な」[37]ってくる。

　このような集団影響を強く受けたと考えられる有権者の投票参加率は，今まで考察してきたことを総合すれば極めて高いといえよう。ただ，このような有権者が，自己の帰属集団の規範とどのような関連性をもって行動したかを明らかにするには，さらに詳しい分析を必要とするが，それに関する資料が乏しいため，ここではそれへの言及を断念せざるをえない。

　他方，後者は，政治的環境，とりわけ政治的雰囲気のインパクトによって自己の投票態度を決定したと考えられる。もっとも，その根底には，当該有権者の候補者個人に対する投票参加を動機づけるほどに好意的な対人認知および，あるいは当該候補者を擁立した支持母体に対する好意的認知が存在したといえよう。このカテゴリーに属する有権者は，これまでの考察過程から次のような人々が考えられる。すなわち，支持政党なし層，無党派層，その中でもとりわけ女性（その多くは家庭婦人），若年層（その典型は学生），中小企業従業員，事務技術職等である。これらの有権者が，自己の生活感情，生活意識や職業意識を基底にして，さらに，マス・メディア，パーソナル・メディアを媒介にして中道革新統一候補への投票を決定したと考えられる。換言すれば，交差投票（衆議院→参議院地方区）を行った有権者に，そのような行動をとらしめた有力な要因の一つが，大津市長選挙における各党派，労働団体の組織的対応の様態であり，それとの連関性の中で交差投票の動機づけが醸成・培養され，その上，市長選挙の無投票当選という中道革新連合勢力にとって好都合的結果が，他の政治的雰囲気と相俟って，選挙戦の終盤においてそれを決定づける方向に波及的インパクトを与えたと考えられる。つまり，有権者を投票へと動機づけるに十分な個人的資質を有している統一候補者を，さらに労働4団体，野党4党が共闘態勢を組織化し，構造化する

第5章 〈滋賀方式〉の政治的効果 —— 157

ことによって〈政党支持の幅〉を持つ有権者をも投票参加への過程に導いていったのであり，それを可能ならしめた最大の要因の一つが，参議院選挙と市長選挙とを有機的に連関させて，中道革新連合勢力が選挙の主導権を掌握することができたこと，さらに連合組織としての〈県民連合〉が大津ブロックで効率よく機能したこと[28]に見い出されるのである。そのような意味で，〈滋賀方式〉は両選挙を通じて，上述の有権者を中道革新統一候補への集票過程へ誘因する機能を可能的最大限に果たしたということができよう。また，その点に共闘形態としての〈滋賀方式〉の政治的効果があった，ともいえるのである。

註
(1) それについて，武村知事は次のように述べている。「私が，どちらかを応援すれば，選挙後県政が混乱する。……，いまも私の本籍地は労働4団体と思っている。しかし，知事は4団体だけのものじゃない。県民の代表だから，現住所は県民党です」(『朝日新聞』1980年6月3日付)。この中立宣言は県政のオール与党体制での矛盾を，「県民の代表」「県民党」という一般的抽象概念でもって回避あるいは極小化するという方向で矛盾契機を処理し，今後の県政をシステムの均衡状態を保持することによって運営していきたいとする公人としての意識が強く働いた結果とみることができよう。また，「どちらかを応援すれば」という二者択一的表現から，知事は山田，望月両候補を念頭において見解を述べているように理解できる。ということは，「応援」という政治的行為に関しては，共産党候補への配慮がないことを意味しているといえる。
(2) 新政会は1976年5月に結成された会派で，自民党籍を有する議員が20人いる。この会派は，昭和30年前後の市民クラブ（自民党公認議員），市民同志会（保守系無所属議員），40年代の同志会（多数が自民党員）の流れを受けついでいる。2期にわたる山田革新市政においては，野党の多数会派であったが，予算修正や議案の否決はなく，革新市政への牽制を専らの機能としていた。また，大津市議会（定数40）の議員構成は次のようになっている。新政会22人，革新議員団（社会党，民社党）8人，共産党議員団5人，公明党議員団4人，保守系無所属1人。
(3) 共産党議員団は，「西大津・京滋バイパスの早期解決にあたる」という項目が協定に盛り込まれていることに対して〈住民本位の市政〉に反するとして抵抗した。
(4) 『朝日新聞』1980年5月24日付。
(5) また，1972年，当時市の企画部長だった山田豊三郎は，9月の大津市長選挙の際，労働4団体，社会党，共産党の推薦を受けた山田耕三郎の対抗馬として，当時の野崎欣一郎知事，長田稔元県議，井上良平県議らから出馬要請を受けたが，彼らに市長の座を追われた西田善一が当人に代わって立候補を断わったといういきさつもあったといわれている（小杉正美「野崎，上田の腐蝕の軌跡」『滋賀ジャーナル』1976年12月号，p.14)。
(6) 7者を主体とする連合組織〈80年代をみんなでつくる市民連合〉が，5月26日に旗揚げされた（結成は5月8日）。また，この無投票当選の背景には，辻山清日本労農党委員長（奈良県在住）の立候補辞退という事実が存在する。立候補辞退の理由について辻

山は，「これ以上市政を混乱させてはいけないと思った。初めは無投票を阻止しようと考えたが，無投票もひとつの信任の形だと考えが変わった。それに市民連合の代表の人が私の主張を今後の市政運営で生かすと約束したので降りた」と述べている（『毎日新聞』1980年6月7日）。しかし，単独推薦した新政会は，選挙後臨時総会を開いて，参議院選挙などでの山田の態度について「一党一派に偏している。（政治への）態度があいまいで，優柔不断である」として，市長選挙での推薦を取り消すとともに，野党宣言を表明した（7月7日）。その主旨は次のとおりである。①オール与党で一党一派に偏さないと言明しながら革新の参院選候補を執務中に応援した。②6月5日の大津市長選挙告示日にオール与党の山田氏が自民党，共産党，社民連を除く衆議院候補から激励を受けた。③革新市長会に入るとの発言をした。④所信表明に「革新」の文字が入っていない。これに対し，山田市長は「市民連合（市長選の支持母体）と話し合って，出陣式（市長選告示日）の形式をとった。市長になっていないのに革新市長会に入ると記者会見で発言したのは陳謝するが，革新市長会は政策勉強の場である。革新の文字はないが，所信表明では市民本位という革新の理念を述べた」と，革新市政を継承発展させていくことを示した（『朝日新聞』1980年7月8日付）。

(7) 拙稿「共闘形態における〈滋賀方式〉－組織過程論的視座からの分析－」『佛教大学大学院研究紀要』第9号，1981年，pp.149-150。

(8) 結果的に，参議院選挙では全面対決，市長選挙では単独支持という事態になったことに対して，西田清県副委員長は次のように述べている。「政党の都合や，大津の共産党票がどうなるかという損得の問題ではない。革新の立場を貫いたということだ。共闘については誠意をもって対応したが，向こうが取り込まれてしまった。全野党が成らなかったことについて，こちらが反省する点はない」（『朝日新聞』1980年5月27日付）。

(9) 西田副委員長の発言。『京都新聞』1980年5月29日付。

(10) 6月14日の「KBSタイムリー10」の討論会での桐山ヒサ子候補の発言。

(11) Giovanni Sartori, *Parties and Party Systems*, Volume I,Cambbridge University Press,1976. （岡沢憲美・川野秀之訳『現代政党学Ⅰ－政党システム論の分析枠組み－』早稲田大学出版部，1980年，p.230）。

(12) G・サルトリ『前掲訳書』p.231。

(13) G・サルトリ『前掲訳書』p.230。

(14) 例えば，大津市在住のある有権者は，次のように述べている。「もともと保守だが会社の労組が民社なので，衆院は民社，参院地方区は自民。政党は違うが矛盾は感じない。民社も防衛に力を入れているし，自民によく協力している」（『京都新聞』1980年6月23日付）。

(15) 柳井道夫・飯田良明『現代の選挙』潮出版社，1975年，p.42。

(16) Maurice Duverger , *Les Partis Politiques*, I'ed,1951,Libraire Armond Colin．（岡野加穂留訳『政党社会学』潮出版社，1970年，pp.36-38）。M・デュベルジェによれば，地方幹部会は，その構造において家柄かまたは自由競争の結果生じたところの伝統的な社会エリート集団であり，その構成においても（弱い共同組織，個人的重要性の優勢），彼らは上層および下層の中産階級の影響を代表している。そして，彼は，具体的な構成員として大工業家，銀行家，宗教家，商人，中小企業家等を挙げている。

(17) M・デュベルジェは，細胞組織を次のように特徴づけている。細胞組織の集団の基盤は職場と地域であり，両者は補完関係の中に位置づけられる。集団構成員の規模においては，支部組織よりもはるかに小さなグループであり，その性質においては，恒常的な接触を保持し，細胞構成員は規則正しく強固で有効な規律によって行動を規制されてい

る（『前掲訳書』pp.44-52）。
⑱　具体的には，党選挙対策本部を設置し，県内102支部を核に，保守系県議，市町村議，衆議院議員の山下元利，宇野宗佑両後援会，参議院議員の河本嘉久蔵後援会など党内勢力総動員で臨むというものであった。
⑲　直井道子「政治意識，投票行動，世論」綿貫譲治編『社会学講座7・政治社会学』東京大学出版会，1973年，p.22。
⑳　直井道子「前掲論文」p.23。
㉑　直井道子「前掲論文」p.35。
㉒　直井道子「前掲論文」p.35。なお，註⑲〜㉒については，三宅一郎・木下富雄・間場寿一『異なるレベルの選挙における投票行動の研究』(創文社，1967年)を参照されたい。
㉓　ＮＨＫ世論調査所『全国県民意識調査』日本放送出版協会，1979年，p.18。
㉔　『全国県民意識調査』p.432。
㉕　京都新聞社が実施した電話アンケート調査（対象80人）の結果より（『京都新聞』1980年6月15日付）。また，衆議院は自民党候補に投票したが，「解散の経過や地元から山田さんが出馬したので，これまで棄権していたが，投票に」（『京都新聞』1980年6月23日付）という有権者も存在する。
㉖　直井道子「前掲論文」p.36。
㉗　『全国県民意識調査』p.505。
㉘　『全国県民意識調査』p.513。
㉙　『京都新聞』1980年6月17日付。
㉚　大津市のある有権者（男性，会社員，32歳）は，次のように述べている。「もともと，生活に政治がどうかかわっているかどうかで関心が出てくるものと思うんです。今回の場合は，金権批判とか，衆院解散によるハプニングのダブル選挙，そこへ大平さんが亡くなった。なにか目新しい事件が集中的に起こったから，事件を通して選挙に関心があるのではないか」（だから政治への関心が高まっているとはいえない）（『京都新聞』1980年6月17日付）。
㉛　これに関して次のような意見がある。「生活に選挙が結びつかないから，主婦の関心は低くなり，男の場合は職種や職場で選挙へのかかわりが，ポストなど置かれている立場の違いはあるが，生まれてくる」（大津市の男性，32歳），「政治とは関係がないとか，だれがなっても同じは，なれっこになっている。この人に入れたい，という気持ちは少ない」（大津市の主婦，32歳）（『京都新聞』1980年6月17日付）。
㉜　間場寿一「投票行動と政治的態度」秋元律郎・森博・曽良中清司編『政治社会学入門－市民デモクラシーの条件－』有斐閣，1980年，p.177。
㉝　直井道子「前掲論文」p.36。京都新聞社の電話アンケート調査でも「政党」を投票の選択基準に選んだ有権者が80人中30人(37.5％)も存在したことは，この仮説の信憑性を高めている。
㉞　『全国県民意識調査』p.750。
㉟　『毎日新聞』1980年6月19日付。
㊱　間場によれば「投票行動にたいする集団影響とは，諸個人が所属または準拠する集団の政治的規範や他の成員の投票傾向を認知することによって生ずる，投票志向態度の強化・変容を意味している」（「前掲論文」p.185）。
㊲　間場寿一「前掲論文」pp.185-186。
㊳　その概略については拙稿（「前掲論文」p.154）を参照されたい。

第6章　選挙協力形態の変容過程と民主政治
―滋賀県における首長選挙を中心に―

第1節　問題の所在

　今年（1982年），滋賀県下の地方選挙は，知事選挙（任期満了12月6日）をはじめ，近江八幡市（4月25日），八日市市（11月30日）の両市長選挙，多賀町（2月14日。選挙結果は現職町長が無投票で4選），甲南町（3月31日），湖東町（6月6日），西浅井町（6月18日），土山町（10月20日），栗東町（11月17日），浅井町（11月22日）の町長選挙，甲南町（3月28日，定数16），蒲生町（4月19日，定数16），志賀町（5月2日，定数18）の町議会議員選挙が予定されている。〈地方の時代〉といわれて久しいが，近年の地方選挙（特に首長選挙）で著しい無投票当選あるいは無風選挙に対する批判（その大半は，政党エゴの「相乗り」によって，選ぶ権利や棄権という形で抵抗する権利を有権者から奪いとるということに対する批判－それは有権者の側の民主政治に対する危機意識の高揚によって発せられた有形・無形の抗議であるといってよいであろう）が高まり，それに対する具体的行動が徐々にではあるが，大都市，地方都市，町村の別を問わず全国的に芽生えてきている今日的状況の下で，109万滋賀県民の長を選出する知事選挙が，無投票になるのかどうかが現段階での焦点となっている。しかし，大方の予想は，現職の武村正義の無投票3選でほぼ一致している。わずかに〈滋賀の自然とびわ湖を守る市民の会有志〉という市民団体が，昨年12月5日，「開発という名の破壊をおし進めてきた」「革新勢力を骨抜きにした」など，武村県政を厳しく批判した内容を盛り込んだ「あなたをすいせんしない通知書」を武村知事に手渡したという抗議行動がみられるだけで，1月末現在，武村知事の3選立候補の意思表明をまたず，すでに50にも及ぶ各種団体，政党が武村

を推薦しているという状況である[1]。

　ちなみに，主要団体や政党の推薦あるいはそれに準ずる行為を『朝日新聞』の報道から列挙してみよう。推薦一番乗りをしたのは，自治体4団体のうち県市長会（会長・山田豊三郎大津市長），県町村会（会長・宇野勝野洲町長），県町村議会議長会（会長・野村政夫栗東町議会議長）の3団体で，1981年11月5日に武村知事推薦を決議し，推薦決議文や推薦書を武村知事に手渡した。3団体によると，琵琶湖総合開発事業，同和対策事業が重要な時機に来ていることなどから，政党レベルに先立つ早めの推薦決定になった，という。また，県市議会議長会（会長・藤井信一大津市議会議長）も1982年1月23日に，武村知事推薦を決議し，推薦書を手渡している。同議長会の推薦理由として，「草の根」県政への努力，琵琶湖総合開発事業への積極的取り組みに対する評価など4項目があげられている。なお，これら自治体4団体は，前回選挙でも武村知事を推薦している。

　その他主要な団体では，医療関係の政治団体である県医政連（藤井義顕委員長），県歯科医師政治連盟（井田勝造会長），県看護協会（園田美枝会長）など9団体が，1981年12月15日に武村知事に対して知事選挙への立候補を要請するとともに，推薦状を手渡した。なお，県看護協会は，今回はじめて武村知事を推薦した。

　政党レベルでは，既に自民党，社会党，民社党，公明党，共産党の主要5党がそれぞれ推薦の方向を公式・非公式に打ち出している。特に，自民党県連（河本嘉久蔵会長）は，前回推薦時とは全く対照的に，他党に先駆けて，1981年11月6日の役員総会（総務会）で武村推薦の方針を打ち出したあと，同月21日の第1回選挙対策委員会，12月5日の支部長・幹事長会議を経て，12月19日の第2回選挙対策委員会で正式に推薦を決定した。推薦理由について小林隆同県連幹事長は，琵琶湖総合開発計画の改定に対する取り組み姿勢をはじめ，過去3年間で自民党県連の政策を県政に取り入れてきたことを評価，さらに，琵琶湖総合開発特別措置法の延長，改定のための中央での大詰め交渉をスムーズに運ぶためにも早めの推薦が必要である，と説明している。

その他，自治体3団体（県市長会，県町村会，県町村議会議長会）の意向を尊重する必要があること，前回推薦した経緯があること，さらに現時点では，他に立候補の動きがないことなどが主な理由としてあげられている。

社会党県本部（野口幸一委員長）は，1982年1月31日の第4回定期大会で武村知事推薦を盛り込んだ82年運動方針を決定した。同党の運動方針では，第2期武村県政について，オール与党化の中で主任手当の支給など疑問視される動きもあるが，福祉の充実や琵琶湖富栄養化防止条例の制定などは評価できるとして，「草の根県政をさらに革新発展させねばならない」と規定し，同党としては支持母体政党として推薦し，自民党にややもすると傾く姿勢をいましめていきたいとしている。

その他，農業経営者や農協関係者らで結成している滋賀県興農政治連盟（足立友治郎会長，会員約5,000人）は，武村県政が農業に理解を示しているとの判断から1981年11月26日，同連盟の役員会，選挙対策委員会で正式に武村推薦を組織決定した。公明党県本部（中尾辰義本部長）は，1981年12月14日に開かれた県本部大会で，知事選挙についての党としての態度表明は避けたものの，「武村県政の『生みの親』というべき責任ある政党の立場で対処したい」と，武村知事擁立の方向に向けて積極的に取り組むことを決定した。同党は，琵琶湖富栄養化防止条例制定やびわこ国体成功などの点から第2期武村県政を評価している。

一方，日本共産党滋賀県委員会（古武家昇平委員長）は，第2期武村県政の実績に対する「見解」をまとめるとともに，知事選挙へ向けて，政策協定案を1982年1月11日に公表した。共産党の「見解」によると，福祉施策を充実させていること，琵琶湖富栄養化防止条例を制定したこと，県民や団体との対話を進め，住民とともに進む姿勢をとっていることなどをあげて，「武村県政は，革新県政としての基本は貫いている」と，一定の評価をしている。しかし，琵琶湖総合開発計画の改定に当たっては，毎秒40tの新規利水と，これによる1.5mの湖水低下という現計画の基本に手をつけなかったことなどをあげて，「自民党と妥協する傾向がみられる。1期目とはちがって弱点，

不十分さもつくり出している」と，武村批判も付け加えている。また，同党が示した政策協定案は，福祉滋賀の前進，琵琶湖と自然を守るなど5本の柱のもとに「琵琶湖流域下水道計画の見直し」「情報公開制度のすみやかな実現」「障害者雇用の率先」など61項目から成っている。現時点における共産党のねらいは，第2期武村県政の出発点で自民党県連の推薦を受け入れたこと，革新県政を支える全県的な共闘組織が選挙時だけの一時的なものにとどまっていることなどによって，武村県政の革新色が弱くなってきたとの現状分析から，「自民党による革新県政の変質と武村知事取り込みの策動」に対抗して，当面，社会党や労働団体などによびかけ，"統一戦線"を結成し，さらに県民の力を集結することにあるとみられる。

また，滋賀県では中道・革新政党と親密な関係を保持してきている滋賀労働4団体（総評滋賀地評，滋賀地方同盟，滋賀中立労協，新産別滋賀地協）も，1982年1月8日の「82年県労働組合統一旗びらき」で，山元勉地評議長が冒頭の代表挨拶で，「ことしは知事選挙の年でもある。知事選挙に勝利して革新県政を守るために，力を合わせて取り組みたい」と，武村知事3選に向けての決意表明をしている。

このように，今秋の知事選挙をめぐる情勢は，主要政党や主要団体が多少のニュアンスの相異を含みながらも，公式・非公式に推薦・支持を表明している中にあって，現職の武村知事が，いつ3選への立候補を表明するかに焦点がしぼられてしまっている。もし武村知事が3選出馬を表明すれば，おそらく無投票当選となるであろう。そのような事態になれば，滋賀県の有権者は2度（8年）にわたり県の首長を選ぶ権利（投票権を行使する機会）を実質的に奪われることになる。特に，各政党が自党支持者（とりわけ有権者）の意思を忠実に代表し，あるいはまた，自党に好意をよせる人々の意見をも政治の場（議会）に反映させ，支持層に対して責任ある政治的行為をとる姿勢を堅持していると考えられるならば，政策やイデオロギーを異にする多数の政党が，当選可能とみる候補者（予定者）にこぞって「相乗り」することは本来的にありえないことである。しかし現実は，〈勝ち馬〉に相乗りする

傾向が，首長選挙では定着してきている。これは，否定すべくもない厳然たる客観的事実である。これには政党の打算（党利党略的思考）が大きく稼働していると考えられる。一般的には，首長の与党になることによって議会での発言権を強化し，議会運営の主導権を握る。さらに，議員選挙に際しては，首長の中立あるいは支援によって選挙戦を有利に展開し，議席増を図る，などの理由があげられるであろう。しかし，各党がこぞって与党化し，住民の意思や権利を無視あるいは軽視するような協調や妥協が安易に行われれば，地方政治の活力は弱体化するばかりでなく，地方政治そのものの存在意義が根本的に問われることになる。それは，つきつめていえば，〈草の根政治〉とは何か，〈地方の時代〉とは何か，〈民主政治〉とは何かという根本的な問題提起が，政治原理としての民主主義の危機的状況の中でなされることを意味しているといえる。言葉をかえていえば，この問題提起は，政党本位というよりはむしろ政党エゴによる政治の私物化を打ち破り，住民本位の政治を確立するために，住民自身が地域の中でいかに自らを位置づけ，行動すべきかということを根本的に問うているのである。本論の目的も，民主政治の危機的状況に警鐘を打ちならすとともに，住民本位の政治を確立するための道標を，滋賀県の首長選挙，とりわけ知事選挙，市長選挙の具体的分析を通していささかなりとも提示してみることにある。

第2節　全国的レベルでの共闘形態の変容過程

　近年，特に1970年代後半あたりから，中央政治において中道政党（とりわけ民社，公明両党）の保守側（自民党）への歩み寄り現象が著しくなってきた。また，地方政治，特に首長選挙においても，同様の現象あるいは保守側（自民党）の中道革新勢力へのナダレ込み現象が著しくなってきた。この2つの政治現象は，保守・中道路線が「現実主義的対応」を基本原則として，大きな流れとして定着しはじめたことを意味している。特に，民社党や公明党が，「革新政党ではなく，現実対応型の政党であり，つねにキャスティングボードを握ることをモットーとする政治行動パターンをとることを定石と

する政党」，その意味では，「統治能力を氷久に実証しえない浮動的な政党」[12]であると理解すれば，中道政党の保守傾斜，より精確には，〈状況への迎合化〉現象の説明はつくであろう。ただ，このことは，投票行動という政治参加を通じて政党への支持あるいは不支持の態度を明確化する行為主体としての有権者や地域住民の保守化あるいは状況への迎合化とは必ずしも符合するものではないし，また，両者は大いに関連性をもつとしても，決して同一次元で取り扱われるべきものではない。さらに，地方政治の保守・中道化現象も，必ずしも地域住民が保守・中道化したことと軌を一にするものではない。このような政治現象は，政党が〈政党の論理＝勝ち馬志向（＝与党化）の論理〉に基づいて醸し出した歴史的産物である。ここでは，政治の保守・中道化現象そのもの，あるいはその是非を論ずることに主要目的があるのではなく，本来ゼロサム的な競争原理に基づいて行われるべき首長選挙において，政党レベルでの選挙協力が果たしている役割・機能（その功罪）を無投票選挙あるいは無風選挙と投票率の低下（→最低投票率の多発化）とのかかわりの中で実証的に考察していこうとするものである。そこでは必然的に日本の政治風土の功罪が，地域住民の意識構造，思考様式，行動様式等とのかかわりで実質的に問われることにもなる。

　最初に，全国的に知事・市長選挙の共闘形態別当落の結果が，どのような傾向を示してきているかについてみてみよう。まず，1980年には9県で知事選挙，38都道府県の110市で市長選挙が行われた。その結果をみてみると，〈自民・民社型〉が7勝2敗（勝率77.8％）…自・民型：4勝1敗（無投票当選1），自・民・新自ク型：3勝1敗，〈自民・公明・民社型〉が18勝0敗（勝率100％）…自・公・民型：13勝0敗（無投票当選3），自・公・民・新自ク型：4勝0敗（無投票当選1），自・公・民・社民連型：1勝0敗，〈自民・社会提携型〉が12勝0敗（勝率100％）…自・社・公・民型：5勝0敗，自・社・公・民・新自ク型：2勝0敗，自・社・公・民・社民連型：3勝0敗，自・社・公型：1勝0敗（無投票当選1），自・社・民型：1勝0敗（無投票当選1），〈大連合型〉が3勝0敗（勝率100％）－自・社・公・民・

共・新自ク・社民連型：1勝0敗, 自・社・公・民・共型：1勝0敗（無投票当選1), 自・社・共型：1勝0敗（無投票当選1),〈革新・中道型〉が14勝7敗（勝率66.7％)…社・民型：1勝1敗, 社・民・社民連型：1勝0敗, 社・社民連型：0勝1敗, 社・公型：0勝3敗, 社・公・民型：2勝1敗, 社・公・民・社民連型：1勝0敗, 社・公・民・共型：3勝1敗（無投票当選1), 社・公・民・共・新自ク・社民連型：1勝0敗, 社・公・民・共・社民連型：2勝0敗（無投票当選1), 社・公・共型：1勝0敗, 社・民・共型：1勝0敗, 社・共・社民連型：1勝0敗,〈社会・共産型〉が5勝5敗（勝率50.0％)（無投票当選1), その他の共闘形態として, 社・新自ク型：1勝0敗, 沖縄社会大衆党（公認)・社・公・共型：1勝1敗, 自・新自ク型：0勝1敗となっている。また, 政党の共闘なしで当選した知事・市長についてみてみると, 自民党公認6（無投票当選1), 自民党推薦無所属8（無投票当選2), 社会党推薦無所属2, 公明党推薦無所属1, 共産党推薦無所属1, 保守系無所属37（無投票当選14), 革新系無所属1, その他無所属2（無投票当選1)となっている。

　この結果から, 次のような特徴が指摘できるであろう。第1に, 共闘形態が非常に複雑多岐に分化していることである。このことは, 政党の共闘なしで当選した知事・市長のケースが少ないことを意味する。特に, 党公認あるいは党単独推薦で当選した首長は極めて少ない（18選挙で, 全選挙中に占める割合は15.1％にすぎない)。その中にあって, 自民党が加わった共闘は29形態のうち14形態・43選挙に及び, そのうち40の選挙で当選者を出している。勝率は実に93.0％の高率である。特に,〈自民・公明・民社型〉〈自民・社会提携型〉〈大連合型〉は勝率100％である。それに対して, 自民党を除いた共闘は15形態・34選挙で, 21勝13敗（勝率61.8％)である。第2に, 推薦・支持政党数別に共闘形態をみてみると, 2党共闘型は7形態・23選挙で, 11勝12敗（勝率47.8％)である。これには社・共型, 自・民型が多い。3党共闘型は10形態・27選挙で, 25勝2敗（勝率92.6％)である。この型では, 特に自・公・民型が半数を占めると同時に, 全ての選挙で勝利をおさめている。

以下，4党共闘型は6形態17選挙で15勝2敗（勝率88.2%），5党共闘型は4形態・8選挙で8勝0敗（勝率100%），そして，6党以上の共闘型が2形態・2選挙で2勝0敗（勝率100%）である。この結果から，3党以上で共闘関係が成立すれば勝率が極めて高くなり，特に，5党以上が共闘すれば勝率は100%となることが指摘できる。第3に，政党別に共闘選挙の勝率をみてみよう。自民党は40勝3敗（勝率93.0%），公明党は43勝6敗（勝率87.8%），民社党は40勝5敗（勝率88.9%），新自由クラブはは12勝2敗（勝率85.7%），社民連は10勝1敗（勝率90.9%），社会党は36勝13敗（勝率73.5%），共産党は18勝7敗（勝率72.0%）となる。このように，共闘選挙においては各党とも総じて高い勝率を示しているが，特に，保守・中道政党の勝率は革新政党のそれよりも高いといえる。

　このことは，保守・中道政党は〈勝ち馬志向〉が顕著であることを意味しているといえよう。とりわけ公明，民社両党にその傾向が著しい。ただ，自民党の場合には，候補者が本来保守系であることが多く，それ故に推薦・支持をしたケースが考えられるので，中道政党ほどは〈勝ち馬志向〉的ではないかもしれない。しかし，自民党独力で候補者を当選させることは困難な情勢になってきたということは確実にいえるだろう。他方，革新勢力はどうであろうか。1975年の統一地方選挙時は，自・民対社・公・共というのが基本的な対決パターンであったが，その後，公明党が保守寄りを鮮明にし，また，社会，共産両党間のミゾも深まり，とりわけ1980年1月10日の社会，公明両党間の共産党排除を前提とした連合政権構想合意後は，社・共型共闘は減少している。中でも社会党の危機感は，知事・市長選挙の約6割が不戦敗という状況の下で一層深刻さを増している。例えば，知事選挙においては，知事与党の中核としての地位を維持したのは埼玉，岡山，三重の3県のみで，群馬，福島，長野，富山，山口の5県では推薦・支持候補を擁立できず，奈良県では賛否両論が渦巻く中で自・公・民共闘に相乗りするなど最大野党としての主体性が厳しく問われる状況に陥っている。第4に，共闘形態が多様化し，複雑化するに伴って投票率が低下し，あるいは，無投票当選も増大して

いることが指摘できる。例えば，群馬，山口，福島，長野，岡山，富山，三重の7県知事選挙で戦後最低を記録したのをはじめ，奈良，福岡など17市長選挙が戦後最低となり，投票率5割を割った市長選挙が14にものぼっている。

また，無投票当選は市長選挙で30を数え，全体の27.3％を占めている（知事選挙では無投票当選なし）。これを共闘形態とのかかわりでみてみると，共闘選挙になった場合が12（40％），政党の共闘がない場合が18（60％）となっている。この数字からみる限り，政党の共闘と投票率の低下とは大きな相関関係にあるといえるが，政党の共闘と無投票当選との関係は確かに正の相関関係にはあるが，前者の場合ほど緊密ではない。むしろ，無投票当選は保守系無所属の首長が37人中14人（37.8％）を占めているという客観的事実から，革新政党（とりわけ社会党）が対立候補を主体的に擁立しえないことが主要な原因になっていると思われる[3]。

これらの諸特徴を，さらに1981年に行われた7県知事選挙，136市長選挙（東京都千代田区長選挙を含む）の結果を分析する作業を通して検証してみよう。まず，知事選挙からみていこう。7つの選挙のうち政党の共闘がなかったのは2県（鹿児島：自民党公認，千葉：自民党推薦）だけで，5県で共闘選挙が成立した。その内訳は，自・公・民型が3県（岐阜，宮城，広島），自・公・民・社民連型が1県（山形），社・公・民型が1県（徳島）となっている。徳島県知事選挙では公式的な協力関係からみれば革新・中道型であるが，当選した三木申三は自民党田中派の後藤田正晴代議士派であるため，実質的には自・社・公・民の〈自民・社会提携型〉であるといえる。これらの大半は，共闘選挙での中道政党の保守傾斜によって現出したものであるといえる。公明党は，前回選挙では岐阜，宮城，山形，広島で「反自民」側か自主投票だったのが，今回選挙では自民党との協力に転じている。民社党は岐阜で，社会民主連合は山形で今回は正式に現職支持にまわっている。従って，知事選挙においては明らかに中道政党の〈勝ち馬志向〉（＝保守傾斜，与党化）現象が立証されている。

次に，市長選挙についてみてみよう。まず第1に，政党の取り組み方（公

認, 推薦, 支持)に沿って分類し, 前回選挙との比較を通して検討してみると, 次のような変化がみられる(括弧内は前回選挙時の数字)。〈保守型〉(自民党, 保守系無所属)市長は136人のうち53人(78人)で39.0%(57.4%)を占める。以下,〈中道型〉(公明党, 民社党)市長:7人(3人)で5.1%(2.2%),〈保守・中道型〉市長:36人(17人)で26.5%(12.5%),〈非共産相乗り型〉(自民・社会提携型)市長:10人(6人)で7.4%(4.4%),〈総相乗り型〉(大連合型)市長:7人(3人)で5.1%(2.2%),〈革新・中道型〉市長:10人(11人)で7.4%(8.1%), その他:1人(3人)で0.7%(2.2%)となっている。このように政党の公式的な協力関係のみからみてみても, 党公認または党単独推薦(特に自民党)による当選は大幅に減少し, 逆に, 保守・中道型, 大連合型, あるいは中道型が大幅に増大していることが指摘できる。さらに, 正式に推薦・支持を決めなくても実質的に協力関係にある場合を加味すると, 保守型は69人から33人に52.2%減となり, 保守・中道型は22人から51人へと231.8%増となっている。この現象は, 明らかに保守系候補に中道政党が相乗りした結果によるものであるといえる。

　第2に, 勝敗および勝率についてみてみよう。保守型:53勝40敗(勝率57.0%), 中道型:7勝1敗(勝率87.5%), 保守・中道型:36勝5敗(勝率87.8%), 革新・中道型:10勝2敗(勝率83.3%), 革新型:12勝43敗(勝率21.8%), その他(自民・社会提携型, 大連合型, その他):18勝17敗(勝率51.4%)という結果になっている。このように中道政党の高い勝率は,〈勝ち馬志向〉によるものとみてほぼ間違いないであろう。

　第3に, 投票率の低下(最低投票率)と無投票当選についてみてみよう。最低投票率を記録した選挙は32で, 市長選挙全体の23.5%に当たる。また, 無投票当選は28で, 20.6%に当たる。前年選挙の最低投票率を記録した選挙は15.5%(17選挙), 無投票当選は27.3%(30選挙)であったから, 両者を比較してみると, 最低投票率を記録した選挙はかなり増加したが, 無投票当選は, 逆に減少していることになる。さらに, その内容を詳細に検討するため, 当選回数, 当選者の出身, 推薦, 支持政党別に分析してみよう。表1から次

のようなことがいえよう。

　第1に，当選回数については，無投票当選・最低投票率を記録した選挙とも現職の再選・3選で7割近くを占め，その他の選挙と比較するとその割合は大きい。第2に，当選者の出身についてみてみると，どのような形の選挙でも，〈役人型〉〈議員型〉が8割以上を占めている（136人中，役人型は59人，43.4％，議員型は55人，40.4％，その他は22人，16.2％となっている）が，とりわけ無投票当選は，〈役人型〉が過半数を占めている。これは，政党や各種団体が主として選挙のおぜん立てを整えて，行政のエキスパートである役人出身者をかつぎ出すケースが多いためであると考えられる。また，今回初当選した34人のちょうど半数の17人が役人出身者であるという客観的事実は，今日の低成長時代にあって，実務レベルでの手堅い政策をする人物を政党や各種団体が求めているということをある程度立証しているといえよう。しかし，このような現象が，当該地域住民のニーズに合致しているとは必ずしもいえない。第3に，政党の組み合わせの観点から，前回選挙との比較をしてみると，全般的に保守型の大幅減，保守・中道型，相乗り型（自民・社会提携型，大連合型）の大幅増という現象がみられる。さらに，それを分類別にみてみると，無投票当選は保守型が過半数を占めているが，中道政党の相乗り型（保守・中道型，相乗り型）も3分の1に達している。また，最低投票率を記録した選挙は，保守・中道型が4割を占め，それに相乗り型を加えると実に6割に達する。最低投票率を記録した選挙の53％が，対立候補は実質的に共産党系だけという事実に鑑みれば，明らかに政党の相乗り現象が有権者の選挙への関心を薄めているといえる[4]。

　これまで1980年と81年に行われた全国の首長（知事，市長）選挙を具体的に分析し，考察してみたのであるが，ここで，分析結果の特徴の概略を整理しておこう。第1に，知事，市長両選挙とも保守・中道連合が主導性を発揮し，とりわけ，中道政党の〈勝ち馬志向〉（＝与党化，保守傾斜）が鮮明になってきている。中道政党にとって，革新政党（特に社会党）と連携するよりも保守（自民党）と提携した方が勝率が高くなるという政治力学上の条件を鑑み

れば，中道政党のこのような傾向は今後も持続していくものと考えられる。そして，それに伴って，保守型（党公認，党単独推薦）が減少してきているし，今後も減少していくであろう。これらの影響は，現在のところ革新政党（とりわけ社会党）にまで及び，自民・社会提携型，大連

表1　低調選挙の分析（1981年の市長選挙）数字は%

当選回数	無投票当選	最低投票率	その他
1回	18	19	30
2回	32	28	30
3回	36	38	22
4回以上	14	16	17
当選者の出身			
役人型	54	41	41
議員型	29	44	43
その他	18	16	16
推薦・支持政党（括弧内は前回）			
保守型	54 (75)	28 (44)	38 (57)
中道型	4 (4)	0 (0)	8 (3)
保守・中道型	18 (4)	41 (31)	24 (8)
相乗り型	14 (7)	19 (9)	9 (5)
革新型	4 (4)	6 (16)	12 (12)
その他	7 (7)	6 (0)	9 (16)

註：①無投票当選は28市，最低投票率は32市，その他は76市。
　　②端数処理のため必ずしも100％にならない。
　　③〈役人型〉は市助役，収入役，教育長，部課長など，市職員や県職員の「行政マン」を意味し，〈議員型〉は市議，県議出身者などを意味する。
　　④当該表は，『朝日新聞』（1981年12月27日付）より一部変更して引用。

合型の増大をもたらしてきている。第2に，共闘選挙との関連で無投票当選，無風選挙（投票率の低下→最低投票率）をみてみると，無投票当選に関しては確かに正の相関関係がみられるが，今のところ保守型ほどには大きくはない。しかし，無風選挙との関係においては大きな相関関係がみられ，とりわけ，保守・中道型に顕著である。このような政治現象を醸し出した責任の一端は，最大野党の社会党が候補者擁立を見送るか，あるいは，自民党推薦候補に安易に相乗りするという責任政党としての主体性を欠如した政治的行為に見出しうるといえよう。

　以上，首長選挙に関する全国的傾向の概略を考察してきたのであるが，次に滋賀県での傾向を全国との比較で検討していくことにしよう。

第3節　滋賀県における共闘形態の変容過程

　表2は，滋賀県の首長選挙における共闘形態と各自治体の議員構成を示したものである。この表から次のような特徴が指摘できるだろう。第1に，各市長の当選回数の特徴をみてみると，概して県北部では多選傾向がみられる。とりわけ，彦根市の井伊直愛市長は，富山県高岡市の堀健治市長（保守系無所属，自民・民社推薦，1980年4月27日当選，73歳）に次いで全国で2人目の8選市長となった。それに対し県南部の各市長の当選回数は1ないし2回である。第2に，無投票当選については，7市長のうち5市長が経験している。

　その内訳をみてみると，連続2回無投票だったのは長浜市長だけで，他の

表2　滋賀県の首長選挙における共闘形態と議員構成

	現職首長	当選回数	推薦・支持	投票有無	執行日
長浜市 1943. 4. 1	片山喜三郎 （65歳）	4 ②	自民，民社，社会	無	1979. 10. 28
彦根市 1937. 2. 11	井伊　直愛 （70歳）	8	自民（公政会）， 社会，公明，民社	有	1981. 4. 12
近江八幡市 1954. 3. 31	井狩　貞之 （72歳）	4	保守系無所属	有	1978. 4. 9
八日市市 1954. 8. 15	山田正次郎 （68歳）	2 ①	自民，社会，公明， 民社，共産，新自ク	無	1978. 11. 12
守山市 1970. 7. 1	高田　信昭 （60歳）	2 ①	保守系無所属	無	1979. 1. 28
草津市 1954. 10. 15	春日　昂郎 （55歳）	2 ①	社会，公明，民社， 社民連，共産	無	1981. 2. 1
大津市 1989. 10. 1	山田豊三郎 （59歳）	1 ①	社会，公明，民社， 社民連，新政会，共産	無	1980. 6. 15
滋賀県	武村　正義 （47歳）	2 ①	自民，社会，公明， 民社，共産，新自ク， 社民連	無	1978. 11. 12

註：①各市の年月日は市制執行日を示す。
　　②当選回数の〇内は無投票当選の回数を示す。
　　③県議会選挙は1979年4月8日執行。
　　④市議会議員選挙は長浜市，彦根市，近江八幡市，大津市が1979年4月22日，八日市市が1979年7月22日，草津市が1979年9月9日，守山市が1979年9月23日にそれぞれ執行。

第6章　選挙協力形態の変容過程と民主政治 —— 173

4市長は今回選挙で初めて経験した。そのうち3市長（八日市市，守山市，草津市）は再選で，大津市長は初当選で経験している。全般的にいえば，県南部で無投票当選の傾向が著しいといえよう。第3に，今回選挙での政党の組み合わせ（共闘形態）についてみてみると，7市のうち5市で共闘選挙が行われている。共闘選挙が行われなかったのは近江八幡市と守山市であるが，これらはいずれも保守型（保守系無所属，近江八幡市長は自民党田中派の山下元利派，守山市長は自民党中曽根派の宇野宗佑派）である。共闘選挙は複雑多岐に分化しているが，〈自民・社会提携型〉が2市（長浜市，彦根市），〈大連合型〉が1市（八日市市），〈革新・中道型〉が2市（草津市，大津市）となっている。公式的な政党の協力関係の上からみてみると，県北部と県南

1982年1月31日現在

県議構成	市議構成	備考
民社1，無所属1	社会2，公明1，民社2，共産2，無所属17	現在，民社党県議は〈みんなで革新県政を育てる会〉に，無所属県議は自民党にそれぞれ所属。
自民2，社会1，育てる会1	社会2，公明2，民社1，共産2，無所属23	市長選挙対立候補は元市議（無所属，弁護士）。市議会では社会，民社，革新系無所属が新政会を結成。市議会最大会派は公政会（保守系）。
自民1，育てる会1	社会1，公明1，共産2，無所属20	市長選挙対立候補は保守系無所属。市議会の保守系は公政会（山本澄雄会長8人）と至誠会（岡地与三会長10人）に分裂。
県民クラブ1，無所属1	公明1，民社1，共産2，無所属18	県民クラブ，無所属の両県議は，現在，滋賀自治クラブに所属。市議選で社会党は公認候補を立てず。
自民1，育てる会1	公明1，共産1，無所属22	市議選で社会党は公認候補は立てず。市議会の最大会派は新政会（保守系19人）。
自民1，育てる会1，無所属1	社会2，公明1，民社1，共産2，無所属18	無所属県議は，現在，滋賀自治クラブに所属。今回の市長選挙は前回同様ブリッジ共闘（社・公・民ー社・共）。市議会最大会派は新政同志会（保守系）。
自民5，公明1，育てる会1，共産・革新共同2	自民4，社会2，公明4，民社2，共産5，無所属23	新政会（保守系）は市長選挙で単独推薦したが，山田市長当選後推薦を取り消した。社民連は単独推薦。共産党は単独支持。
自民27，社会1，公明1，共産・革新共同2，育てる会9，自治クラブ4		滋賀県民クラブ（6人）は1980年11月1日に解散，3議員が自民党へ入党。残り3議員は無所属議員1人を加え滋賀自治クラブを結成（1980年11月4日）。

⑤当該表は，『滋賀年鑑'79』（滋賀日日新聞社，1978年），『滋賀年鑑'80』（京都新聞社，1979年），『選挙の記録』（滋賀県選挙管理委員会），『朝日新聞』（1979年10月19日付，1981年1月23日付，1981年3月30日付），『全国市町村要覧ー50年版ー』（第一法規）より作成。

部とでは差異性がみられるが，実質的な協力関係を加味すると，革新・中道型の草津市や大津市でも市議会の保守系会派（構成議員の多くは自民党籍を有する）の協力を得ているので，全ての共闘選挙に自民党が関与していることが指摘できる。ただ，県北部では保守系候補に中道・革新政党が相乗りをし，県南部では逆に革新系候補に保守が相乗りするという違いがあることは認識しておく必要がある。また，革新・中道型の共闘選挙でも社会，公明，民社各党と共産党との間の協力関係は微妙で，草津市では社会党をはさんでのブリッジ共闘，大津市では共産党の単独支持という形をとっている。第4に，共闘選挙と無投票当選との関連をみてみると，知事選挙を含めた6首長選挙のうち5首長選挙で無投票となっている。実に83.3％の高率である。

　次に，これらの諸特徴を考慮しながら，共闘形態の変容過程を政党，労働団体を主体として検討し，それと無投票選挙とのかかわりについて若干考察してみよう。滋賀県における共闘選挙には，〈滋賀方式〉とよばれている共闘形態が十全の機能を果たしている。ここでは，この〈滋賀方式〉の変容過程を中心に論をすすめていこうと思う。共闘形態における〈滋賀方式〉とは，厳密には労働4団体が主体となって統一候補を擁立し，それに革新・中道政党が相乗りする共闘方式を意味する。従って，〈滋賀方式〉の基本形態は〈8者共闘〉（社会党，公明党，民社党，共産党，労働4団体）という形をとる。いまここで〈滋賀方式〉の変容過程の概略を，基本的にゼローサム的な競争原理に基づいて行われる選挙（首長選挙，県議会議員選挙－定数1の選挙区，参議院選挙－地方区）において検討してみよう。

　まず，〈滋賀方式〉の萌芽期は，1972年9月に執行された大津市長選挙にみられる。この時の選挙は，西田善一市長の引退によって，市助役（前県議会議員，自民党）の井上良平と県議会議員（社会党）の山田耕三郎の間で行われた。この選挙では社会，共産両党と総評滋賀地評，滋賀中立労協との間に協力関係が成立（民社党，滋賀地方同盟は自主投票），統一候補の山田が，2,966票の小差で井上を破ったのである（投票率72.38％）。従って，萌芽期の共闘形態は〈革新型〉であるといえる。〈滋賀方式〉の第2期は，1974年11

月執行の知事選挙にはじまる。この選挙では完全な〈8者共闘〉が成立し，統一候補となった前八日市市長の武村正義が現職の野崎欣一郎（自民党推薦）を8,324票の小差で破ったのである（投票率75.94％）。その後，1976年9月執行の大津市長選挙でも〈8者共闘〉が成立し，現職の山田市長が無投票当選（再選）した。また，1977年1月に執行された草津市長選挙でも，木内宗光市長の引退にともなって新人同士の争いとなり，〈8者共闘〉を背にした統一候補の春日昂郎が，前県議会議員（元社会党県本部副委員長）の山本秋造を2,728票差で破ったのである（投票率73.37％）。この第2期の共闘形態は完全な〈革新・中道型〉であり，厳密な意味での〈滋賀方式〉であったといえる。

ところが，第3期に入ってくると〈滋賀方式〉も大きな変化を示してきた。中央政治での情勢と相俟って，中道政党が主導権を握りはじめるとともに，自民党あるいは市議会の保守系会派が単独推薦・支持，あるいは実質的協力という形で統一候補に相乗りし，オール与党体制のもとで無投票当選という選挙パターンが首長選挙では定着しだしたのである。

具体的な事例をあげると，1978年11月執行の知事選挙，1978年11月執行の八日市市長選挙，1980年6月執行の大津市長選挙，1981年2月の草津市長選挙がそれに該当する。だが，県議会議員選挙や参議院選挙では，共産党を排除した〈非共産・中道革新型〉に移行している。例えば，1979年4月執行の県議会議員選挙（野洲郡，定数1）で広瀬雅三が，また，1980年6月執行の参議院選挙では山田耕三郎がこのパターンで当選している。従って，第3期の特徴は，首長選挙では中道政党の主導権掌握あるいは保守政党の相乗りによって革新色が薄められてきたと同時に，共産党を排除する，あるいは孤立化させる方向に進んでいるといえよう。

次に，〈滋賀方式〉によって擁立された統一候補の特徴について若干検討しておこう。過去の実例からすると，〈滋賀方式〉が成立している地域は全て県南部であり，〈滋賀方式〉による選挙戦での勝率は100％である。この結果がどのような原因に基づくかは断定しがたいが，組織的要因や環境的・状

況的要因とともに，やはり統一候補自身の個人的要因が大きなウエイトを占めるであろう。ここで首長選挙に限定して，統一候補の特徴を若干あげてみると，5人の首長のうち3人までが〈役人型〉であり，〈議員型〉およびその他は各1人である。〈役人型〉には武村知事（自治省大臣官房調査官，埼玉県総務部文書学事課長，同地方課長，八日市市長），春日草津市長（湖東福祉事務所福祉課長，人事委員会事務局審査課長，県商工課長，水口県事務所長，県厚生部長），山田豊三郎大津市長（大津市人事課長，同国保課長，同公室長，同公営企業・総務・企画・建設各部長，助役），〈議員型〉は山田耕三郎（下坂本村長，大津市議，県議），その他は山田八日市市長（八日市市教育委員，農業委員会長，県教育会八日市支部長）が該当する[5]。

ここでの大きな課題は，〈滋賀方式〉を無投票当選との関連，言葉をかえていうならば，〈滋賀方式〉の成立と地域住民（有権者）の選ぶ権利（投票権を行使する機会）あるいは棄権・白紙投票によって意思表示をする権利（投票権を行使する機会）の実質的剥奪との関連性である。この課題については，次節以降で検討することにしたい。

第4節　1982年の首長選挙を振り返って

1982年に滋賀県下で行われた首長選挙は，衆目をあつめた知事選挙（10月執行）をはじめ，近江八幡市（4月執行），八日市市（11月執行）の両市長選挙，および8町（多賀町，甲南町，湖東町，西浅井町，土山町，栗東町，浅井町，高月町）の町長選挙であった。

これら一連の首長選挙での全般的特徴からみてみよう。まず第1に，無投票選挙であるが，無投票となったのは知事選挙，八日市市長選挙，多賀町，土山町の両町長選挙の4件であった。そのうち知事選挙は，現職の武村正義知事が保守・中道・革新の7党（自民党，新自由クラブ，民社党，公明党，社民連，社会党，共産党），滋賀労働4団体，および約130の各種団体の推薦を受けて，県政史上初の3選を知事選挙では全国初の2期連続無投票当選で果たした。

八日市市長選挙は，山田正次郎市長の引退にともなって，市助役の望田宇三郎が，山田市政の与党だった共産党・革新共同の支持は得られなかった[6]ものの，自民党，民社党，公明党，社会党の保守・中道・革新の4党から推薦を受けて無投票当選を果たした。この選挙での特徴は，①市政の継承が〈禅譲〉という形で行われたこと，②山田前市長が前回選挙（1978年11月）に無投票で再選されており，連続無投票となったこと，③1954年の市制施行以来，初出馬で無投票当選を果たしたのは望田が初めてであること，④市職員生え抜きの市長が誕生したことも初めてであること（望田は，旧中野村役場書記を皮切りに教育長，土木部長，収入役，助役等を歴任）などである。
　また，多賀町長選挙は，保守系無所属の現職・林清一郎が3期連続無投票で4選し，土山町長選挙でも現職の土山久司が27年ぶりの無投票で3選した。
　このように，無投票選挙は，数の上では一昨年の5件（11市町のうち）に比べて減少してはいるものの，知事選挙や八日市市長選挙では政党の"当確候補者"への相乗りが，結果的には有権者の投票をする権利あるいは白紙投票や棄権という形で意志表示をする機会を奪ったといえるであろう。
　しかし第2に，7市町では投票が行われ，新人同士が争った12月の高月町長選挙以外は，全て新人が現職に挑戦するという形で行われた。その結果，新人は湖東，西浅井両町で敗れたものの，近江八幡市と甲南，栗東，浅井3町で当選し，"新顔健闘・現職受難"の様相を呈した。再選をめざした現職と新人が争った栗東町を除いて，投票選挙で争点となったのは，政策のあり方をも含めた多選の是非であった。5選をめざした近江八幡市の井狩貞之は，「大きく流れをかえ，活力ある町づくり」をスローガンに掲げた前助役の奥野泰三に，4選をめざした甲南町の杉原茂生，3選をめざした浅井町の江管啓は，それぞれ「町政マンネリ」を批判し，多選阻止を掲げて挑戦した新人候補（甲南町は木村泰治，浅井町は伏木豊美[7]）に敗れた。
　特に近江八幡市長選挙は，中道・革新勢力を巻き込んで保守同士が激戦を展開したので，いま少し詳しく分析を加えておこう。現職の井狩候補は，保守系市議会派の至誠会，社会党，公明党の推薦，民社党の支持，革新県政を

育てる会の支援を得て有利な態勢で選挙戦に臨んだのであるが，結果的には保守系市議会派の公政会の推薦を受けた奥野候補に99票（有効投票の0.3%）の僅差で敗れたのである（井狩候補1万4,771票，奥野候補1万4,870票。投票率71.32%）。新人勝利・現職敗北の要因はいくつか考えられるが，主要なものとして次の3つを挙げることができるだろう。

第1の要因は，奥野候補がいわば"内部告発"という形で井狩市政の長期性を批判し，それにともなう行政的行き詰まりを批判したことが，市民の共鳴を得るに十分な説得力をもっていたということである。これは，"新しい流れ"を求めていた市民と，"新しい流れ"を主要な争点の一つとして訴えた奥野候補との間に一種の〈共通認識〉が形成されたことによるといえる。ちなみに奥野候補は，立会演説会（4月21日）で，「井狩市政16年間は業績も残されたが，ひずみも積もって行政に行き詰まりが生じている。……。この状態がさらに続くなら井狩市政の政策は空念仏となり，結局は市民の方たちにしわ寄せをすることになる。このさい交代していただき，流れを変え，新しい活力ある町にしたい。いま一番取り上げなければならないのは財政，経済政策。活力ある町にし，より豊かになるためにも経済政策が根本だ。（中略）。市民各層の人がより豊かになる血の通った政策を打ち出し市民の負託にこたえたい」[8]という内容の政見を述べている。これに対して井狩候補は，前助役の立候補については「私に対する反発，長すぎることへの反発で，争点はない。あえていうなら八幡学区をよくしようということですかな」とみなし，また，「一攫千金を夢見るより，毎年同じことを繰り返すお百姓のような政治を大切にしてきた」[9]と"地道"で"清潔"な政治姿勢を強調したが，結果的には有権者の間に存在した変化を求める機運の強さに押し切られたといえる。

第2の要因は，中道・革新勢力が独自候補を擁立しえず，保守の井狩候補（自民党田中派の山下元利派）に相乗りしたことに対する市民の批判，とりわけ社会党の政治的無節操に対する革新支持者を含めた市民の批判の強さである。社会党は，一時，革新候補擁立へ真剣に取り組んでいたが，市長選挙

告示1ヵ月前に公明党の広野義夫市議が死去したのに伴って市議補欠選挙が選挙日程に加わり，急遽党近江八幡総支部長の梅村芳蔵を公認候補として立て，同時に，告示2日目に井狩候補と政策協定を結んで，推薦を決定したのである。この社会党の"変節"が奥野陣営へ同情票を呼び込むことになり，また，奥野陣営自身もこのことによって保守本流の旗色を鮮明に打ち出すことができ，かえってそれが功を奏することにつながったともいえよう。「強いがゆえのおごり。弱き者への判官びいき。激しい感情が織りなした底流に，このような作用と新顔に対する期待感が奥野市政を誕生させたのではあるまいか」と『朝日新聞』(1982年4月27日付)は論じているが，それは近江八幡市の有権者の深層心理を言い得ていると思われる。

　だが，第3の要因は最も基底的なものであると考えられる。それは，奥野陣営が「八幡学区から16年ぶりに市長を」と〈地元意識〉に訴えたのに対して，地元の学区民をはじめ，周辺農村部や新興住宅地域の住民がこれに積極的に呼応したことである。八幡学区は近江八幡市最大の学区であり，前市長の井上孫治郎の地元でもある。

　このように奥野候補の勝因はいろいろ考えられるが，結論的にはこれら3つの主要因が相互に結びついて，過去4回投票の洗礼を受け，しかも2期目から3期目にかけてニュータウンスタイルの官庁街を整備，4期目には懸案だった近江八幡，八日市両市の組合立中学校を解消するなど数々の実績をあげていた井狩候補を破ったといえよう。

　そこで，いまひとつ八日市，近江八幡両市の比較を通して選挙構造の特徴をみておきたい。まず第1に，両者に共通している点は，無投票で初当選を果たした望田も，激戦の末初当選を果たした奥野もともに役人出身であり，しかも前市長時代には女房役の助役をつとめた。その意味で，両者とも〈役人型〉首長であるといえる。第2に，両者の相違点は，望田が自民，社会，公明，民社4党の推薦を得たのに対し，奥野はそれらの政党のほとんどを敵に回して選挙を闘ったことである。このことの中には，政党レベルでの選挙協力形態と選挙のあり方との関連についての重要な示唆が含まれている。つ

まり，政党間での選挙協力の形成（共闘）は，確かに無投票選挙（あるいは無風選挙）と緊密に結びつくが，しかし，それは必然性を伴うものではないということである。

八日市，近江八幡の両市とも滋賀県の中部に位置し，〈二眼レフ構造〉あるいは〈双核都市構造〉をもつ地方生活圏[10]である中部広域市町村圏の中心都市として位置づけられるが，いま必要な限りで両市の社会構造や住民意識を比較し，それによって両市の選挙パターンの相違の背景にあるものを抽出してみよう。

まず，人口構造からみてみよう。人口動態に関しては両市とも1955年から65年の間は人口が減少し，特に，明確な後背地をもたない近江八幡市は，1970年ごろまで人口流出が続いた。これは，高度経済成長期における特徴としての社会減である。八日市市は，1967年には人口動態が上向きに転じたが，近江八幡市は，1971年以降，とりわけ減速経済期に移行するに伴って人口急増現象を呈してきた。具体的な数値を示すと，近江八幡市は，1970年を100とした1975年の指数は138.5（4万3,832人→6万713人）で，八日市市の125.2（3万261人→3万7,913人）を大きく上回っている。この人口急増現象は，主として京阪神地域からのサラリーマン世帯を中心とした人口流入による社会増によってもたらされたものであると考えられる。

このような人口構造の変動は，都市構造あるいは地域社会構造を変動させる要因となった。ただ，両市を中心として構成されている中部広域市町村圏全体が，ベッドタウン化や工業化という都市圧（外的要因）だけでなく，兼業深化（第一種兼業農家の第二種兼業化）や脱農（離農）志向という農業構造の変容（内的要因）によっても混住社会化しており，その意味で「住民生活の都市化，広域化が進行し，都市と農村とが一体となった地域（混住社会化地域）」で，「急激な構造的社会変動を伴う地域」，いいかえると「非常に多数の要素が複雑にからみ合い，かつ重層化した構造をもつ地域」[11]であるといえる。

しかし，この双核都市である近江八幡市と八日市市は，全く異なる都市的

性格をもつ。近江八幡市は，人口規模に比べて吸引力，すなわち地元就業率の点では八日市市に劣り，むしろ東海道沿線という地理的条件のために大都市圏（京阪神地域）へのベッドタウン的性格が強い。それに対して，八日市市は，都市の管理中枢機能，とりわけ行政機能が強く，明確な後背地として，永源寺町，日野町，蒲生町，五個荘町，愛知川町などをもっている。このことから，近江八幡市は〈大都市通勤型〉的な性格をもち，八日市市は〈管理中枢機能型〉的な性格をもつといえよう。

　これとの関連で，さらに〈親交圏〉と〈関心圏〉について若干比較検討しておこう。表3は，両市の親交圏の比較を示したものである。この表から理解できることは，近江八幡市と八日市市は，親交圏においても異質な構造をもつということである。八日市市の場合は，どの地域類型においても7～8割が近所や市内，すなわち居住区や定住区で交際を行っている。ただその中で，市街地では近所の比率が低く，県内・県外の比率が高くなっている。ところが，近江八幡市の場合は，県内，県外との交際が八日市市と比べて非常に高い。市街地・農村地域でも2割前後を占めているが，新興住宅地の場合は4割強である。これは，近江八幡市の通勤圏構造と合せて考えてみると理解できる。つまり，同市の新興住宅地住民は，新規の流入者で大都市圏への通勤者が多いためであり，また，農村地域においても，いわゆる〈多核家族化〉の進行に伴って若年世帯主がサラリーマン化し，大都市圏へ通勤するケースが増加したためと思われる。また，親交圏との関連で関心圏についてみると，近江八幡市の新興住宅地の住民は，他の地域住民が比較的自分個人の問題や家庭内の問題に強い関心を示すのに対して，社会問題，国の政治・経済問題，国際的な問題への関心が高く，ホワイト・カラーとしての性格に基づく特質がみられる[19]。より限定的に行政・政治への関心についてみると，八日市市と近江八幡市との差異は，前者では居住地区レベルでの関心が強く，後者では全国レベルでの関心が強いということである。地域別にみると，八日市市では市街地・新興住宅地・農村地域間に較差はほとんどみられない。すなわち，いずれの地域においても居住地区および市レベルでの関心が6割

表3 親交圏（近江八幡市と八日市市との比較）単位：%

地域類型 親交圏	近江八幡市			八日市市		
	市街地	新興住宅地	農村地域	市街地	新興住宅地	農村地域
近　所	35.2	41.0	41.9	28.1	42.5	45.1
市　内	37.6	10.8	38.6	40.7	37.8	31.5
中部広域圏	6.5	5.8	4.5	10.3	9.1	15.2
県　内	8.1	11.3	13.4	11.3	4.7	7.3
県　外	12.3	31.0	3.2	9.7	5.6	1.0

出所：満田久義「広域行政と地域計画」『社会学研究所紀要』第2号，佛教大学社会学研究所，1981年4月，p.40。

弱を占めている。それに対して，近江八幡市では地域間の較差が大きい。市街地では市レベルと全国レベルでの関心が強く，新興住宅地では県レベルと全国レベルでの関心が強い。しかし，農村地域では居住地区や市レベルに関心が集中し，無関心の比率もやや高い（表4参照）。このような差異は，「労働生活圏の広狭や居住期間の相違などによる住民の各レベルの行政・政治へのかかわり方の濃淡を示しているものである」[18]といえるが，両市住民の関心圏あるいは意識圏の特徴を一言でいえば，八日市市がより一元的に〈地域志向〉的であるのに対して，近江八幡市はより〈広域志向〉的であるといえよう。ただし，後者の場合には，住民構造が明確に分極化しており，それに伴って住民の意識構造も多様化，多元化していることが指摘できる。

さらに，関心圏あるいは意識圏との関連で両市住民がイメージする"まち"の将来像を比較してみると，この点においても両市の間には差異がある。表5からも理解できるように，八日市市は「今のままでよい」とする現状維持志向がどの地域類型においても強く，それに対して，近江八幡市は「伝統文化都市」志向が強い。その他，八日市市は「住宅都市」あるいは「教育文化都市」志向が強く，近江八幡市は「観光都市」あるいは「商業都市」への志向が強くみられる。もちろん両市とも地域類型間に志向の差異が存在するが，全体としてみた場合，八日市市の住民は概して現状肯定型の伝統主義・保守主義的志向性を示し，その意味で相対的に静的であるが，近江八幡市の住民は現状否定型の保守主義的志向性を示している。その意味で相対的に動的であるといえよう。より正確にいえば，近江八幡市の場合には，保守主義を基

表4 行政・政治への関心圏

単位：%

		居住地区	市(町)	中部広域圏	滋賀県	近畿圏	全国	国際	無関心	計	
近江八幡	(市街)	18.3	36.5	—	15.9	1.6	16.7	2.4	7.9	126	(100.0)
	(新興)	22.0	13.8	—	17.4	6.4	20.2	7.3	12.8	109	(100.0)
	(農村)	34.2	31.6	—	9.4	1.7	9.4	1.7	11.1	117	(100.0)
八日市	(市街)	26.0	31.5	1.4	12.3	1.4	15.1	1.4	11.0	73	(100.0)
	(新興)	26.9	32.8	1.5	16.4	—	14.9	—	7.5	67	(100.0)
	(農村)	36.6	22.0	1.2	12.2	2.4	12.2	3.7	9.8	82	(100.0)

註：当該表は，山岡栄市・浜岡政好編『広域生活圏と地域づくり－滋賀県中部広域市町村圏の社会学的研究』(法律文化社，1982年，p.65)より一部変更して引用。

表5 "まち"の将来像

単位：%

		今のままでよい	観光都市	伝統文化都市	農業センター都市	住宅都市	商業都市	教育文化都市	工業都市	計	
近江八幡	(市街)	4.8	22.2	35.7	0.8	8.7	12.7	12.7	1.6	126	(100.0)
	(新興)	12.8	11.0	32.1	—	12.8	17.4	11.0	1.8	109	(100.0)
	(農村)	23.9	12.0	16.2	29.1	6.0	6.8	3.4	2.6	117	(100.0)
八日市	(市街)	19.2	4.1	20.6	1.4	5.5	19.2	22.3	5.5	73	(100.0)
	(新興)	31.3	7.5	16.4	—	20.9	6.0	14.9	3.0	67	(100.0)
	(農村)	23.2	6.1	13.4	22.0	13.4	3.7	14.6	3.7	82	(100.0)

註：当該表は，山岡栄市・浜岡政好編『広域生活圏と地域づくり－滋賀県中部広域市町村圏の社会学的研究』(法律文化社，1982年，p.75)より一部変更して引用。

底とした漸進的改革志向がより強くみられるということである。この両市の都市構造や社会構造の差異および両市住民の意識構造の差異が，市長選挙における無投票と激戦という形での差異となって現われたといえるのではないだろうか。つまり，八日市市長選挙における無投票は，現状肯定型保守主義の所産であり，近江八幡市長選挙での激戦・新人当選という選挙パターンは，現状否定型の保守的漸進主義の所産であるといえる。その意味では，両市とも洗練された都市とはいいがたく，また，市長選挙での選挙形態の差異も，基本的に保守主義の所産であるという点では軌を一にしているといえよう。

次に1982年の首長選挙のハイライトであった知事選挙について若干分析しておこう。

第5節　知事選挙を考える——今回選挙の特徴

　1982年の湖国政治のハイライトは知事選挙であった。選挙結果は既にみたところであるが，現職の武村候補が2期連続無投票で3選を果たした。まず，今回の知事選挙を振り返って，その特徴を若干指摘しておこう。

　今回の選挙ではいろいろな特徴がみられたが，まず第1に指摘しておかなければならないのは，知事選挙で同一人物が2期連続無投票当選したのは全国で初めてのケースであること。

　しかも第2に，それが2期連続〈オール与党体制〉(自民党，新自由クラブ，民社党，公明党，社民連，社会党，共産党の保守・中道・革新7党推薦)での無投票当選であること[15]。今回のオール与党体制に関しての特色は，前回選挙で政党としては最後に推薦した自民党が，今回，「与党中の与党」をめざして武村3選を先導したことである。自民党が，他党に先駆けて武村知事を推薦したその背景をさぐってみよう。①2期にわたる武村県政に対する評価—例えば，琵琶湖総合開発計画の延長・改定，びわこ国体の成功など[16]。②この武村県政に対する評価は，視角をかえて見れば，武村知事自身の政治姿勢が「保守からみて容認できる」距離内にあることを意味する。これを短絡的に〈保守傾斜＝革新遊離〉現象によるものと断定することはできないが，しかし，武村知事自身が少数与党体制よりもオール与党体制を評価しているという事実を考えれば，武村知事と自民党との距離は非常に接近してきているといえよう[17]。③以上の要因に加えて，武村推薦の最大の理由は，1983年4月の統一地方選挙，とりわけ県議会議員選挙にある。県の行政執行機関の最高責任者であり，また，県民の"顔"である武村知事を敵に回しては選挙に勝てないという党県連の心理と計算が，積極的な武村推薦姿勢と結びついていると考えられる[18]。

　そして第3の特徴は，オール与党選挙を反映して，全国でも珍しい政党抜きの選挙態勢をとったことである。この新しい選挙態勢は，政党間の摩擦を避けるために武村候補自身が窮余の策として提案したもので，確認団体の〈草の根県民連合〉が選挙母体となった。この草の根県民連合は県内の130団

体にのぼる推薦団体で組織され，個人後援会の武村同友会（柳原正典会長）が中心的役割をにない，後援会会長の柳原が選挙総括責任者に，滋賀地方同盟会長の星伸雄が選挙事務長に就任して，"草の根選挙"を展開するというものであった。このような選挙態勢がとられたことによって，政党はもとより，8年前，"保革の死闘"を展開し，武村県政誕生の原動力となった滋賀労働4団体も主役の座から降ろされ，一歩後退したことは否めない。とりわけ革新勢力が後方におしやられ，それに代って保守・中道勢力が前面に出てきたという印象はぬぐいされない[19]。

いま少し草の根県民連合態勢についてみておくと，その基本方針は次のようなものであった。すなわち，告示日は各党の"顔"を立てるために，政党代表のあいさつは受けないという前提で，①国会議員については出席をことわり激励電報だけ読み上げる，②各党の幹事長・書記長級を紹介する，③県議は全員を招待する，という内容である。そして実際，出陣式では大谷元太郎自民党県連幹事長，堂口信義社会党県本部書記長，市居一良公明党県本部書記長，佐藤清一民社党県連書記長，白石道夫共産党県委員会常任委員，小杉俊秀新自由クラブ県連合副代表，瀬津一男県社民連代表が紹介されただけで，激励の言葉も山田豊三郎大津市長，守田厚子遺族会のぞみ会会長，そして滋賀労働4団体代表の山元勉総評滋賀地評議長ら政党色のない人に限られた。

第4の特徴は，武村知事が3選出馬に際して積極的に公約を示さず，〈呼びかけ〉方式を採用したことである。武村知事の〈呼びかけ〉は次の10項目にわたる。①すばらしい郷土"みずうみと歴史のくに滋賀"を誇りをもって次の世代へ引継ごう！。②ともに考え，ともにつくっていく草の根県政をさらにおしすすめ，自立と連帯に支えられた確固たる滋賀の自治をきずこう！。③いのちの糧を生み出し，湖国の風土をつちかい，水と緑のまもり手である農村漁業を育てよう！。④先人の開拓者精神に学びながら，きびしい経済環境をのりこえ，地域に根づいた産業，時代を先取りした新しい地場産業をおこしていこう！。⑤生活からびわ湖を，びわ湖から地球を考えよう！。⑥すべての人間が大切にされ，ふれあいと真心のかよいあう「福祉滋賀」「健康

滋賀」をつくろう！。⑦若人よ！心身をきたえ，自らの力で自らの未来をきりひらこう！。⑧それぞれの地域がもっているゆたかな歴史をいかし，地域に根づいている多彩な文化をより一層高めよう！。⑨みんなが町を愛し力を合わせてさらに住みよいまち，美しいまちをつくっていこう！。⑩世界に目をむけ滋賀県を語ろう！そして確かな平和を[20]！。

　公約が抽象的な〈呼びかけ〉方式になったことについて，武村知事はその理由を次のように述べている。「一つは，行政改革，財政再建という北風が吹く中で，前向きで具体的な政策を出しにくい，約束しにくい状況にある。また2期目に考え方や方向を示しただけで，まだ芽を出していない施策が多い。これら構想や施策を言葉を変え，ことさら目新しくするのも気がひける。いま一つは，これからの政治にとって大事なことは，具体的に『あれする』『これする』というのではなく，いかにして国民が『健全な心』を取り戻すかということです。いまの日本人の欲望は，経済の繁栄，技術万能，物質第一主義の中で限りなく広がり，責任感の放棄，義務の履行を怠っている。だから真の"自治の心"つまり『自分のことは自分でやる』という責任と分担の土壌をこの滋賀県にどうはぐくむか，甘えの日本人から自治と連帯の日本人にどう変えていくのかが，今後の政治の一番大きな課題であり，目標になると思う。こうした内容を具体的にいうのは難しいが，考え方は『呼びかけ』の中で表現している。そこがむしろ新味な点だといえる。しかし，これを政治家がいうと『お説教』ととられる………」[21]。

　しかし，立候補第一声ではより具体的な方向づけを示している。以下でその要旨をまとめておこう。「まず，経済をもっと重視していきたい。工業技術センターの設置や南高北低の地域間バランス，2次産業中心から3次産業へ産業構造の均衡を整える施策をする。国民休養県構想も第3次産業を興すねらいだ。第2は農林漁業の振興。命を支えてくれるのは，農業であり県政の中心に据える。土に生きる県民運動はもちろん，過疎地青年の花嫁対策も真剣に考える。第3はびわ湖を守り，県土を美しくする取り組み。富栄養化防止条例だけでなく，今後も積極的に進めるとともに，まわりの風景を保護

し、創造する新しい条例制定など、住みよい環境づくりの施策をする。第4は福祉の問題。福祉施策に真心が入るよう、変えるべきところは、思い切って見直す必要がある。画一的でなく、本当に困っている人に温かい手がさしのべられるよう見直しながら、全体としては後退させない。少しでも前進する姿勢を貫く。第5は教育の問題。学力さえよければいいとの考えでなく、伸び伸びした子供の教育ができるよう制度や仕組みを見直す時機だ。同時に世界に目を向けた教育も考えてほしい。日本が世界に伍していくには、世界に信頼される人間が必要で、われわれの先輩、近江商人のパイオニア精神を生かした世界に通用する近江商人づくりにもつとめる。第6は草の根県政。草の根こそ大地の主の認識のもと、一本一本の雑草にも心を配る県政に努めてきた。国体や琵琶湖条例で花形をつとめさせてもらったが、実際の主役は県民の皆さんだ。いかなる課題も県民の理解、参加、行動がなければできないし、逆に県民の力が結集され、共にがんばれば可能となる」[22]。さらにいくらか補足しておくと、経済問題では南北格差を是正するため湖北・湖西に工場団地を造成、企業の誘致をすすめる。国民休養県構想については、本社機能や大学・ホテルの誘致を進める。行政改革の一環として県庁機能の一部を湖北に移転する。その他県土修景美化保全条例（風景条例）の制定、県政と県民との距離を縮めるために情報公開の実現、そして官民一体のインターナショナル・ビジネス・スクールの建設等を具体的に示している[23]。

以上、今回の知事選挙でみられた特徴の主なものを挙げてみたのであるが、最後に2期連続オール与党体制による無投票について、政党の選挙協力形態と有権者の投票権との関わりに焦点をしぼって、その問題点を指摘し、同時に今後の課題についても若干コメントしておきたい。

第6節　オール与党体制と無投票

今回の知事選挙は、当初から無投票による3選はまちがいないとみられていたために、県民の選挙に対する関心は低くかったといえる。つまり、一種のシラケムードが漂っていたともいえる。無投票による3選を、武村知事自

身は次のように述懐している。「私は，こんどの選挙ではだれか立候補すると思っていた。また8年間にわたり選挙をやっていないので，25日間，県内各地をかけずり回り，県民と会って対話するなど一生懸命，選挙をやる気持だった。だが結果として無投票に終わったけれども，私としては大変うれしい」[24]。「無風選挙といわれていたが（2日の運動では）決してシラけた状況ではなかった。選挙と県政に対する反応は違う。しかし，節目を迎えて県民との対話が少なかったので，これから対話をするなど，何らかの方法でカバーしたい」[25]。この武村知事の述懐には非常に素直な気持ちがうかがわれるのだが，しかし，選挙そのものに対する県民の反応が鈍かったことは否めないであろう。戦勝気分にひたれたのは，ひとり政党関係者（とりわけ保守・中道政党）だけであるといっても過言ではあるまい。

　まず，2度（8年間）にわたって投票権を奪われた有権者の今回の無投票に対する反応からみてみよう。①「自民党の総裁争いをはじめ，いまの政治には，ドロドロとした汚い面が多すぎる。その点，武村さんにはクリーンなイメージが強く，結果には抵抗ありません」（栗東町の住職，37歳）。②「選挙民としては，やはり投票したかったけど，武村さんを上回る人が出てこなくて残念。武村さんは全国レベルでみても逸材だし，ミスもなく2期やってこられた。でも，3期目は足踏み状態のびわ湖浄化を，きちっと実行してほしい」（大津市の主婦，50歳）。③「有権者の意思を何らかの形で表現したかったのだが……。気になるのは，3選目の武村さんの動き。オール与党で批判勢力がなかっただけに，安易な県政に流れやすくなるのでは，との不安もある」（長浜市の市連合自治会長，69歳）。④「無投票は選挙費用1億8千万円の節約になるかもしれないが，もうちょっとそこそこの対抗馬が出てほしかったねえ」（大津市のタクシー運転手，49歳）。⑤「2年前に引越してきたので，滋賀のことはようわからんが，ほんまにこれでいいのかなあと考えてしまう。まあ，せめて武村さんのよい行政がかわれたと解釈したいですがね……」（大津市の会社員，38歳）。⑥「今ちょっと武村さんに対抗する人，ないのと違うかなあ。人柄もいいし，野崎さんの時より政治もよくなった。か

といって，やって欲しいこともないんやけど」（草津市の会社員，61歳）。⑦「他に選ぶ人がないのは，困ったことで，対抗する優秀な人材をふだんから養成しなかった政党と県民一人ひとりの責任」（川越進前大津市教育長）。⑧「利権に群がって対立候補を出さず，県民から選択の権利を奪った各政党，労働団体の責任は大きい。滋賀の啓蒙専制君主として，武村さんがおごり高ぶらぬよう，われわれも発言していく」（〈武村3選にもの申し県政の刷新をすすめる会〉代表世話人の渡辺武達京都産業大学教授)[26]。

　このように有権者の反応はさまざまであるが，これらを大雑把に分類すると，〈無批判・無抵抗型〉…①,〈割り切れない型〉…②～⑥,〈批判・抵抗型〉…⑦⑧に分けることができるだろう。特に〈割り切れない型〉は，武村知事自身の人柄や政治・行政姿勢に対しては大旨好意的・評価的であるが，無投票そのものに対しては批判的である。大方の有権者は恐らくこの型に属すると思われるが，他方，〈批判・抵抗型〉は，武村知事自身，各政党，推薦諸団体および県民一人ひとりに対して批判を加え，その責任の重大さを指摘している。とりわけ〈武村3選にもの申し県政の刷新をすすめる会〉という市民団体は，1982年10月7日付で，武村3選を支持する政党および諸団体に対して，次の8項目にわたる公開質問書を提示している。①武村氏は"正義"より権力を好む人間であること。②武村氏は公約を守らず，コトバで事実をごまかす政治家であること。③西武資本の優遇策が強すぎること。④革新政党・団体を骨ぬきにしていること。⑤武村氏は琵琶湖を汚した張本人であること。⑥各種審議委員の決め方が不公正であること。⑦武村氏は新しい言葉で，実体をおおいかくす政治家であること。⑧3選は長すぎること。

　この市民団体の行為は，公開質問形式の抗議行動の段階でとどまり，無風状態を揺り動かし，基本的な政治参加の道を取り戻すために〈手づくりの候補者〉を対抗馬として擁立するというより前進した段階にまでは至っていない。しかし，一市民団体が具体的な「事実」を指摘して，政党や諸団体の安易な〈相乗り＝オール与党〉体制を，有権者から〈選択の自由〉を奪う行為として批判したことには一定の評価を与えることができるだろう。

では，今回の無投票の背景にいかなる要因がひそんでいるのかということを次に検討し，その中で問題点を指摘してみよう。主な要因は次の4つと考えられる。1つは，地方政治における政党機能の後退である。2つは，武村のパーソナリティ＝個人的魅力である。3つは，滋賀県のおかれた政治的・経済的・社会的・文化的諸情勢である。4つは，滋賀の県民性と政治風土である。これら4つの主要因が相互に結びついて，無投票という結果を生みだしたと考えられる。

　まず，第1の要因であるが，これは政党の政治姿勢が，基本的に〈対立競争型〉から〈同調内競争型〉へと移行してきたことによると思われる。つまり，各政党が自らを政権の枠の中にあって，いかにして「与党中の与党」として主導権を掌握するかに競争の照準をあわせているのである。その意味で，〈参加〉志向よりも〈権力〉志向の方がより強く示されている。本来，地域の具体的な問題を通じて各政党が独自の政策を県民に提示し，イデオロギーの相違よりもむしろ政策上の相違を争点として選挙戦を展開すべきであると思われるのであるが，前回同様，今回もイデオロギーや政策を異にする7党が同一テーブルについた。この現象を知事選挙における政党間の選挙協力のあり方との関わりからみてみると，第1期武村県政は，完全な中道・革新型の共闘形態（いわゆる〈8者共闘〉）によって誕生したのであるが，第2期は，中道・革新勢力主導，保守勢力追従型のオール与党体制に変わり，そして第3期は，保守・中道勢力主導，革新勢力後退型のオール与党体制へと変遷していったことが指摘できる。この共闘形態の変遷過程は，〈滋賀方式〉の崩壊過程でもあり，同時に，同志社大学法学部教授の梅津実が指摘しているように，政党間での政策の距離の縮小化というより，政党の"没政策化"と軌を一にしているともいえよう。このことについて梅津は，「武村知事の『革新性』が薄らいできたとの指摘があるが，武村氏をかついだ革新勢力が，かっての『革新性』に幻惑され，いわば武村氏にたいする信頼とあまえの中で，自ら有効な政策を提起することを怠ってきた結果であろう。この意味で，地方における革新性を追求してこなかった革新政党の没政策化は，改めて問

われる」[27]と述べて，専ら革新政党の怠慢にその原因を見い出しているのであるが，しかし，視点を変えれば，保守（自民党）が革新政党によって提唱されてきた諸政策を，議会多数党としての確かな裏付けをもって先取りしてきたことの結果によるものともいえよう。つまり，トンビ（保守）がアブラアゲ（革新的諸政策）をさらっていったのである[28]。

　さらに，これとの関わりで武村知事が標榜している〈草の根県民党〉や〈草の根県政〉を考えてみなければならない。これは，第2の要因としての武村知事自身のパーソナリティ＝個人的魅力の大きさとも大いに関連する。武村知事は初当選の時（1974年），「知事は県民党の事務局長。職員は県民のニーズに応えて行くためのスタッフ」という斬新な"知事論"を唱え[29]，当初から政党色を排した〈県民党〉を表明していた。それがイメージとして定着しだしたのは前回選挙以降，すなわち第2期武村県政のときである。また，〈草の根〉という言葉は，武村知事自身が，かつて，「政治的に微妙な立場にある者が"草の根"を標ぼうする」[30]と述べたように，この〈草の根〉という言葉の中には，政治的立場や政策遂行上の視点をボカすという意味あいと同時に，各政党のもつ各論的相違を包摂しながら，〈県民党〉的なものに収斂していくという意味あいが含まれている。これは，保守・革新といった既成概念を乗り越える新しい概念として，というよりはむしろ，保守・革新の概念を丸ごと包みこんでしまう包摂的な概念としての意味をもっている。さらに，〈草の根〉や〈県民党〉といった概念が県民の中に浸透してきているという現実は，裏を返せば，武村知事自身がカリスマ的人間に祭り上げられていく可能性が強くなってきているということを意味しているのではないだろうか。

　地方自治体の首長が無党派性を標榜することは，中央との摩擦をやわらげ，行財政を効率的に運ぶ上で大いに役立つ。しかし，それは結果として，許認可や補助金など中央支配（統制）の網の目に巧みに組み入れられることをも意味する。これは，第3の要因である滋賀県のおかれた諸情勢（財政的逼迫，公害問題，教育・文化行政の推進等）とも大いに関連があるし，それはまた，

〈三割自治体〉のおかれた宿命かもしれない。こうした情勢の下では，首長のパーソナリティや〈草の根県民党〉的政治が今後どこまで通用するかという問題が出てくる[31]。

おそかれ早かれ，同床異夢のオール与党体制下での〈草の根県民党〉的な"全方位外交"的政治姿勢は破局を迎えることになろう。それが，武村県政の"生みの親"あるいは"本家"から反旗が翻るか，あるいは"新参者"が反旗を翻すか，それは断定できないが，どちらの側から反旗が翻っても，それは県民不在の政党エゴによる行為でしかない。

武村県政が真の意味での〈草の根県政〉になるためには，あるいは〈土着県政〉の哲学（長洲一二神奈川県知事の言葉）が積極的な形で実践に移されるためには，武村知事や各政党が，県民に政治への参加の道を大きく開く諸制度を確立する（例えば情報公開条例の制定等）ことによって，県政と県民との距離をさらに縮小することに努めるとともに，県民も政治を傍観するのではなく，自らの日常生活のあり方と結びつけて政治をとらえ，考え，行動していく姿勢を培っていく必要があろう。

滋賀の県民性には近江商人的な側面と近江聖人的な側面の二面性があって，現実の県民性は前者の方が顕在的で，後者の方が潜在的であるといわれる[32]。つまり，滋賀県民は一般的に実利的で堅実志向性に富み，また合理化重視の姿勢が強い。また，伝統を重んじ，保守的である。性格に多様性を蔵し，同化力，順応力に富むといった性格をあげることができる。これらの県民性と，ことさら争いをすることを好まないという政治風土とがあいまった結果が，呉越同舟のオール与党体制を許したとも考えられる。

相違点を表面化させず，丸ごと包みこんでしまう〈和〉の政治ではなく，相違点は相違点としてお互いに認識しあい，主張しあって，その上で建設的妥協を行うという〈協〉の政治を実現させるためには，党利党略による〈勝ち馬〉への安易な相乗りをしないという政党の政治姿勢や，それをさせないという県民の姿勢が強く要請される。また，そのような政治姿勢を確立することが，日本の政治的近代化としての民主政治を確立していくことにつなが

第6章　選挙協力形態の変容過程と民主政治——193

ると信じる。筆者は，過去2期にわたる武村県政を総じて評価するものである。とりわけ文化行政については高く評価できる。であればこそ，なおさら神輿である知事をかつぐ，かつぎ手としての政党の便宜主義に憤りを感じるのである。このような思いをし，民主政治の形骸化に危機感を抱いているのはひとり筆者だけであろうか。

註
(1)　『朝日新聞』1982年1月1日付。
(2)　筆谷稔『組織社会の危機』晃洋書房，1979年，p.119。
(3)　基礎データーは『朝日新聞』(1980年12月25日付) を参照した。
(4)　基礎データーは『朝日新聞』(1981年12月27日付) を参照した。
(5)　『滋賀年鑑'80』京都新聞社，1979年，p.642，p.667，p.703。
(6)　このことについて望田は次のように述べている。「私は市民党の立場で立候補させてもらった。だから，どの政党とも協定は結ばない，この信念を通したまで。山田路線を継承しますので異論はないと思うのですが」(『朝日新聞』1982年11月7日付)。
(7)　伏木は立候補に先立ち，「清潔な選挙が叫ばれている折，武村知事にならって」と市町村段階では全国で初めて，資産内容を公表した(『朝日新聞』1982年11月7日付)。
(8)　『朝日新聞』1982年4月23日付。
(9)　『朝日新聞』1982年4月17日付。
(10)　山岡栄市・浜岡政好編『広域生活圏と地域づくり—滋賀県中部広域市町村圏の社会学的研究—』法律文化社，1982年，p.4，p.18。
(11)　満田久義「混住社会化の実態と要因—対象地域のプロフィール—」山岡栄市・浜岡政好編『前掲書』p.13，pp.18-19。
(12)　これは，佛教大学社会学研究所が1979年9月に実施した『湖東地域住民のくらしと意識の調査』のデータに基づいている。この調査には，筆者も調査員の一人として参加している。
(13)　満田久義「広域行政と地域計画—広域行政圏分析のための計量的手法の展開(1)—」『社会学研究所紀要』第2号，佛教大学社会学研究所，1981年，p.40。
(14)　浜岡政好「地域生活の変化と生活構造—広域市町村圏の住民生活—」山岡栄市・浜岡政好編『前掲書』p.66。
(15)　前回選挙(1978年11月)では自民党が対立候補擁立を見送り，一転して推薦にクラ替えしたため，知事選挙では全国初のオール与党体制で無投票再選を果たした。現在，滋賀県と同じオール与党の態勢をとっているのは，神奈川県(長洲一二知事)と岡山県(長野士郎知事)だけである。
(16)　ただ，富栄養化防止条例(琵琶湖条例)については，審議の段階で県議会自民党はかなり対抗姿勢を示したが，結局全会一致で可決されている。
(17)　武村知事は，京都新聞滋賀本社代表の谷口五佳夫との対談で次のように述べている。「オール与党体制が県政の理想的な姿だとは考えないが，結果として，こうした体制が

成立していることは，すばらしいことと思う。だからといって，この体制を目標にして，1つでも政党が離れないよう妥協したり，無理な努力をする考えはない」（『京都新聞』1982年10月22日付）。
(18) 現在，自民党は県議会に27議席もっているが，今春の統一地方選挙では，①議席30以上，②議席ゼロ選挙区の解消（現段階での議席ゼロ選挙区は八日市市，野洲郡，犬上郡の3選挙区である）を目標としている。昨年10月1日に，県議会が議員定数を現行の44から46に2議席増の条例改正案を可決している。議席が増える選挙区は，人口増の著しい栗太郡，野洲郡（ともに定数1から2に増加）である。
(19) このことは，保守・中道と革新勢力の対応の仕方の相違にみられる。武村選挙事務所につめかけたのは県庁OB，自民党関係者，保守系議員，民社党議員で，労働4団体関係は石本武彦滋賀中立労協議長，井上吉敬新産別滋賀地協事務局長ら数人で，総評滋賀地評幹部は1人も姿を見せなかったという。また，石本議長と中立出身の松井佐彦大津市議は，武村知事の無投票3選についての感想を次のように述べている。「感激なんてないよ。武村さんの1・2期，山耕さん（山田耕三郎前大津市長）を参議院に押し上げた2年前のダブル選挙は必死だったから涙も出た。しかし今回は"主役"じゃないから……」（『京都新聞』1982年10月22日付）。
(20) 『日刊滋賀新聞』1982年10月25日付。
(21) 『京都新聞』1982年10月22日付。
(22) 『京都新聞』1982年10月21日付。
(23) 特に南北格差解消のための施策は，工場用地の確保，調査費の計上という形で現在進行している（明日の湖国を築く会編集『明日の湖国ニュース』第10号，1982年4月18日）。
(24) 『京都新聞』1982年10月22日付。
(25) 『毎日新聞』1982年10月22日付。
(26) 『京都新聞』1982年10月22日付。
(27) 梅津実「知事選無投票を考える－"没政策化"に陥る政党」（『京都新聞』1982年10月22日付）。
(28) 滋賀大学経済学部教授の越後和典は，「中央の政党の区別というものは，地方の政党の区別と連動しているはずで，地域の具体的な問題を通じて，政党の政策の根本をみるとぼんやりしている，というのでは，政党を名乗る理由がない。なのに，各政党は『自分たちの政策を，武村知事の県政運営方針がかけ離れていない』との理由から，同知事に相乗りしたわけだが，これでは，自民から共産までが同じ考え，ということになり，この際，各党は看板をおろすべきだろう」と手厳しく各政党の態度を批判している（越後和典「県民党とは何か」『毎日新聞』1982年10月22日付）。
(29) 「知事の座－その権力構造」（下）（『毎日新聞』1982年10月20日付）。
(30) 『京都新聞』1982年10月22日付。
(31) 越後和典は，〈草の根県民党〉について次のように述べている。「住民運動などを通じて，わき上がって来る力を県政に結集させるには，超党派のこのような立場が必要だった。1期目は前県政の刷新に取り組み，2期目は琵琶湖浄化を取り上げた。ともに県政には大きなそして，超党派で取り組まなければならない課題で，各党がイデオロギーで争う場面には至らなかった。だからこそ"県民党"が通用し，それなりの価値を持てた。政党が魅力を失いつつある現在，私個人としては"県民党"のような既成政党の枠をは

ずしたユニークな考え方に注目している。また，地方の時代を演出する重要な役割を，県民党はになっていると思う。だが武村県政3期目は，財政危機がさらに深刻化する。これに伴い，各党の主張が激しくぶつかり合う行政改革などが避けて通れないテーマとして武村県政の前途に立ちはだかっている。オール与党に本来的にひそんでいる問題点が一気に噴き出すことは，十分考えられるところだ。そのような状況下で，果たして"県民党"が地方自治の舞台に定着することが出来るかどうかの"正念場"とも言え，その動向に注目して行きたい」(『毎日新聞』1982年10月22日付)。

(32) 近江文化叢書刊行委員会編『シンポジウム・湖と文化』白川書院新社，1978年，p.55。

第7章 〈83年政治決戦〉における地方選挙

第1節　1983年の政治概況

　1983年という年は，1947年以来36年ぶりに衆議院および参議院の両議院選挙と統一地方選挙が重なり，松の内から師走まで文字通り選挙に明け暮れた1年であった。それゆえ，政治に関する話題も実に豊富で，有権者としてあるいは日本国民として，「民主主義とは何か」「民主政治とは何か」ということをより身近な問題として考えさせられた1年でもあった。例えば，第1政府（中曽根内閣）と第2政府（臨調）との共同戦線による行財政改革の推進，中曽根首相の一連のタカ派的発言（「不沈空母」「3海峡封鎖」など）や極端な安保・防衛路線への傾斜，あるいは，ロッキード被告田中角栄元総理大臣一審有罪判決（10月12日），それにともなう政治倫理の問題など，われわれにつきつけられた政治的課題は数多くあった。

　また，選挙に眼を転じてみると，第13回参議院議員通常選挙が，全国区制にかわる〈拘束名簿式比例代表制〉という全く新しい方法で1983年6月26日に執行されたことや，第37回衆議院議員総選挙が，直前に「改正」された公職選挙法（この「改正」で選挙運動期間が20日から15日短縮され，また，立会演説会も全廃された）によって12月18日に行われ，結果的に自民党が公認で過半数を割り（250議席），追加公認を含めて259議席となって再び与野党伯仲状況を迎えた。しかし，新自由クラブが第2次中曽根内閣に加わり，ここに1955年の保守合同以後，はじめて自民党単独政権が崩壊して連立政権が誕生，新しい政党時代の幕明けをつげた。

　さて，このような国政レベルでの選挙・政治状況のなかで，地方選挙はどのような現象を呈したのか次にみておこう。

第2節　地方選挙にみる選挙構造

　1983年の地方選挙の特徴を一言でいえば，知事選挙では革新型の復活と〈多党連合〉の定着，市長選挙では保守・中道型の定着，革新型の退潮というここ数年の傾向が，より一層鮮明になったということであろう。

　まず，第10回統一地方選挙の前半戦とその後に行われた知事選挙からみていこう。統一地方選挙前半の最大の焦点は，北海道，東京都，福岡県の知事選挙であった。東京都では評論家の松岡英夫が社会，共産両党の推薦を得て，現職の鈴木俊一（自民党，公明党，民社党，新自由クラブ推薦）に挑戦したが，87万3,179票の大差で敗れた。

　しかし，福岡県では社会，共産両党の推薦をうけた九州大学名誉教授の奥田八二が122万1,622票を獲得，5選をねらった現職の亀井光（自民，民社両党推薦）を5万112票の小差で破り，26年ぶりに革新県政を奪還した。この選挙では豪華知事公舎建設問題が大きな争点となり，従来の保革対決の枠を超えた選挙戦となった。それゆえ，奥田陣営は脱「政党・労組色」を徹底して，「県民党」的立場の選挙態勢をとった。その戦術が効を奏し，各地に「奥田を推す会」が勝手に誕生，無党派層をひきつける大きな原動力となり，それが奥田勝利をもたらしたのである。

　また，北海道では，衆議院議員（社会党）から転身した横路孝弘が，社会党推薦で立候補して159万7,590票を獲得，対立候補の三上顕一郎（自民党，公明党，民社党，新自由クラブ，社民連推薦）を7万1,360票の小差で破って，24年ぶりに革新道政を奪還した。

　この選挙で注目をあびたのが〈勝手連〉という団体である。この勝手連結成の経過やそれに対する評価が，『朝日新聞』（1983年4月22日付）の「天声人語」の欄に掲載されているので，それをみておこう。「『勝手連』という奇妙な団体が北海道の知事選で活躍した。正式には『横路孝弘と勝手に連帯する若者連合』だが，この命名がいい。『勝手に』の3文字が生きている。命名が絶妙で，それが人々の心をつかみ，政治の場である種の力を生む。いかにも広告時代にふさわしいできごとだった。『勝手に』の3文字を分析する

と，既成政党の硬直した選挙戦術の弱点があぶりだされてくるような気がする。元日大全共闘の書記長で，今は北海道で羊を飼っている田村正敏さんやフォーク歌手の稲村一志さんが，去年，横路さんに知事選出馬をすすめたのがことのはじまりである。横路さんは断った。それなら『勝手にかつぎだす』といって勝手連をつくった。大きな組織の押しつけでもなく，カネを積まれたわけでもなく，自分の気分で，自分の責任で，勝手に応援を買ってでる。楽しく騒いで，運動の輪をひろげる。そのあたりが，閉塞の時代の若者や中年的若者をひきつけたのだろう。『30男の樽酒飲み放題コンサート』なんていう催しを繰り返すうちに，あちこちに勝手連が生まれた。学生勝手連，大正生まれの勝手連。自然保護運動の活動家も参加した。保守の根城と思われていたすすきのにも，すすきの勝手連が生まれた。その気になれば『女一人の勝手連』でもいいのだ。正確につかめぬところが勝手気ままの会らしい。勝手連の幅の広さにもつながるが，この活動が人びとを燃えたたせたのはやはり『おもしろおかしく騒ぐ』ことを選挙運動にとりいれたことである。思想も歌もいたずらも反核も，勝手にまじりあって同列にある，という運動の新しさにある。文化が硬直してくると『新儀をひらく』動きがあることを歴史は教える。勝手連なんて勝手に合わぬ，などといっていると，既成の選挙運動はますます硬直する」。

この〈勝手連〉の運動が，無党派層に「横路候補へ」という形で投票権を行使させた意義は大きい。だがそれ以上に，政治に関心が薄いといわれている青年層（若年層）に，政治を身近な問題として提起し認識させた意義の方がより大きいといえよう。このような新しい運動形態は，参議院選挙で〈MPD・平和と民主運動〉としてあらわれ，また，師走の総選挙では徳島全県区で三木武夫候補（自民党河本派）を，福岡1区で楢崎弥之助候補（社民連）をそれぞれ勝手に支援するという形で機能した。〈勝手連〉のような自然発生的な市民運動型選挙が一過性のものにすぎないのか，あるいは，今後さまざまな選挙に形をかえて現われてくるのか推移を見守っていきたいと思う。

さて，1983年の知事選挙をふりかえってみると，第1に，当選した22知事

の推薦・支持パターンは自民党公認が6，自民党単独推薦が1，保守・中道型が6，保革相乗り型（大連合型）が7，革新型が2となっている。その結果，1983年の改選を終えて全国47都道府県知事の色分けは，自民党単独型12（公認10，単独推薦2），保守・中道型19，革新・中道型3，革新型2，保革相乗り型11（うち共産党を含めた7党相乗りは3）となった。

このことから知事選挙においては，保守・中道型の定着，保革相乗り型の伸展という形での〈多党連合〉時代が定着してきたといえる。その他の特徴としては，現職が圧倒的な強みをみせたことである（現職は18都府県で立候補し，敗れたのは福岡県だけ）。もう一つは投票率の低下である。22知事選挙中6都県で過去最低を記録した（最も低かったのは茨城県の36.78％）。

次に市長選挙についてみておこう。表1からもわかるように，1983年は242市（1982年は184市）で選挙が行われた。1982年に最も多かった保守同士の対決が1市増えて32市となっただけなのに対して，保守・中道と革新（革新・中道を含む）の対決が一挙に倍増して50市となったところに対決パターンの特徴を見出すことができる。首長選挙での共闘パターンをみれば，革新・中道型の減少（24市：15勝9敗→19市：11勝8敗），それに対する保守・中道型の急増（59市：52勝7敗→96市：88勝8敗）という傾向が著しくなっている。この現象は，中道政党（勢力）の保守への傾斜，より精確にいえば政権与党への傾斜（＝野党からの脱皮現象）がより一層鮮明になり，それが伸展しながら定着化しているということを意味している。つまり，革新政党との共闘の見直し・解消→保守政党との共闘・連携強化という共闘図式の定着である。特に，保守・中道型の共闘パターンが著しいのは，近郊都市や地方中核都市である（例えば人口10万以上の86市のうち46市で保守・中道候補者が立ち，うち44市で当選。当選率は実に95.7％である）。中道政党（勢力）の首長選挙での方向転換の意図は，組織の基盤が大都市にあるという組織構造上の要因もあるが，やはり主要都市で政権与党として市政に参画し，それを足場にして国政選挙で議席を伸ばし，与野党伯仲（逆転）状況あるいは保革伯仲（逆転）状況をつくりだして，連立政権を誕生させ，自らそ

表1　市長選挙星取表

対抗馬＼勝ち	保守型	中道型	革新型	保守・中道型	革新・中道型	保革相乗り型	計
保　守　型	32	—	5	15	6	7	
中　道　型	2	—	—	—	—	—	
革　新　型	18	2	—	49	1	11	
保守・中道型	4	—	1	—	1	2	
革新・中道型	6	—	—	1	—	1	
保革相乗り型	2	—	—	—	—	—	
そ　の　他	—	—	—	1	—	2	
無　投　票	26	—	—	22	3	22	
計（％）	90 (37.2)	2 (0.8)	6 (2.5)	88 (36.4)	11 (4.5)	45 (18.6)	242
1982年	82 (44.6)	2 (1.1)	4 (2.2)	52 (28.3)	15 (8.2)	29 (15.8)	184

註：①保守型＝自民党または保守系無所属，中道型＝公明党，民社党（いずれか一方の場合も含む），革新型＝社会党，共産党（いずれか一方の場合も含む），保革相乗り型＝保守と革新が同一候補についたケースで，中道が加わった場合も含む。
②1982年を合計すると100％を越えるがこれは四捨五入したため。
③当該表は，『朝日新聞』（1983年12月28日付）より一部変更して引用。

れに参加することによって国政レベルでの発言権を強化したり，主導権を掌握しようとするところにあると思われる。

　今一つの特徴は，保守・中道型の定着がそのままストレートに保守の退潮に結びつくのではない，ということである。自民党単独で候補者を擁立し，当選させることが困難な情勢になってきたことは確かであろうが，それは，自民党（保守）の組織力や政治力が低下した結果であるということよりも（もちろんそういう要因も一応加味されなければならないが），むしろ多様化した市民の要求を実現させるためのコンセンサスを形成させるために，相互の連携が必要とされ，そのために共闘が実現していると考えた方がより現実的だということである。

　また，その他の特徴としては，現職の圧倒的強さをあげることができる（195市で立候補し，175人が当選。当選率は89.7％）。そのうち7選が3人，6選が5人，5選が9人というように多くの多選市長が誕生している（町長選挙では最多選の10選首長が3人，町村合併前の旧村時代からの通算も含めれば5人いる）。

　さらに，各級議員選挙について一瞥しておこう。第1に，都道府県議会議員選

挙であるが、表2から理解できるように、その特徴の1つは、政党化率がきわめて高いということである（86.0％、前回選挙は85.3％）。この傾向は、1959年の第4回統一地方選挙以降大きな変化はなく定着している。その2は、無投票当選がわずか80人（3.0％）と、前回選挙の6分の1以下に激減したことである。これは、共産党が6月の参議院選挙

表2　44道府県議当選者数

	計	現	元	新	前回当選者
自 民 党	1,487	1,230	31	226	1,406
社 会 党	372	261	26	85	379
公 明 党	182	125	9	48	166
民 社 党	100	74	1	25	106
共 産 党	85	66	4	15	122
新 自 ク	16	13	1	2	27
社 民 連	6	6	0	0	6
諸 派	41	35	1	5	43
無 所 属	371	125	19	227	390
保 守 系	294	75	16	203	312
革 新 系	33	19	3	11	33
そ の 他	44	31	0	13	45
合 計	2,660	1,935	92	633	2,645

註：①無投票当選者80人を含む。
　　②女性議員は30人（前回28人）。
　　③当該表は、『朝日新聞』（1983年4月12日付）より一部変更して引用。

比例代表区をにらんで大量の候補者を立てたことによる。その3は、自民党が81議席（5.8％）、公明党が16議席（9.6％）増やしたのに対し、共産党が37議席（30.3％）も減らしたことである。第2に、市議会議員選挙では、定数全員が無投票当選になったのが7市（福井県大野市、岐阜県関市、羽島市、奈良県大和高田市、山梨県韮崎市、新潟県両津市、愛媛県東予市）、一部選挙区で無投票となったのが1市（福島県郡山市）である。第3に、町村議会議員選挙では、統一地方選挙で行われた1,290の選挙のうち136町村の全議席と4町村の一部議席が無投票となり、無投票当選率は統一選挙史上2番目に高かった。[1]第4は、女性の進出がめざましかったということである。統一地方選挙前半戦の44道府県議選での女性候補は212人で、前回（65人）の3.3倍。政令指定都市の市議選では候補者56人（前回36人）、当選者35人（前回28人）と大幅に増加し、後半の市議選でも全国で455人も立候補した。このような女性の地方政界へのめざましい進出について、一昨年京都府知事選挙で革新陣営から出馬を要請された寿岳章子京都府立大学教授は、次のように高く評価している。「女性が積極的に立候補するのはいい傾向です。ダメな男の議員とき

たら，汚職はするわ，行儀が悪いわで，何かというとお酒を飲みたがり，出張したがる。それがこれまで男のやってきた地方政治だったけど，女性が進出すれば変わると思う。本来，女性がそういった間違いに対し卒直に『おかしい』と言えるし，だからこそ議員になれば，そんな実態を洗い直す力になる」[2]。

さて，このような全国的な選挙動向のなかで，滋賀県ではどのような現象がみられたのか次にみておこう。

第3節　滋賀県における地方選挙の動態

1．統一地方選挙

前半戦は，県議選が4月10日に執行，後半戦は，4市議選（大津市，彦根市，長浜市，近江八幡市），9町村長選（中主町，野洲町，石部町，甲西町，水口町，愛東町，秦荘町，近江町，朽木村），13町村議選（栗東町，土山町，信楽町，安土町，日野町，永源寺町，近江町，浅井町，高月町，マキノ町，今津町，新旭町，朽木村），1町議補選（秦荘町）がそれぞれ4月24日に執行された。

まず，県議選から主な特徴をひろってみよう。第1は，共産党が6月の参議院選挙に初めて比例代表制が導入されるという新しい政治情勢を考慮にいれて，28選挙区すべてに候補者を立てたため，8年ぶりに全選挙区で投票となったということである。ちなみに，前回選挙（1979年）では4選挙区（神崎郡，犬上郡，坂田郡，伊香郡）で無投票を記録した。

第2は，投票率が75.13％で，戦後最低であった前回（74.30％）をかろうじて上回ったということである。特に今回は，一昨年10月の条例改正で議員定数が増えた栗太郡（1から2議席へ）では5人が立候補し，前回投票率を12.2％も上回った（76.70％）ほか，野洲郡（1から2議席へ）でも6人が乱立して投票率が85.07％となり，前回を4.11％上回った。その他，有力候補が死闘を演じた伊香郡（92.09％），東浅井郡（91.77％），高島郡（87.67％），坂田郡（85.29％），甲賀郡（84.50％）ではいずれも高い投票率を示している

が,他方,最初から議席がほぼ指定席となっている八日市市(62.63%),守山市(63.27%),長浜市(65.01%),犬上郡(62.57%)などの無風選挙区では前回投票率を大幅に下回っている(ただし,犬上郡は前回無投票)。

第3は,前回では1人(共産党)であった女性候補者が,今回一挙に史上最多の8人も立候補したことである。党派別では共産党が7人,無所属(社会党推薦)1人で,すべて革新系であるというところに大きな特徴がある。甲賀郡区,野洲郡区などで善戦したが,あと一歩及ばず,24年ぶりの女性県議誕生は成らなかった[3]。

第4は,自民党が公認(27人)と追加公認(3人)をあわせて30議席(改選前27)を獲得し,議席ゼロの空白選挙区を1(犬上郡)としたが,県都大津市・滋賀郡区(定数9)で1議席減らして過半を割ったことである。しかし,前回選挙と比較すれば,得票数は24万3,519票から31万2,520票へと6万9,001票(28.3%)増えているし,絶対得票率でも39.2%から40.8%へとわずかながら伸びている。保守の伸びに比べて〈知事党〉〈県民党〉を自認する革新・中道系の第2会派みんなの革新県政を育てる会と保守系の第3会派滋賀自治クラブが,ともに現職を1議席づつ減らした(みんなの革新県政を育てる会7,滋賀自治クラブ2)。特に,みんなの革新県政を育てる会は,最近の行財政改革の賛否等をめぐって社会党と民社党との間にきしみができ,さらに,1983年1月に民社党が参議院選挙地方区に独自候補を擁立することを決定したことから亀裂が生じて,統一会派としての結束が崩れたことが大きく影響していると考えられる。今回当選した7人の党派別色分けは,社会党,民社党推薦3:近江八幡市区の奥清,守山市区の片山秀雄,犬上郡区の八木進一,民社党推薦:大津市・滋賀郡区の川瀬庄平,長浜市区の小林実,社会党,公明党,民社党推薦1:草津市区の石橋修一,公明党,民社党推薦1:彦根市区の浅川辰已である(なお社会党,民社党推薦で東浅井郡区の角川誠は落選)。また,滋賀自治クラブは民社党推薦の2人(野洲郡区の広瀬雅三,八日市市区の大西文蔵)が当選したものの,代表の山本秋造(草津市区)が次点で落選した。社会党は現職2人を確保(うち坂田郡区の沢野邦三

は，前回はみんなの革新県政を育てる会公認であったが，今回は党県本部書記長という地位にあったがために民社党の推薦が得られず，社会党公認で出馬し，当選した）し，また，大津市・滋賀郡区では公認候補を立てず，革新系無所属候補（松井佐彦前大津市議）を推薦して議席を奪回した（松井県議は栗太郡区選出の野村政夫県議とともに現在無党派クラブに所属している）。公明党は現職1。共産党は党公認と推薦の住民の手で革新県政をすすめる会の1人を合わせて全選挙区に19人を立てたものの，重点地区の彦根市と甲賀郡で現職の壁を破れず，同党の悲願だった議会の運営権を握る4人達成はできなかった。しかし，全選挙区に候補者を立てたこともあって，得票数および得票率は大幅に増加した。得票数は前回比255.5％増の5万1,487票（前回2万253票），推薦候補を加えれば222.3％増の5万9,983票（前回2万6,981票）である。また，絶対得票率では3.2％（推薦含めて4.3％）から6.7％（7.8％）へと大幅に伸びている。

　第5は，神崎郡区選出の北川弥助県議（自民党）が，1950年2月の補欠選挙に39歳で初当選して以来，2度の無投票当選をはさんで10回目の当選を果たし，近畿の府県議でただ1人の10選議員になったことである。〈弥助流〉戦術によれば，多選の秘訣は第1に「電柱や牛にも頭を下げる」気の低さ，第2は，「議員の仕事を，個人の相談ごとに心から協力すること，と心得ている」ところにあるそうである。つまり，議会活動よりも就職や結婚の世話をするという形での議員活動に徹することが当選につながるという論理の実践である。実際，北川県議が就職や結婚の世話をした人は数千人にのぼり，彼自身，「まいた種が，選挙のとき，育ってくれるのをみるのが楽しみでナ。どんな人が何人寄ってくれはるか，ちゅうてナ」と語っている[4]。

　第6は，一方で地縁・血縁，義理といった共同体的特質を反映したムラ型選挙が相変わらず展開されたということである。その1つは，金権選挙である。今回選挙で買収・供応等で逮捕された議員・運動員は新聞に報道された分だけでも6陣営に及ぶ。その内訳は，滋賀自治クラブ1：広瀬雅三議員派（野洲郡区），自民党・自民党系5：田中高雄議員派（草津市区），桐畑好春

議員派（伊香郡区），早藤茂議員派（高島郡区），清水鉄三郎候補派（高島郡区），赤堀義次候補派（坂田郡区）である。特に，高島郡区では1万円札入り封筒が民家に投げこまれるという露骨な"現ナマ作戦"が展開され，ムラ型選挙の醜くさをみせつけた。太田忠久が指摘しているように，「田舎では，選挙で金を取るのは人によっては半ば公然のようになっていて，それを咎め立てするものはない」とか，「実際，金を受けとると人情的にも裏切れなくなる」[5]という農村社会に住む有権者の心理を読みとったうえでの"仕掛"が依然として行われているわけである。

　その2は，〈土下座選挙〉である。1983年3月30日付の『朝日新聞』に次のような記事が写真入りで掲載されていた。「高島郡区では前回，前々回と同じ顔ぶれの保守系3候補がそろって立ち，2議席めざして3度目の手合せとなった。このうちA候補は前回，前々回とも数百票の小差で涙をのんだだけに，こんどは『3度目の正直』にあやかろうと，選挙事務所の出陣式では近くの神社から神主を呼んでおはらいを受けた。集まった800人の支持者を前に土下座して強力な支援を訴え，早くも選挙終盤の様相だった」。この〈土下座〉という行為は，選挙戦術としてどのような意味をもっているのであろうか。これは有権者の心情に訴えることを最大のねらいとする行為の一種であるが，その際，自らを一時的に有権者の下僕に位置づけることによって，下の者が上の者にあわれみを乞うという形をとる。つまり，相手（この場合支持者という特定多数と一般有権者という不特定多数の両義を含む）の同情を誘うことによって，1票を手堅く獲得する，あるいは心情票を期待するという計算されたギブ・アンド・テイクの選挙行為である。この選挙戦術が，とりわけ農村社会で効力を発揮するのは，農村社会が多分にエモーショナルなエモーション社会[6]という体質を含んでいるからだといえよう。

　その3は，コミュニティ・インボルブメント（community involvement），すなわち住民の総動員化作戦の展開である。これは，住民または各種集団のコミュニティの包摂・包絡状況を指し，コミュニティとの一体的な関係が強調されるという意味あいをもつが，具体的には投票への駆り出しという形で

機能している。

　他方で，旧態依然たるムラ型選挙を変革させる試みともいうべき新しい選挙戦術も展開された。例えば，桐畑陣営では運動員を動員して湖岸の清掃をするという新しいイメージ選挙を展開し，野洲郡区の青木愛子陣営（無所属，社会党推薦）では，候補者自身が日本婦人会議県副議長という地位にある関係から，日常の運動で知りあった主婦が応援にかけつけるという形での選挙戦術が展開された。

　次に，市議選について主な特徴をあげておこう（表3参照）。第1に，党派別当選者については，新自由クラブが今回初めて1議席を獲得（県連代表の中川登美子議員。前回は同党推薦，無所属で当選），それとともに，政党化率が前回29.7％から今回33.9％へと伸展して，市議選レベルで実質的な多党化時代を迎えたことである。特に，大津市や近江八幡市といった人口急増都市での政党化傾向が著しくなっている（大津市：42.5％→47.5％，近江八幡市：16.7％→33.0％）[17]。しかし，大津市も含めて全ての市で自民党籍を有しながら無所属で当選している"かくれ自民党"が多いのも大きな特徴の一つである。

　第2に，新旧別の特徴をみてみると，現職優位の傾向は変わらない（今回68.6％，前回66.9％）。これを市別にみれば，前回新人の進出が著しかった彦根市では，その占有率が36.7％から10.0％に，近江八幡市では37.5％から25.0％に減少しているのに対して，大津市では，逆に，15.0％から30.0％へと倍増している。この比較から新旧交代には一定の周期があると考えられる。

　そこで第3に，当選回数別の特徴をみてみると，その1に，4選以上の議員は，前回14人から今回26人へと85.7％増加して，多選化の傾向がうかがわれる。4選議員は党公認9，無所属4，5選議員は党公認4，無所属8，6選議員は無所属1となっている（4選以上の党派別議員は自民党2，社会党2，公明党2，民社党2，共産党5，無所属13）。つまり，党公認議員の4選以上の議員総数に占める割合は50.0％となり，3選以下のそれに占める割

表3　4市議会議員選挙の結果概要

		定数	投票率	党派別								新旧別			当選回数別						年代別						
				自民党	社会党	公明党	民社党	共産党	新自ク	社民連	無所属	現	元	新	1	2	3	4	5	6	20	30	40	50	60	70	平均年齢
大津市	今回	40	73.54	4	3	4	4	4	0	0	21	27	1	12	12	6	13	5	4	0	0	0	16	22	2	0	50.9
	前回	40	73.96	4	2	4	2	5	0	0	23	29	5	6	6	15	14	5	0	0	0	5	13	16	6	0	49.7
彦根市	今回	30	80.52	0	2	2	1	2	0	0	23	23	4	3	3	9	10	4	4	0	0	1	9	8	12	0	55.0
	前回	30	79.60	0	2	2	1	2	0	0	23	18	1	11	11	10	5	3	0	1	0	5	6	12	6	1	52.0
長浜市	今回	24	86.81	0	0	1	2	2	1	0	18	14	2	8	8	3	7	2	3	1	0	0	7	13	4	0	53.5
	前回	24	85.26	0	2	1	2	2	0	0	17	17	1	6	6	9	4	3	2	0	0	1	9	12	2	0	51.3
近江八幡市	今回	24	86.95	0	2	2	1	2	0	0	16	17	1	6	6	7	8	2	1	0	0	5	6	10	3	0	49.3
	前回	24	87.05	0	1	1	2	0	0	0	20	15	0	9	9	10	5	0	0	0	0	2	8	7	7	0	51.9
4市合計	今回	118	-	4	7	9	8	11	1	0	78	81	8	29	29	25	38	13	12	1	0	6	38	53	21	0	52.5
	前回	118	-	4	7	8	5	11	0	0	83	79	7	32	32	44	28	11	2	1	0	13	36	47	21	1	50.9

註：当該表は，『朝日新聞』(1979年4月23日，1983年4月25日付）より作成。

合（29.3％）をはるかに上回っている。このことから，多選化現象は党公認議員の当選の積み重ねの結果もたらされた側面が強いといえよう。これとの関連で今一つ注目すべきことは，3選が市議選での一応の節目になるということである。今回選挙での当選率をみてみると，再選率が78.1％，3選率が86.4％と高いのに対して，4選率は46.4％とかなり低くなっている。今回の選挙では，3選議員28人のうち4選目ざして出馬したのは14人で，そのうち1人を除いて13人が当選した。しかし，残り14人（党公認2，無所属12）は出馬を取りやめた。不出馬の理由は県議選・市長選への出馬（意向），死亡などさまざまであるが，先にみた4選議員の党派別構成と考えあわせると，無所属議員（その大半は保守系，自民党系）に不出馬の傾向が著しい。一般に，無所属議員の多くは自治会・町内会の推薦を受けており，それとのからみで4選不出馬を表明するケースが多いように思われる。

　第4に，年齢別に特徴をみてみよう。その1は，当選議員の平均年齢が前回（50.9歳）を1.6歳上回って52.5歳となり，高齢化の傾向を示したことである。特に，今回新旧の入れ替えが少なかった彦根市においては，前回（52.0歳）を3.0歳上回って55.0歳となった。しかし，同様に，新旧の入れ替えが前回より減った近江八幡市は，平均年齢が逆に前回（51.9歳）よりも2.6歳下回っており，また，大津市や長浜市のように新旧の入れ替えが増えたにもかか

わらず，平均年齢が増えているという傾向もあらわれた。この傾向はどういう意味内容を含んでいるのであろうか。いま少し詳しくみてみよう。表4は，初当選議員の年齢別構成と平均年齢を示したものである。この表からいえることは，新旧の交代率の高さと平均年齢の低下との間には相関関係が存在しないということである。大津市のように初当選議員が前回に比べて倍増したにもかかわらず，議員の平均年齢は2.2歳も上昇したり，逆に，近江八幡市のように初当選議員が減少したにもかかわらず，平均年齢が9.5歳も減少したりしている。近江八幡市は，国鉄（現JR西日本）東海道本線沿線という地理的条件から近年ベッドタウン化して，混住社会化・都市化が急激に進展しており（1960年を100とした1980年の人口指数は136，世帯数指数は169），都市の活性化との関連で議員の平均年齢とりわけ初当選議員のそれが大幅に低下したものと考えられる。その2に，全体的にみて50代（今回44.9％，前回39.8％）を筆頭に，40代（32.2％，30.5％），60代（今回・前回ともに17.8％）といったいわゆる中高年層の比率がきわめて高いのも特徴である。30代は，前回13人（11.0％）から今回6人（5.1％）に減ったが，この年代層の党派別構成をみてみると，前回は共産党5，公明党2，民社党1，無所属（保守系，革新系の両方を含む）5，今回は共産党2，公明党3，無所属1となり，党公認議員しかも組織政党議員が非常に多いという特徴がみられる。それに対し，中高年層は自民党，自民党系無所属，社会党，民社党といった議員政党議員が大半を占めていると指摘することができる。特に近江八幡市は，30代議員5人のうち組織政党議員が4人（共産党2，公明党2）を占め，また，3人（公明党2，無所属1）が初当選議員である。これらのことから，非農業人口の増加を伴って急速に都市化した混住社会は，社会構造の多元化とともに，地域住民の政策要求の多様化と従来の政策の高度化を結果し，それが政党化，組織政党議員の伸展，年齢構成の均等化，平均年齢の低下という諸現象をもたらすことになったといえるのではないだろうか。

　さらに，首長選挙についてみておこう。統一地方選挙の結果は，初当選の中主町長（那須安彦），甲西町長（松原有一），朽木村長（平瀬浩）の3首長

を除く6首長が無投票当選した。その内訳は、5選が1人（宇野勝野洲町長）、4選が2人（服部絢夫石部町長、穴戸貞六水口町長）、3選が1人（横田正治良愛東町長）、再選が2人（西川久治郎秦荘町長、前川善彦近江町長）という構成になっている。

表4　初当選議員の年齢別構成と平均年齢

		大津市	彦根市	長浜市	近江八幡市	4市合計
30代	今回	0	0	0	3	3
	前回	1	3	0	1	5
40代	今回	6	1	5	2	14
	前回	1	2	2	2	7
50代	今回	5	2	3	1	11
	前回	4	3	3	4	14
60代	今回	1	0	0	0	1
	前回	0	3	1	2	6
平均年齢	今回	50.0	52.0	50.1	42.5	48.7
	前回	47.8	49.7	53.0	52.0	50.6

註：当該表は、『朝日新聞』（1979年4月23日、1983年4月25日付）より作成。

2．一般地方選挙

　統一地方選挙を除いた一般の地方選挙では、守山市、長浜市と10町長選挙（五箇荘町、余呉町、マキノ町、今津町、新旭町、永源寺町、山東町、安土町、豊郷町、湖東町）、13市町議会議員選挙（八日市市、守山市、草津市、余呉町、甲賀町、中主町、竜王町、木之本町、湖東町、五個荘町、山東町、石部町、豊郷町）が行われた。ところが、12の首長選挙のうち実際に選挙があったのは、長浜市、安土町、湖東町、豊郷町だけであとは全て無投票という結果に終った。先の統一地方選挙の際の首長選挙とあわせて考えてみると、21首長選挙のうち投票が行われたのは7市町村で、全体の3分の1にすぎない。しかも、再選の2町長（辻悦蔵安土町長、長谷川孝一豊郷町長）を除いた他の5市町長（先に述べた3町長と松宮資男長浜市長、西堀茂平湖東町長）は新顔同士の対決で初当選をおさめている。他方、無投票当選の場合は、初当選の1人（林源太郎永源寺町長）を除く13市町長が再選以上である（6選：早田昌二今津町長、5選：宇野野洲町長、山本博一山東町長、4選：服部石部町長、宍戸水口町長、中村哲三五個荘町長、3選：横田愛東町長、高田信昭守山市長、沢水澄マキノ町長、再選：西川秦荘町長、前川近江町長、西山倫余呉町長、岡田巌新旭町長）。

特に，統一地方選挙前に行われた4首長選挙（今津町，マキノ町，新旭町，余呉町）で，現職首長がそろって無投票当選となり，県選挙史上初めての記録をつくった。そこで，4町の関係者の声を聞くことによって，無投票選挙の背後にある要因をさぐってみよう。まず，今津町長選挙に早くから「多選阻止」を旗印に立候補を表明したが，選挙間近になって立候補を断念した同町議で会社社長の吉田近経は，次のように出馬断念の理由を述べている。「後援会組織も準備し，互角に戦える自信はあった。しかし家族や周囲の人に，選挙戦のあとしこりが残るからと断念を迫られ，やむなく態度を変えた。義理，人情にうるさい田舎では，都会のような楽な気持ちで選挙に臨むことが出来ないと知った。相手陣営から直接の圧力は受けなかったが，現職町長の権限の強さが無言の圧力になってはね返ったと感じている。支持者から再考をうながす呼びかけも受けましたが，仕方のない断念です」。一方，無投票で6選を果たした早田町長は，「選挙戦になれば町を二分，住民間に妙なしこりも残ることになる。だから無投票で終わったことでほっとした気持ちです。過去の実績が評価されたのではないかと自負もしている。有権者の審判も受けたかったが，しかしこれで良かったのだと思う」と述べている。また，対立候補のうわさもなく，無投票再選を果たした岡田新旭町長は，「こまめに町民と会話を重ねたことが評価され，対立候補も出る幕がなかったのだと思っている。成算のない選挙をしても周囲からは変な目で見られるだけという土地柄が，無風に結びついた感じもする。もちろん選挙戦を回避するための工作などは一切ありません」と話している。同じく区長会をはじめ町内の各種団体の推薦をとりつけ，町議会議員全員（16人…全員無所属）の支援を受けて再選された西山余呉町長は，「住みよさを求めて誠実に取り組み，行政施策が地域に偏らないよう努めてきたのが評価され無投票に結びついたと思う。ただ感謝するのみ」と語っている。こうした無風ぶりについて，高島地区労の中河達雄幹事は次のように分析している。「革新の力量不足で対立候補を出すことも出来ないのが実情。保守系現職町長を繰り返し無投票当選させた責任は痛感している。保守系での選挙戦の場合，立候補の動きをみ

せるだけで現職への反乱と受けとられる土地柄。信念と強い決意がない限り立候補もむりだ。親族や知人が強引に断念に追い込んでしまう。有権者に選挙への自覚が薄いから、こんな奇妙な形で円満選挙に終わってしまうのだと思います」[8]。

さて、これらの声から無投票選挙の背後にある要因を整理しておこう。第1は、革新勢力の力量不足である。特に今津町、マキノ町、新旭町が所属している高島郡は自民党田中派の山下元利代議士のお膝元であり、同郡選出の県議会議員も全て自民党である。また、余呉町は先の県議選で当選した自民党の桐畑好春県議のお膝元である。その意味で、4町はともに強固な保守地盤だといえる。第2は、現職町長が地域住民の支持を得るに十分な実績を積んできているということである。第3は、地縁・血縁のしがらみである。つまり、家族・親族や知人・周囲の人々が選挙戦後、町内にしこりを残すことを恐れて強引に出馬を断念させるということである。成算のない場合にはなおさらである。第4に、それとのかかわりで調整工作が行われるということである。より精確には、調整工作と並行する形で第3の要因にもとづく出馬断念が決意されるということである。これらの要因は、多分に農村社会における政治風土の構成要素になるものと考えられる。いわゆるムラ型選挙の典型の一つがここに示されているわけである。無投票の増大は、民主主義の根幹である投票権の行使が奪われるという点で明らかに大きな問題点をもっている。しかし、何よりも〈ムラの和〉を重視する地域住民の発想に立って考えれば、参加を大前提とする「民主主義」は彼らにとって「理想」ではあっても容易に「現実」とは結びつかない「理念」でしかありえない、否、「理念」ですらありえないといえるかもしれない。

この稿では、1983年という〈政治決戦〉の年に行われた地方選挙について、その特徴のガイドラインを考察してみたわけであるが、地方選挙のあり方はその地方（地域）のもつ文化特性を多分に反映した形で現象する。それの集約されたものが国政レベルでの選挙構造の特質を構成しているとすれば、地方あるいは地域に視点をすえた選挙構造の分析は、日本の政治文化の特質を

析出するうえで非常に大きな意義をもつと考えられる。そこにまた，地域住民の発想に立って地方選挙のあり方を考える意義が存在しているともいえよう。

註
(1) 基礎資料の多くは『朝日新聞』（1983年12月28日付）を参照した。
(2) 『朝日新聞』1983年4月25日付。
(3) 1959年4月23日執行の県議選に彦根市選挙区（定数3）から立候補した自民党公認の樋口綾（彦根市地域婦人団体連絡協議会会長）が，5,805票獲得して第3位で当選した。
(4) 『朝日新聞』1983年4月11日付。
(5) 太田忠久『むらの選挙』三一書房，1975年，p.101, p.110。
(6) G．クラークによれば，それはインテレクチュル（原則，原理，イデオロギー）よりもエモーション（心）が優先する社会であるという意味で用いられている（G・クラーク「日本人の意識構造」地方自治研究資料センター編『地方自治の日本的風土』第一法規，1977年，pp.40-42）。
(7) 依田博は都市化と政党化の関係について，「一般に，人口規模の大小は，自治体の都市化の程度の測度と見ることができるがゆえに，自治体の都市化は，地方政治家の政党化を説明する変数であるとみなすことができよう」（依田博「地方政治家と政策過程」間場寿一編『地域政治の社会学』世界思想社，1983年，p.95）と指摘している。確かに基本的にはそのようにいえるであろうが，しかし，彦根市のように県下第2の都市であっても，政党化率が他の都市よりも低いという実態を説明するには，単なる人口規模の大小だけでは不十分であると思われる。人口規模の大小とともに都市の形成過程や都市深化および地域の文化特性を基底とした地域社会の政治風土といったかなり漠然とした任意の変数の導入が必要であるように思われる。
(8) 『朝日新聞』1983年1月18日付。

■あとがき

　私は，昨年（1999年）7月と今年1月に，続けて2人のかけがえのない「親」を失った。1人は実母（俗名・大橋和江，享年70歳）で，もう1人は仲人親（俗名・北川幸，享年71歳）である。母も仲人親もともに1928年生まれであるから，日本人の平均寿命よりもはるかに若い年での他界であった。母は脳内出血で倒れ，わずか9日間の入院で忽然とこの世から姿を消し，また，仲人親もその後に1ヵ月半の入院で他界してしまった。私は，特にこの2人の「親」からは大きな恩を受けていたので，生前にその恩に報いることができなかったことを日々後悔している。せめてものお詫びに，誠に拙いものではあるが，本書を2人の「親」の霊前に奉げたいと思う。

　今少し，2人の「親」について述べることをお許しいただきたい。農家に生まれ，農家に嫁いできた母は，もともと政治に関心がある方ではなかった。その母が，1975年4月の統一地方選挙を境にして政治に関心を持つようになったのである。この年の長浜市議会議員選挙に，地元から初めて女性（中川登美子氏）が立候補した。彼女は，3選を目指していた地元の他候補の陣営から，さまざまな圧力やいやがらせを受けながらも，果敢に選挙戦を戦ったのである。結果は次々点で落選したが，以後，地元に頼らず，農協婦人部長時代の人脈や新自由クラブの支持者などから得票して，4期連続当選し，最後は長浜市助役（滋賀県で初めての女性助役）まで務めたのである。負けず嫌いで，いつも前向きに生きてきた母は，彼女の政治姿勢に大いに共感し，初陣から選挙活動を積極的に手伝ってきた。地元の相手候補は自治会から全面協力を得ているので，彼女を支援するということは，大きなリスクを伴うことを意味していた。しかし母は，妹婿が出馬したときを除いて，彼女の選挙を喜んで手伝ったのである。彼女に女性の地位向上の実現を期待していたのかもしれない。また，北川幸氏が県議会議員選挙に出馬したときにも，自ら選挙カーに乗り込むなどして，一生懸命選挙活動を行っていた。それでも

まだ，母の関心は地方政治レベルのものであった。

　そんな母が，その後，武村正義氏の熱烈な支持者として，また，新党さきがけの党員や「草花の会」の会員として，選挙のときには，母なりに一生懸命応援したのである。それにはいろいろな事情があったが，母は母なりに武村氏の政治姿勢や庶民的で気さくな人柄に大いに共感を覚えていたのである。武村氏は「おはぎ」が大好物である。それを中川氏から聞いて知っていた母は，何度かおはぎを作って武村氏に食べていただいている。武村氏から「うまかった」と誉めていただくと，母はいつも顔に笑みを浮かべて大いに喜んでいたものである。母の満中陰の法要の時に，武村氏自ら拙宅にお越しになり，母の霊前に線香をあげていただき，その上，感謝状まで頂戴した。亡き母にとっても，私たち遺族にとっても，誠に名誉なことと心より感謝している。この時に，母の供養にと思って妻がおはぎを作り，それを武村氏に食べていただいた。武村氏の口から「お母さんの味と同じや」という言葉を頂戴し，感慨無量であった。その武村氏も今回の総選挙で涙をのんだ。もし母が存命であったならば，さぞかし悔し涙を流したことであろう。しかし，母はもうこの世にはいない。せめてもの救いである。

　仲人親についても少し触れておきたい。北川氏は，大阪逓信講習所普通部電信科を卒業後郵便局に勤務，在職中は労働組合運動に従事し，日本社会党の党員でもあった。滋賀県労働金庫理事，全逓労組滋賀地区本部特別執行委員，滋賀県公労協副議長，日本社会党県本部副委員長，滋賀県議会議員等を歴任している。

　既に述べたことでもあるが，北川氏は1975年4月13日に執行された県議会議員選挙に，日本社会党公認，革新県政を育てる会推薦で立候補し，3,990票獲得して2位当選した。この選挙には，長浜市選挙区（定数3）から9名が立候補して激戦となったが，知事選挙（武村氏が自民党公認の現職を破って当選）での勢いを得て，知事与党が2議席を獲得したのである。この時は，政治家嫌い・選挙嫌いの父が，自治会の役員をしていたこともあって，地元選対の中心メンバーの一人として積極的に選挙活動を行ったのである。母も

また，既に述べたように自ら選挙カーに乗り込んで一生懸命応援した。2人ともどちらかというと保守的な人間なので，社会党には違和感を持っていたが，この時ばかりは「地元候補」ということで応援したようである。これをきっかけにして両親と北川氏は非常に強い絆で結ばれるようになり，それが私たち夫婦の仲人親になっていただく大きな要因ともなったのである。しかし，1978年の12月定例県議会において議員定数条例が成立し，その結果，長浜市選挙区の定数が3から2に1名減員となった。翌年4月8日執行の県議選に，北川氏は，社会党公認で再度立候補し，5,901票獲得したが，定数減の影響を受けて，次点で涙をのんだのである。この時の悔しい思いは，今も忘れることができない。以後，北川氏は政治の世界から身を引いたが，最後まで社会党に愛着を持っていた，と私自身は思っている。

　大変長々と私事を述べてしまったが，本書はいずれも，私がこれまでに発表してきた諸論稿をまとめたものである。本書を構成する諸章の初出は，次の通りである。再録を快諾して下さった蒲生町教育委員会をはじめ，諸関係機関に対し，心より感謝申し上げる。なお，これらを本書に収録するに当たって，一部改題し，あるものは大幅に加筆し，あるものは文体や註の形式を統一するなど必要な加筆・修正を行った。

第1章　「選挙を通してみた社会風土」佛教大学社会学研究所『社会学研究所紀要』第1号，1980年6月。ただし，第2節～第4節は書き下ろし。

第2章　蒲生町史編纂委員会編『蒲生町史』（第2巻，近世・近現代，1999年3月）の著者担当部分（第9章　蒲生町の成立）から一部を除いて，改題・修正して転載（第1節　戦後の諸改革…「行政改革」，第2節　蒲生町の成立…「蒲生町の誕生」「新生蒲生町の始動と発展計画」「町行政施策の歩み」，第4節　明日に向かって）。

第3章　ふるさと神田研究会編『ふるさと神田』第1輯（1987年7月）の著者担当部分（第2章　明治以降の自治と行政，第11章　人口・産業…「人口動態」「農業」）を改題・修正して転載。ただし，第1節，

第7節,第8節は書き下ろし。
第4章 「滋賀県における政治動態の素描－1960年代から1970年代の衆議院議員総選挙を中心に－」滋賀県高等学校社会科教育研究会『研究会誌』第24号,1980年5月。
第5章 「＜滋賀方式＞の政治的効果－大津市における有権者の対応を中心に－」滋賀県高等学校社会科教育研究会『研究会誌』第25号,1981年6月。
第6章 「選挙協力形態の変遷過程と民主政治(1)－滋賀県における首長選挙を中心に－」滋賀県高等学校社会科教育研究会『研究会誌』第26号,1982年5月。「選挙協力形態の変遷過程と民主政治(2)－首長選挙のあり方を問う－」滋賀県高等学校社会科教育研究会『研究会誌』第27号,1983年5月。
第7章 「＜'83政治決戦＞の年に地方選挙を考える」滋賀県高等学校社会科教育研究会『研究会誌』第28号,1984年5月。

なお,本書の出版に際しては,サンライズ出版社長の岩根順子さんならびに専務の岩根治美さんには大変お世話になった。出版事情の厳しい状況の中で,決して採算が取れるとも思われないこのような書物を,快くこの世に出していただけることに心から厚くお礼を申し上げたい。また,諸般の事情で予定より入稿が遅れ,大変ご迷惑をおかけした。心よりお詫びを申し上げたい。

2000年8月

真夏の彦根キャンパスにて

大 橋 松 行

あとがき —— 217

北川　幸氏（きたがわ・みゆき＝元県議）22日午前0時33分、胃がんのため死去。71歳。告別式は23日午前10時30分から長浜市加田町2247の自宅で。喪主は妻、嘉美（よしみ）さん。1975年4月から79年4月まで県議を一期務めた。

出所：『読売新聞』2000年1月23日付。

大橋　和江さん（おおはし・かずえ）7日午後6時33分死去、70歳。自宅は長浜市加田町2614。葬儀は9日営まれました。喪主は夫松三（まつぞう）さん。遺族の話＝いつも前向きで人に親切な明るくさっぱりした性格の母でした。趣味はカラオケや手芸、グラウンドゴルフでした。

出所：『中日新聞』1999年7月11日付。

武村代議士（当時）直筆の感謝状

■索引

あ

アイデンティティ	124
間場寿一	153
アウターリング	14
青木愛子	206
浅川辰巳	203
飛鳥田一雄	141
足立友治郎	162
安定多数	1
井伊直愛	172
井狩貞之	177
池内玄蔵	40,42,51,52,53
意識圏	182
石橋修一	203
井田勝造	161
市居一良	185
伊藤吉太郎	42
田舎文化	124
稲村一志	198
井上孫治郎	179
井上良平	174
今井耕	50
岩永峯一	4
インフレ	33,35,41
上田茂男	132
ウェンナー	34
宇佐美忠信	141
氏子集団	117
宇野宗佑	43,135,140,173
宇野勝	161,209
右派社会党	50
梅津実	190
梅村芳蔵	179
江崎一治	134
江管啓	177
MPD・平和と民主運動	198
エモーション社会	205
近江商人	187,192
近江聖人	192
近江鉄道	61
大来佐武郎	141
太田忠久	122,205
大谷元治郎	185
大西文蔵	203
大原伴五	132
大平首相	141,153
大平政権	130
オール与党体制	184,190,192
岡崎和平	53
岡田厳	209
岡本三良助	40
奥清	203
奥田八二	197
奥野泰三	177
奥村展三	4
押谷盛利	102
小渕恵三	1

か

改進党	38
革新県政を育てる会	102,177,214
革新勢力	25,27
春日昂郎	175
加田今町会議所	113
加田桂	101
加田桂三	100,101,102
加田町会議所	110,113,114
片山秀雄	203
学校週5日制	65
勝手連	197,198
家庭の日	57
下部構造	75
亀井光	197
蒲生町建設計画	53,59
蒲生町総合開発計画	55
蒲生町総合発展計画	59
蒲生町町民憲章	62
蒲生町農村総合整備計画	56
ガリ版伝承館	65
川勝安次郎	38
川島松治郎	50,51
川瀬庄平	203
川端達夫	3
河本嘉久蔵	27,148,161
関心圏	181,182
官制的集団	115,117
神田農業協同組合	88,90
関東大震災	85
カントリー・エレベーター	90
議員政党	135,208
北川幸	102,213
北川弥助	204
木内宗光	175
基本法農政	88
木村泰治	177
キャスティングボード	164
救国貯蓄運動	35
共産党	23,24,26,27,28,50,51,52,130, 132,133,134,140,141,143,144, 145,146,148,149,150,161,162, 163,166,167,170,174,176,184, 199,201,202,203,204,206,208
拒否政党	155
桐畑好春	132,140,211
金融恐慌	85
空港周辺地域整備構想(試案)	69

索引 —— 219

空港反対蒲生町周辺地区対策協議会	71	公明党		沢水澄	209
草の根県政			23,24,52,102,131,133,134,140,	3海峡封鎖	196
	102,135,162,185,187,191,192		142,146,148,154,161,162,164,	参議院	10
草の根県民党	191,192		166,167,168,169,174,176,177,	参議院議員通常選挙	38
草の根県民連合	184,185		179,184,197,201,203,204,206,	参議院選挙	
草の根政治	164		208		23,24,25,26,27,141,142,143,
草の根選挙	185	国勢調査	22,77,79,81		144,145,148,151,157,175,201,
草の根ハウス	57,109	国民学校	32		202,203
草花の会	214	国民休養県構想	186,187	産業組合法	119
黒田春海	132	小作農	87	参政権	38
郡区町村編成法	93	55年体制	10,130	「3人家族」の時代	11,14
警察法	35	御真影	32,33	サンフランシスコ講和条約	91
軽票選挙区	138	個人の体験知	124	三割自治体	192
警防団	36	小杉俊秀	185	GHQ	32,33,34
兼業	75	国家地方警察滋賀県本部	35	塩崎潤	141
兼業化	27,87	国家独占資本主義	75	滋賀軍政部	32
兼業深化	18,87,180	国庫支出金	37	滋賀県警察	35
兼業農家	17,18	固定資産税	37	滋賀県興農政治連盟	162
県土修景美化保全条例(風景条例)	187	固定票	147,148,149,150	滋賀県中部広域市町村圏	10
県民クラブ	53	後藤田正晴	168	滋賀県中部地域広域市町村圏計画	56
公開討論会	3	後藤俊男	132	滋賀県長期構想	56
公害防止協定	57	小西哲	3	滋賀県民クラブ	141
公共下水道	57,60	小林喜一郎	38	滋賀自治クラブ	203
交差投票	146,147,155,156	小林隆	161	滋賀社会民主連合	24
恒常的労働従事者	18	小林実	102,203	滋賀地方同盟	102,134,163,174,185
公職選挙法	52,196	古琵琶湖層	31	滋賀中立労協	102,134,163,174
公職追放	33,101	古武家昇平	143,162	滋賀方式	141,155,157,174,176,190
公職追放令	101	コミュニティ	65,67,75,205	茂森宇右エ門	91,92,101
公政会	178	コミュニティ・インボルブメント	205	茂森太四郎	84,92
拘束名簿式比例代表制	196	混住社会化	180,208	自公保政権	3
講中集団	117			自公保連立政権	2
高度経済成長		**さ**		自小作・小自作農	87
	11,14,18,75,92,137,180	在郷軍人会	33	自作農	75,87
降伏文書調印式	32	細胞組織	148	自作農創設特別措置法	91
		坂源左衛門	91,101	支持政党なし	154,156
		坂谷清嗣	52	穴戸貞六	209
		佐藤清一	185	自社二大政党時代	10,25,131
		沢野邦三	203	至誠会	177

施政方針演説	1	衆議院議員選挙法	38	生活常識	124
自然村	73,74	衆議院議員総選挙	38,130	政権構想	144
自治会		衆議院選挙	23,24,25,26,27,146	政権政党	23
105,106,107,108,109,110,112,		就業構造	10,14	政権選択	3
114,115,116,207		衆参同時選挙	140,149,153	政権論争	3
自治体警察	35	自由党	3,40	政策論争	3,4,153
市町村優先主義	41	重票選挙区	138	政治関心	150,152
幣原喜重郎内閣	34	自由民主党	102	政治的有効性感覚	150
幣原内閣	35	住民の手で革新県政をすすめる会	204	政治文化	4
地場産業	59	寿岳章子	201	政党支持態度	150,153
柴田勝家	123	小選挙区制	52	政党支持の幅	155,157
市民運動型選挙	198	小選挙区比例代表並立制	2	政党支持率	25,153
自民党		上部構造	75	正当性拒否インパクト	145
1,2,4,23,25,26,27,28,51,52,		情報公開条例	192	政党の多党化現象	24
130,132,133,134,135,140,141,		消防組織法	35	世帯規模	11,13,14
143,146,148,149,150,154,161,		消防団令	35	世帯数	11,13,16,27,81,208
162,163,164,166,167,168,169,		消防法	35	世帯主	28
170,173,174,176,178,184,188,		食糧緊急措置令	34	瀬津一男	185
191,197,198,199,200,201,203,		白石道夫	185	絶対安定多数	1
204,206,207,208,211		親交圏	181	専業農家	17,18,28,85
地元意識	151,179	人口ドーナツ化現象	14	創価学会	148
地元の実力者	122	人口変動	10,11,13,27	双核都市構造	180
シャウプ勧告	41	新産別滋賀地協	102,134,163	総評滋賀地評	102,134,144,163,174
社会党		新市町村建設促進法	44,55	総理府告示	49,50
23,24,26,27,28,53,131,132,		新自由クラブ		ゾーニング	66
133,134,140,142,144,145,148,		23,24,25,121,130,132,133,134,		組織政党	135,208
154,161,162,163,166,167,168,		140,141,146,154,167,176,184,		園田美枝	161
170,171,174,176,177,178,184,		196,197,206,213		村債	37
197,203,204,206,208,215		新政会	141,142,143	村民税	37
社会党県本部	24,132,133	新町村建設計画	55,59	村落	72,73
〈社会党の黒い霧〉問題	132	新党さきがけ	214	村落共同体	73
社会民主連合	23,131,168	水田単作	81,85		
社共型革新主導の時代	131	杉原茂生	177	**た**	
社民党	3	図司庄九郎	40	第一次産業就業人口	14,16
社民連		鈴木榮太郎	73,123	第一社会地区	74
25,140,143,146,154,167,176,		鈴木俊一	197	第一種兼業農家	17,18,28,180
184,197,198		スプロール化	55	第3次蒲生町総合発展計画	
衆議院	10	角川誠	203		59,65,67,71

第三次産業就業人口	14	地方財政平衡交付金	37	投票行動	
第3次全国総合開発計画	56	地方自治法	41,45		2,10,24,27,28,30,142,145,147,
第三社会地区	74	地方制度調査会	41		150,152,153,155,165
対人認知	144,156	地方の時代	164	投票参加	152,156,157
大政翼賛会	33,101	地方分権	41	同和対策事業	161
田井中耕三	51	忠魂碑	32,33	特別養護老人ホーム	65
大中之湖干拓事業	16	中道革新連合	144	土下座選挙	205
第7次空港整備5カ年計画	69	中道勢力	25,26	都市依存圏	23
第2次蒲生町総合発展計画	56,59	中道連合政権構想	131	土地持ち労働者	18
第二次産業就業人口	14,15	中部広域圏		隣組	33,103,105
第2次中曽根内閣	196		10,13,14,15,17,18,20,21,23,25,	豊臣秀吉	123
第二社会地区	74		26,27,30	鳥越皓之	72
第二種兼業化	180	中部広域市町村圏	180		
第二種兼業農家	17,18,28,120	中部地域広域市町村圏	55	**な**	
対日平和条約	32	忠霊碑	33	内閣総理大臣	49
大日本政治会	38,101	町村合併	43,54	内藤正雄	42
第4次全国総合開発計画	56	町村合併促進協議会	42	内務省	95,99
対立競争型	190	町村合併促進審議会	42	内陸型工業	55
第6次空港整備5カ年計画	69	町村合併促進法	41,44,45	中井真三	51
多核家族化	181	町内会	33,103,105,207	中尾辰義	162
高田信昭	209	趙中九	63	中川一郎	141
高橋勉	132	チリメン	78	中川登美子	101,125,206,213
多賀谷真稔	141	通俗道徳	124	中川治男	88,125
高谷好一	124	塚本三郎	141	長洲一二	192
武村同友会	185	辻悦蔵	209	中曽根首相	196
武村正義	3,102,135,160,175,176,214	土山久司	177	中曽根内閣	196
立会演説会	178,196	堤康次郎	38,50	中野彰夫	125
多党化時代	25	デイ・ホスピタル	57	中野戸ヱ門	88,92,101
多党連合	199	寺本太十郎	102	長浜市農業協同組合	88,89,90
田中金之	100	田園都市	56	長浜市連合自治会	105
田中徳太郎	105	伝統主義	182	中村哲三	209
田中安平	50,51	統一労組懇	144	那須安彦	208
田村正敏	198	党営選挙	149	77年体制	130
男女普通選挙制度	38	道義的自治	74	並川義隆知事	98
檀徒集団	117	堂口信義	185	楢崎弥之助	198
丹波重蔵	42	同調内競争型	190	成田重兵衛	84
地方幹部会	148			二眼レフ構造	180
地方行政調査委員会議	41			西川久治郎	209

西川甚五郎	50	野村政夫	161,204	物価統制令	35
西田善一	174			浮動票	147,149,150
西田泰次郎	32	**は**		部落会	33,103
西堀茂平	209	パーソナリティ	190,191,192	文化行政	193
西村亀治郎	52	パーソナル・メディア	156	分村	46,48,94,97
西村関一	27	廃藩置県	92	分村運動	45
西山倫	209	蓮見音彦	72,75	ページング放送	61
日常的な知識	124	長谷川孝一	209	ベッドタウン	137,180,181,208
二宮尊徳	33	服部絢夫	209	奉安殿	32
日本共産党	38,41,102,162	服部岩吉	40	北条旭巌	34,41,50,51
日本共産党滋賀地方委員会	38	服部岩吉知事	34	ホームヘルパー	57,65
日本自由党滋賀支部	38	林源太郎	209	星伸雄	185
日本社会党	38,40,102,103,214	林清一郎	177	保守系無所属	23
日本社会党滋賀県支部連合会	38	早田昌二	209	保守主義	182
日本新生内閣	2	藩制村	73	保守・中道主導の時代	131
日本進歩党滋賀支部	38	非核蒲生町宣言	62	保守党	1
日本民主党	38	非核三原則	63	没政策化	190
年齢階梯制	118	非武装中立	145	ポツダム宣言	101
年齢集団	118	平瀬浩	208	堀健治	172
農外所得	18	広瀬雅三	175,203	ホワイト・カラー	181
農家経済	18	ビロード	78	ホワイト・パージ	101
農業委員会	91,92	びわこ空港	69,71		
農業委員会法	91	びわこ空港(仮称)基本計画(案)	67	**ま**	
農協合併促進助成法	88	びわこ空港問題	31	前川鬼子男	100
農業基本法	88	びわこ空港臨空都市構想(案)	69	前川善彦	209
農業協同組合	88,120	びわこ国体	162	槇枝元文	141
農業協同組合法	88	琵琶湖総合開発計画	162,184	松井佐彦	204
農業実行組合	90,91,119	琵琶湖総合開発事業	59,161	松岡英夫	197
農業所得	18	琵琶湖総合開発特別措置法	161	マッカーサー元帥	101
農協中央会	92	琵琶湖富栄養化防止条例	162	松原有一	208
農事改良組合	90	福永忠兵衛	50,51	松宮資男	209
農事実行組合	90,116,119,120,121	福本正一	52	満州事変	31
農村下水道	57,60	藤田信一	142,161	三上顕一郎	197
農地改革	75,91	藤居傳治郎	92,100,105	三木申三	168
農地調整法	91	藤井義顕	161	三木武夫	198
野口謙蔵記念館	65	藤井利平	42		
野口幸一	132,162	伏木豊美	177		
野崎欣一郎	102,135,175	不沈空母	196		

民社党
　23,24,25,26,102,130,131,132,
　133,134,140,142,146,148,154,
　161,164,167,168,169,174,176,
　177,184,197,203,204,206,208
民主化　　　　　　　　　　35
民主自由党　　　　　　　　38
民主主義　　　　　　　　　3
民主党　　　　　　　　　　3
みんなの革新県政を育てる会
　　　　　　　　　　203,204
無党派クラブ　　　　　　204
無党派層 3,4,25,154,156,197,198
武藤嘉文　　　　　　　　141
ムラ型選挙　204,205,206,211
むら型民主主義　　　　　123
村の精神　　　74,75,123,124
名神高速道路　　　　　15,61
メトロポリタンエリア　　 14
M・デュベルジェ　　　　148
望月邦夫　　　　　　　　148
望田宇三郎　　　　　　　177
守田厚子　　　　　　　　185
森喜朗首相　　　　　　　 2

や

矢尾喜三郎　　　　　　27,38
八木進一　　　　　　　　203
安井一嗣　　　　　　　52,63
野党の多党化　　　　　　24
野党の多党化時代　　　　131
柳原正典　　　　　　　　185
矢野絢也　　　　　　　　141
山岡栄市　　　　　　　　 28
山下元利　　　140,173,178,211
山田耕三郎 140,142,143,175,176
山田正次郎　　　　　　　177
山田豊三郎　　142,161,176,185

山本秋造　　　　132,175,203
山元勉　　　　　　　163,185
山本博一　　　　　　　　209
翼賛政治会　　　　　　　101
翼賛壮年団　　　　　　　 33
横田正治良　　　　　　　209
横路孝弘　　　　　　　　197
吉川太逸　　　　　　　　 82
〈呼びかけ〉方式　　185,186
世論調査　　　　　　　　 59

ら

落選運動　　　　　　　　 3
利益誘導　　　　　　　　 4
離農化　　　　　　　　　 16
流出人口　　　　　　　　 21
流動票　　　　　　　147,149,150
流入人口　　　　　　　　 21
臨調　　　　　　　　　　196
隣保組　　　　　　　　　103
連合戸長役場制　　　　　 93
連合自治会 105,109,110,114,115
連合政権　　　　　　130,153
聯合町内会　　　　　103,105
連立政権　　2,4,130,196,199
労働帰属意識　　　　　　150
労働者階級　　　　　　　 28
労働人口　　　　　　　　 20

わ

渡辺武達　　　　　　　　189

著者略歴

大橋 松行（おおはし まつゆき）

1951年	滋賀県長浜市に生まれる
1976年	同志社大学法学部政治学科卒業
1978年	佛教大学大学院社会学研究科社会学専攻修士課程修了（社会学修士）
1982年	佛教大学大学院社会学研究科社会学・社会福祉学専攻博士後期課程単位取得満期退学
現　在	滋賀県立大学人間文化学部専任講師
専　攻	政治社会学，地域運動論，教育社会学

主要著書・訳書

『近代化の社会学』（共著，晃洋書房，1982年）
『社会学の現代的課題』（共著，法律文化社，1983年）
『人間社会に関する七つの理論』
　　（トム・キャンベル著，共訳，晃洋書房，1993年）
『生活者運動の社会学－市民参加への一里塚－』
　　（北樹出版，1997年）

地域変動と政治文化の変容 ―滋賀県における事例研究―

2000年11月20日　初版第1刷発行

著　者	大橋松行
発行者	岩根順子
発行所	サンライズ出版
	滋賀県彦根市鳥居本655-1
	☎0749-22-0627　〒522-0004
印　刷	サンライズ印刷株式会社

ⓒMATSUYUKI OHASHI
ISBN4-88325-081-4 00031

乱丁本・落丁本は小社にてお取り替えします。
定価はカバーに表示しております。